Breve Panorama de la Literatura española

by

NICHOLSON B. ADAMS
Late of the University of North Carolina

JOHN E. KELLER
University of Kentucky

RAFAEL AGUIRRE
East Tennessee State University

LinguaText

For Dinsmore and Olga

Tabla de materias

Foreword

*I*N THE EARLY 1960's, the original authors of this book (Adams and Keller) realized that there was a real need for a history of Spanish literature which could be used by university students to accompany any anthology in the area. The result was this *Breve panorama de la literatura española*. It was published in Spain, but was used in other countries as well, including the United States. In the early 1990's, the continuing authors (Keller and Aguirre), seeing that the need still existed, updated the book to include the three decades of literature since the first edition. The last chapter—on the contemporary period—is entirely new, and greatly expanded in its scope. Because of the added length, we removed *Breve* from the book's title.

This volume preserves the principles of the of the original one in that it provides a handy and reliable guide to Spanish literature from the earliest times to the present. The book mainly offers facts to students and leaves interpretation to instructors and to students themselves.

Students who have used *Panorama* have said that they find it more valuable than heftier histories of literature. How can this be? This is because *Panorama* offers at the beginning of each chapter a synoptic table which gives names and dates of authors under the various genres of the period. No reference can be more handy. For the details, students can turn to the text where they will find a discussion of the works in the same order as the table. *Panorama* treats all the authors and works in any anthology and also many lesser-known authors that anthologies do not or cannot include.

As regards content, in addition to reference and brief treatments of authors and works, *Panorama* surveys principal literary movements from Spanish literature's remote beginnings to the contemporary period. It concludes with a glossary-index which aids in the search for definitions and references; a bibliography which contains not only authors and works, but also titles of texts, studies of language, dictionaries, anthologies, books on culture and civilization, and journals which deal with Spanish literature, culture, folklore, and other matters Hispanic.

No history of literature can be entirely comprehensive since new authors publish every year. *Panorama*, even so, takes students up to the year 1990. We believe that we have included a good number of present-day writers and literary movements, and are, as this book goes to press, are planning an updated third edition.

We believe that this book serves to increase the understanding of the notable literary production of Spain to the greatest number of students.

JOHN E. KELLER
University of Kentucky

RAFAEL A. AGUIRRE
East Tennessee State University

Breve Panorama
de la
Literatura Española

España Romana, Visigoda y Musulmana

LA "ESPAÑA" ROMANA
(206 A. C.-409 D. C.)

Séneca el Viejo (54 A. C.-39 D. C.)
Séneca el Joven (4 A. C.-65 D. C.)
Lucano (39-65 D. C.)
Quintiliano (aprox. 35-96 D. C.)
Marcial (aprox. 38-104 D. C.)
Columela (siglo primero D. C.)
Prudencio (348-05 D. C.)

LA "ESPAÑA" VISIGODA
(409-711)

S. Isidoro (aprox. 570-636)
Paulo Orosio (siglo V)

LA "ESPAÑA" MUSULMANA
(711-1492)

Escritores árabes
Mocádem de Cabra (vivía en 900)
Abén Házam (994-1063)
Abén Zaidun (1003-1070)
Abén Guzmán (muerto 1170)
Avempace (finales siglo XI)
Averroes (1126-1198)

Escritores judíos
Maimónedes de Córdoba
(1135-1204)

Hispania romana, visigoda y musulmana— La lengua española

LA HISPANIA ROMANA

os romanos fueron los primeros, entre los pueblos antiguos, que modificaron completamente el estado de la Península Ibérica y su manera de vivir, los primeros también en darle una auténtica civilización, cuyas características conocemos hoy bastante bien. Antes de la llegada de los romanos vivían, en lo que hoy son España y Portugal, los iberos, los celtas y algunos otros pueblos, mientras que los griegos y los fenicios habían fundado en sus costas algunas ciudades y ciertas factorías comerciales. Los cartagineses, descendientes a su vez de los fenicios establecidos en el norte de África, fueron derrotados definitivamente por los romanos a finales del siglo III A[NTES] D[E] C[RISTO], y, hacia los últimos años de la era pagana, el poder romano se había establecido firmemente en toda el área hispánica. No había sido fácil obtener la victoria definitiva sobre los indígenas, y, particularmente una ciudad, la de Numantia (cerca de la Soria de hoy), luchó durante mucho tiempo antes de sucumbir frente a las legiones mandadas por Escipión Emiliano, pariente del famoso Escipión el Africano, debelador de Cartago. La caída de Numancia, nombre dado por los españoles a aquella ciudad, ha sido siempre un tema favorito de la tradición, literatura y patriotismo españoles; la heroica defensa de Numancia por sus intrépidos moradores es el argumento de la famosa tragedia de Cervantes, *La Numancia*.

Roma asentó como colonos en España a muchos de sus soldados

licenciados, funuando para ellos cierto número de ciudades, como, por ejemplo, Itálica (un poco al norte de lo que es Sevilla). Otras ciudades romanas en la Península Ibérica fueron Cæsaraugusta (más tarde Zaragoza), Emerita (Mérida), y Gades (Cádiz), famosa por sus bailarinas (*puellæ gaditanæ*), ciudad edificada, muchos siglos antes, por los fenicios, que la denominaron Gadir: Gades tuvo una vida próspera en los tiempos romanos.

Hispania (nombre romano que dio origen a ESPAÑA) se romanizó totalmente en su forma de vida y en su cultura, adoptando la agricultura, el saber, la arquitectura y el derecho romanos. Varios emperadores fueron naturales u oriundos de la Península Ibérica (Trajano? Adriano, Marco Aurelio, Teodosio) y algunos grandes escritores latinos procedían de ciudades españolas como Córdoba, Calahorra (Rioja), Bilbilis (la actual Calatayud, en el reino de Aragón). Hispania se convirtió en una de las más romanizadas provincias del imperio.

Los españoles consideran como auténticos compatriotas a escritores como los Sénecas, Marcial, Quintiliano, Columela y Lucano, hispano-romanos nacidos en el solar ibérico. Esta actitud de los españoles puede aceptarse, como puede también ser objeto de refutación, porque la verdad es que todos ellos pasaron la mayor parte de sus vidas en Roma, y sus obras encajan perfectamente en la mejor tradición de la literatura latina. Durante la Edad argéntea de la cultura latina (el siglo I DESPUÉS D. C.) fue cuando tuvo lugar esta floración de escritores hispano-romanos y sus obras alcanzaron gran fama en Roma. No es extraño, por lo tanto, que España los venere como a sus primeros literatos.

Cordobeses eran los dos Sénecas. **Marco Anneo Séneca,** llamado "el Viejo" (54 A.D.C.-39 D.D.C.) fue maestro de retórica y político. Su fama como escritor se debe principalmente a sus *Controversiæ*, tratados de carácter jurídico-procesal. Su hijo, **Lucio Anneo Séneca,** "el Joven" (4 A.D.C.-65 D.D.C.) alcanzó mayor fama. Era seguidor de los filósofos estoicos, pero su estilo literario se caracteriza por la abundancia de figuras retóricas, sobre todo en sus tragedias. Debe su mayor gloria a las obras filosóficas, que influyeron mucho sobre sus contemporáneos, teniendo vigencia hasta en tiempos muy posteriores. Su tratado *De Ira* es, para muchos, el más importante y perdurable ensa·, o que escribió. La edad media y el renacimiento

El acueducto romano de Segovia (siglo I)

rindieron fervorosa admiración a las diez tragedias que salieron de su pluma. Fue el preceptor de Nerón, quien le ordenó suicidarse.

Lucano, **Marco Anneo Lucano** (39-65 D.D.C.), era también cordobés y pariente de los Sénecas. Abandonó España muy niño para pasar toda su vida en Roma. La única obra que de él conservamos, sobre la que descansa su fama, es su *Farsalia*, conocida también por el título *De bello civili*. Se trata de un poema épico, en diez cantos, que narra las luchas entre César y Pompeyo. Se hizo famoso por su exuberante retórica, y teniendo en cuenta la coincidencia en esta característica del estilo que encontramos en Séneca el Joven, Lucano, y otros dos cordobeses futuros—Juan de Mena y Góngora—muchos críticos han pensado que algo debe haber en el aire que se respira en Córdoba, capaz de infundir a los escritores nativos el gusto y la facilidad para la imagen y el ornato poéticos.

Marco Valerio Marcial (ca. 38-ca. 104 D.D.C.), conocido por Marcial, nació en Bilbilis (hoy Calatayud) en Aragón. Vivió en Roma, y conoció a los grandes escritores de la época. Sus *Epigramas*, aparecidos en varios volúmenes, son poemas elegíacos en su mayor parte, pero con distintas clases de metros, en los que difiere de los modelos establecidos para este género por los griegos. En los *Epigramas* aparecen todos los aspectos de la vida del joven romano sofisticado del primer siglo de nuestra era, incluyendo los más escabrosos.

Marco Fabio Quintiliano, llamado Quintiliano corrientemente (ca. 35-ca. 96 D.D.C.) era natural, también del Valle del Ebro (Calagurris, hoy Calahorra, en La Rioja). Su obra principal son las *Institutiones Oratoriæ*, especie de manual de retórica y elocuencia. En su juventud fue influido por Séneca el Filósofo ("el Joven"), mientras que en los años de su madurez se inspiró en el gran modelo ciceroniano.

Lucio Junio Moderato Columela, del siglo I después de Cristo, pasó grandes temporadas en su ciudad natal de Gades (Cádiz) y también en Italia. En un tratado que consta de doce libros, *De re rustica*, analiza detalladamente todo lo que se refiere al cultivo de la tierra, mostrándose como el precursor de la moderna agronomía científica. Está considerado como el más antiguo tratadista de agricultura.

Aurelio Clemente Prudencio, nacido probablemente en Zaragoza en el año 348 D.D.C., pasó la mayor parte de su existencia en Hispania, donde murió después del año 405. Prudencio es el que parece más un auténtico "español" de todos los escritores hispano-rromanos. Su poesía, aun conservando la antigua métrica cuantitativa de los tiempos clásicos, tiene, sin embargo, un contenido en parte verdaderamente hispánico. *Cathemerinon* es el título de una colección de doce "himnos" demasiado extensos para ser cantados, pero apropiados para cada una de las distintas partes del día. *Peristephanon* se llama el conjunto de himnos en los que canta la gloria de los mártires (muchos de ellos "españoles"); estos himnos son, en gran parte, de carácter narrativo, por lo que algunos los consideran como precedentes de los romances posteriores. Prudencio es, para todos, uno de los primeros y mejores poetas religiosos latino-romanos.

LA "ESPAÑA" VISIGODA

A comienzos del siglo V los VISIGODOS, poblaciones germánicas, entraron en Hispania sometiendo a los hispano-romanos; sólo se salvaron algunas ciudades del sudeste que, durante cierto tiempo, resistieron gracias a la protección del Imperio Bizantino al que rindieron pleitesía. Los VÁNDALOS, los SUEVOS y los ALANOS habían llegado a la península aún antes que los visigodos, pero fueron estos últimos los únicos capaces de fundar sobre suelo español un reino propio y duradero. Los visigodos no eran un pueblo numeroso (según las más autorizadas opiniones no llegarían a las 300.000 almas,) y durante los primeros tiempos sus propias leyes les impedían contraer matrimonio con los hispano-romanos. Además, los visigodos profesaban la herejía arriana, lo que hacía que entre ellos y los católicos indígenas se interpusiera un abismo insalvable. Hacía ya casi dos siglos desde que los visigodos habían llegado a Hispania, cuando uno de sus reyes, Recaredo, tomó la decisión de convertirse al catolicismo romano, con todos sus hermanos de raza, abjurando de la herejía arriana. A partir de entonces, el año 589, los obispos "españoles" adquirieron gran autoridad, igual, en ocasiones, y hasta mayor a veces, que la de los propios reyes visigodos.

Los visigodos, antes de llegar a Hispania y asentarse en ella, habían vivido, durante mucho tiempo, dentro del territorio imperial, como asociados y al servicio de los romanos. Estaban bastante más que a medio civilizar, habían tomado mucho de la cultura romana, escribían en latín, y su derecho consistía en una mezcla del suyo consuetudinario primitivo y de un derecho romano adulterado y degenerado. La época visigoda, sin embargo, no ofreció una gran actividad literaria, y solamente han perdurado algunos nombres, entre ellos el de una gran personalidad, el de San Isidoro.

San Isidoro de Sevilla (Isidorus Hispalensis), que vivió desde ca. 570 hasta 636, fue el máximo escritor de la época visigótica. Tomó importante y activa parte en la controversia con los arrianos, y siguió a su hermano, San Leandro, como obispo de Sevilla. Su intervención en los concilios que modificaron la iglesia española fue decisiva. Por lo que es mejor conocido San Isidoro es como paladín de las lenguas griega y latina, cuya enseñanza se esforzó en mantener. Su obra principal, las *Etimologías* (*Etymologiæ*) es una verdadera enciclopedia en la que se resumen todos sus portentosos conocimientos de la ciencia y cultura clásicas adquiridos gracias a su erudición griega y latina. La influencia de las *Etimologías* en Europa, tanto en tiempo de su autor como a lo largo de la edad media y del renacimiento, fue mayor de lo que se pueda imaginar. Tuvo San Isidoro muchos discípulos "españoles."

Paulo Orosio (siglo V, nacido probablemente en Tarragona) tiene la gloria de ser el primero en intentar la redacción de una Historia Universal. Se trata de una apología del cristianismo que tituló *Historiæ adversus paganos*, es decir, *Libros en contra de los paganos* (fueron siete libros).

LA "ESPAÑA" MUSULMANA

En el año 711 los muslimes, llamados un poco arbitrariamente "moros," invadieron España procedentes de África, y conquistaron en poco tiempo la península, a excepción de algunos valles asturianos cuyos habitantes serían los primeros en intentar la RECONQUISTA. Los árabes trajeron consigo a "España" la cultura oriental, una avanzada civilización, toda la ciencia de Oriente (la técnica la música, las artes, la arquitectura), en una palabra, la concepción oriental del mundo y su entera forma de vida; lo que dejaría huellas indelebles en España y en los españoles. Fue grande el número de las dinastías que gobernaron el país desde 711 hasta 1492: los Omeyas (711-1031), bajo los cuales el islam español alcanzó la cúspide de su grandeza convirtiéndose su capital, Córdoba, en una espléndida ciudad, que por su cultura rivalizaba con Damasco y con Bagdad; los almorávides (1086-1148); los almohades (ca. 1148-1250), y los nazaríes del Reino de Granada (1238-1492).

Europa reconoció el alto grado de cultura de la "España" musulmana, y bastantes estudiantes cristianos extranjeros fueron a estudiar en sus escuelas y academias. Los filósofos tradujeron a Aristóteles y escribieron comentarios de sus obras, introduciendo de esta manera en occidente parte de la ciencia griega perdida. A la "España" musulmana llegó también la literatura oriental: cuentos, proverbios, temas y motivos, algunos de los cuales procedían de Persia y hasta de la India. Aprovechándose de la tolerante dominación musulmana, los judíos llegaron a ser grandes científicos, filósofos, profesores, médicos, escritores, economistas y administradores. Y la poesía hebraica floreció lo mismo que la poesía árabe.

Detalle de la Alhambra de Granada

La contribución de la "España" musulmana a la "España" cristiana y al resto de Europa fue grande realmente, y, si es cierto como muchos historiadores afirman, que la cultura musulmana no era original, lo es también que, a pesar de todo, tuvo enorme importancia.

Escritores árabes

Mocádem de Cabra (cerca de Córdoba) vivía en el año 900 y fue el primero de los musulmanes españoles que escribió las composiciones poéticas llamadas *muaxahas* (vid. Poesía lírica en el siglo XI).

Abén Házam (994-1063) es conocido, sobre todo, por *El collar de* *la paloma*, en realidad un tratado erótico, pero en el que se descubre un verdadero aliento poético. Abén Házam escribió también una historia comparada de las religiones, obra de gran valor, en la que su autor se nos muestra como uno de los musulmanes "españoles" de mentalidad más crítica y escéptica.

Abén Zaidun de Córdoba escribió poemas árabes clásicos. Su pasión amorosa por la princesa Wallada inspiró su lírica, considerada, a veces, como la más famosa entre las composiciones poéticas hispano-árabes.

Abén Guzmán (muerto en 1160), de Córdoba, como otros muchos poetas de la época taifal, escribía para ganarse la vida. Usaba el ZÉJEL (composición poética escrita en árabe vulgar, no en árabe clásico) para temas ligeros, pero su público más bien que la gente vulgar lo constituían círculos cultivados. Trató del tema amoroso y también poetizó festivamente cantando las glorias y placeres del vino, de las mujeres y del cante. Algunos ven en estos *zéjeles* ciertas características observadas también en la poesía provenzal, y hay críticos que creen que la poesía trovadoresca estaba influenciada por los poemas de éste y de otros líricos hispano-musulmanes.

Los escritores hispano-árabes fueron muy numerosos, y en todos los campos de la literatura y de las ciencias: abundaron los viajeros, los médicos, los especialistas en agronomía, los cartógrafos, los astrónomos, los historiadores, los gramáticos, los cuentistas, los geógrafos y los filósofos.

Avempace (Abu Beker Mohammed aben Yahya) fue uno de los primeros y más distinguidos de los filósofos hispano-musulmanes. Había nacido (probablemente en Zaragoza) a finales del siglo XI; y se destacó como estudioso de las matemáticas y como poeta. Pero debe la fama a sus obras filosóficas, ya que era un gran pensador, un escéptico, y hasta se ha dicho de él que rechazó el Corán y que creía que para el hombre no existía otra vida más allá del sepulcro. De las veinticinco obras que se le atribuyen solamente conocemos unas pocas. Influyó grandemente sobre Averroes.

Averroes (1126-1198) fue el más grande de los filósofos del occidente musulmán. Logró el favor de dos sucesivos reyes moros, escalando así posiciones de gran importancia, lo que en cierta manera le disgustaba porque sus actividades administrativas y palaciegas le robaban preciosas horas de estudio. Más tarde, cuando, con la llegada de los fanáticos almohades, la filosofía especulativa fue considerada como sospechosa de herejía, le recluyeron en prisión, pero terminó consiguiendo nuevamente su libertad. No es famoso en el mundo musulmán, pero sí lo fue y lo sigue siendo entre los cristianos, por haber escrito los más acertados y conocidos comentarios sobre las obras de Aristóteles, estudios que tuvieron la virtud de hacer que los eruditos cristianos occidentales dirigiesen su atención hacia la filosofía griega que hacía tiempo había caído en decadencia. Su influencia sobre los filósofos medievales fue enorme y sus obras se tradujeron al latín, lengua en la que fueron leídas y estudiadas asiduamente desde entonces.

Escritores judíos

La España musulmana, muy tolerante durante bastante tiempo con los hombres de otras creencias, permitió la floración de numerosos eruditos judíos; y judíos fueron siempre los mejores traductores. Más tarde, los judíos se dedicaron a traducir por encargo de los reyes cristianos (Alfonso X, por ejemplo), y médicos y economistas hebreos sirvieron en la corte de varios reyes cristianos y en los palacios de la nobleza.

Maimónides de Córdoba (Rabí Moisés ben Maimón [1135-1204]) fue expulsado de la "España" musulmana por los intolerantes almohades. Marchó a Fez (en Marruecos), y finalmente se asentó en El Cairo, donde fue honrado como la mayor autoridad de su época en materia rabínica. Llegó a ser médico del eminente sultán Saladino. Como filósofo, intentó conciliar la revelación bíblica y la tradición rabínica con la filosofía, especialmente con la filosofía aristotélica. La *Guía de los descarriados* es su obra maestra. Durante la edad media, sus obras tuvieron mucha importancia, y en el renacimiento fueron impresas y editadas.

LA LENGUA ESPAÑOLA

El español es uno de los idiomas ROMANCES, precisamente el hablado por un mayor número de personas, más que ninguna otra de las nueve lenguas neolatinas restantes, y es una de las cuatro lenguas más habladas del mundo. Los hispanohablantes, que sobrepasan holgadamente los 400 millones de almas se hallan en

España, México, los seis países de la América Central y en nueve países de la América del Sur (en el Brasil se habla portugués). En África, el español es la lengua oficial de la Guinea Ecuatorial.

El latín llevado a Hispania a partir de finales del siglo III A.D.C. por las legiones romanas, no era el refinado latín literario (*urbanitas*) de Roma: más bien se trataba del latín coloquial usado por el pueblo medio y bajo, un habla que conocemos corrientemente por el nombre de LATÍN VULGAR (*sermo vulgaris*). Su gramática era mucho menos compleja que la del latín de César o Cicerón. El pueblo había simplificado hasta cierto grado los complicados sistemas flexionales (declinación y conjugación) del latín clásico que, en realidad, no era otra cosa que una lengua académica modelada, en gran parte, a imitación de la gramática griega. El sistema verbal latino, demasiado complicado para el hablante vulgar, fue profundamente alterado, y se fueron desarrollando nuevos paradigmas que irían reemplazando a 'os difíciles tiempos sintéticos del latín literario (así llegarían a aparecer poco a poco los tiempos compuestos de las lenguas romances). La manera como el hombre de la calle pronunciaba las palabras también era diferente a la fonética del latín escolar o académico. El vulgo reemplazó el sistema cuantitativo vocálico del latín clásico, consistente en la oposición de vocales largas y breves, por un nuevo sistema cualitativo que oponía vocales cerradas a vocales abiertas, lo que en español condujo al desarrollo de nuevos diptongos (FŎCUM > *fuego*); el hiato, una de las características de la fonética vocálica del latín, desaparece, reemplazado por una serie de nuevos diptongos que, a su vez, dieron origen a la producción de gran cantidad de revolucionarios cambios fonéticos (FĪLIUM > *filyo* > *hijo*); la sonorización de las consonantes intervocálicas causó otros cambios en la pronunciación (LUPUM > *lobo*); y nuevos cambios se verificaron como consecuencia de la caída de las sonoras intervocálicas (AMĀVĪ > *amai* > *amé*). Éstos y otros muchos fenómenos evolutivos, tanto en la pronunciación como en la estructura, colocaron al latín vulgar en el camino que iba a conducir, en el transcurso de muy pocos siglos, al nacimiento de nuevas lenguas, las LENGUAS ROMANCES, entre las que se encontraría el ESPAÑOL.

Los conquistadores romanos y, más tarde, los colonos del mismo origen, encontraron en Hispania una población indígena heterogénea. Los iberos, los celtas, los vascos y otros pueblos todavía no bien conocidos, intentaban hablar en latín, y, inevitablemente, lo modificaban al hablarlo. Los llamados SUSTRATOS LINGÜÍSTICOS tuvieron probablemente un gran papel en la evolución del latín y en la génesis y cristalización de la lengua española, que posee unos caracteres tan peculiares. Otra circunstancia que contribuyó a la transformación del latín fue la presencia, en las legiones, de soldados que no eran romanos ni siquiera latinos: escitas, sirios, egipcios, galos, germanos, etc.

El VASCO, que no tiene nada que ver con las lenguas romances, ha tenido cierta influencia en el desarrollo del español.

Cuando los visigodos invadieron España, en los comienzos del siglo V, se encontraron con un país romanizado cuyos habitantes hablaban latín, un latín fácilmente comprensible, todavía, para los habitantes de las distintas comarcas del imperio. Los propios visigodos, a pesar de ser un pueblo germánico, conocían el latín, lengua en la que redactaron sus hazañas, y su habla original, vernácula, fue, con toda seguridad, grandemente influida desde muy pronto por el latín.

Con la irrupción de los visigodos en Hispania, llegó el comienzo de lo que se suele llamar la «EDAD TENEBROSA» o los SIGLOS OSCUROS, aunque en la Hispania meridional y sudoriental, donde las ciudades romanas se las ingeniaron para seguir existiendo gracias a haberse puesto bajo la protección del imperio romano de oriente, la cultura y el modo de vida romanos perduraron más que en otras partes del desaparecido Imperio de Roma.

No conocemos con precisión el momento en que el latín hablado de la península, habiéndose diferenciado mucho de su forma original, se convirtió en una lengua distinta, un verdadero nuevo idioma, es decir, en el ROMANCE ESPAÑOL. Los filólogos creen que se puede fechar es·e acontecimiento en los siglos VII y VIII, y que a finales de esta época llegó a resultar difícil y hasta imposible que un español, después de cruzar los Pirineos, lograra entenderse con los habitantes de las Galias, pues, mientras tanto, el latín de "Francia" había evolucionado en la misma proporción hasta convertirse en los primeros vahídos del francés antiguo. Puede decirse que en aquel momento habían nacido las lenguas romances, y muerto el latín, excepto para los estudiosos y los eruditos.

De la lengua de los visigodos apenas quedaron vestigios, y

seguramente las palabras germánicas que se introdujeron en el español llegaron con los mismos romanos, que habían admitido bastantes vocablos germánicos. Lo mismo se puede decir de la lengua CÉLTICA, cuyos restos en España se reducen a unos cuantos topónimos y a ciertos apelativos, sin duda traídos también a España por los romanos, quienes los habían asimilado en otras comarcas célticas del imperio. Se puede afirmar, por lo tanto, que el español se deriva, casi exclusivamente, del latín (excepción hecha de los numerosos arabismos introducidos más tarde, y que constituyen no un sustrato sino un superestrato).

Con la llegada de los moros y de los árabes en los primeros tiempos del siglo VIII, el español, ya definitivamente formado como un auténtico idioma, admitió en su seno un rico caudal de nuevas palabras, sobre todo en los dominios léxicos referentes a la arquitectura, agricultura, ciencia, milicia y administración. Pero la lengua española, aun bajo la dominación árabe, continuó siendo esencialmente una lengua romance. Su verdadera naturaleza y sus caracteres son latinos. El árabe no la transformó, sólo contribuyó a aumentar considerablemente su vocabulario.

El español ha adoptado también, en diversas épocas, ciertas palabras de otras varias lenguas: del francés, del inglés, del alemán, del portugués, del italiano, y de algunas lenguas más. El descubrimiento del Nuevo Mundo hizo que se incorporaran al español miles de palabras que designaban plantas, animales y objetos antes desconocidos.

El CASTELLANO, o español, es la lengua dominante en la Península. Otras dos lenguas romances se hablan también en ella, donde nacieron: Cataluña, en el Nordeste de España, alrededor de Barcelona, habla CATALÁN, que se parece al provenzal más que al castellano. El VALENCIANO, hablado en la comarca que se extiende al sur de Cataluña, es un dialecto de la lengua catalana, lo mismo que el MALLORQUÍN hablado en las Islas Baleares. Una tercera lengua románica que se habla en la Península es el PORTUGUÉS, la lengua de Portugal; un dialecto portugués es el GALLEGO, hablado en el noroeste de España (Galicia). En la práctica, todos o casi todos los habitantes de Cataluña, Valencia, Baleares y Galicia son bilingües, conociendo tanto su lengua vernácula como el español, que es la lengua oficial.

En parte de las Provincias Vascongadas y en el norte de Navarra se habla vasco, la única lengua prerromana conservada en la península; pero, como en Cataluña, Valencia y Galicia, casi todos los vascongados y navarros, cuya lengua materna es el vasco o EÚSKARO, hablan también el castellano; con la diferencia respecto a Cataluña y Valencia que en las ciudades vasconavarras, la inmensa mayoría de sus moradores sólo conoce el castellano, cosa que ocurre también entre la gente culta, o de elevada posición social, del campo.

Los manuscritos antiguos que se conservan demuestran que el español era una lengua totalmente adecuada para la expresión literaria ya en los siglos XI y XII. Pero a lo largo de las épocas posteriores fue perfeccionándose, para convertirse en un instrumento de comunicación y de expresión siempre y cada vez más rico y más bello.

Los siglos XI y XII

POESÍA LÍRICA	POESÍA NARRATIVA	EL TEATRO	DERECHO-HISTORIA	PROSA DE FICCIÓN
Jarchas Lírica galaico-por-tuguesa y cancio-nes populares cas-tellanas	*Mester de juglaría* *Poema del Mío Cid* (aprox. 1140) *Roncesvalles* (media dos del siglo XII) **Epopeyas perdidas:** *Bernardo del Carpio* *Los siete infantes de Lara o Salas* *Gesta de Sancho II o Cerco de Zamora*	*Auto de los Reyes Magos*	*Fuero Juzgo* *Historia Silense* *Crónica Najerense* *Historia Roderici* *Fueros de los Visigo-dos*	**Narración corta:** *Disciplina clericalis* (aprox. 1106)

2
Los siglos XI y XII

Reinados de: Fernando I (1035-1065); Sancho II (1065-72); Alfonso VI (1072-1109); Doña Urraca (1109-1126); Alfonso VII (1126 1157); Sancho III (1157-1158); Alfonso VIII (1158-1214). Estos datos hacen referencia sólo al reino de Castilla, no a los otros reinos cristianos del Norte.

 N EL SIGLO X fue cuando Castilla se convirtió en un condado independiente, bajo el mando del famoso conde Fernán González (hacia el año 950). En el siglo siguiente, Fernando I era coronado como primer Rey de Castilla. Cuando heredó la corona de León se convirtió en el primer soberano que reinó en los dos países. A su muerte hubo mucha confusión en sus dominios a causa de las querellas entre sus hijos e hijas, que reclamaban la porción de territorio que les había legado su padre. Castilla pasó a poder de Sancho, el hijo mayor; en Galicia reinó García; Alfonso fue coronado Rey de León; y las hijas, Elvira y Urraca, tuvieron. en señorío, las ciudades de Toro y Zamora, respectivamente. Sancho II intentó apoderarse de los territorios sobre los que había reinado su padre, pero fue muerto alevosamente delante de los muros de Zamora, ciudad a la que había puesto sitio, de todo lo cual se aprovechó su hermano Alfonso VI, que logró el poder y unificó bajo su cetro el dividido reino.

El siglo XI conoció la caída de Toledo en las manos de Alfonso VI (1085), la captura de Valencia por el Cid, y la continuación de la RECONQUISTA, que no habría de ser completada hasta 1492, cuando Fernando e Isabel se apoderasen de Granada. El Cid, Ruy Díaz de Vivar, fue el gran héroe castellano de esta época (siglo XI).

Durante este mismo siglo XI se introdujo en España de Francia la Orden de Cluny, trayendo consigo el saber y la erudición que la hizo famosa. De capital importancia fue también la destrucción del Califato de Córdoba y su caída en manos de los almorávides africanos. La "España" musulmana había alcanzado el cénit de su cultura y esplendor bajo los califas cordobeses.

El siglo XI no era propicio para la creación literaria. Los reinos de Castilla y León, repartidos por Fernando I entre sus hijos, constituían un motivo perenne de guerra y confusión. Alfonso VI y Alfonso VII continuaron la interrumpida reconquista, y como reflejo de las luchas continuas entre moros y cristianos, surgió la famosa gesta *Poema de mio Cid*, una obra maestra, la más importante creación poética del siglo.

Durante este período los monjes-soldados del Islam conocidos por el nombre de almorávides, derrotaron a Alfonso VI y establecieron un poderoso estado en el sur de España. Pero el reino de Castilla continuó su expansión territorial, a despecho de las derrotas.

También a lo largo de este siglo aparecieron las grandes órdenes militares españolas, fundadas para proteger a los peregrinos y para hacer la guerra a los muslimes: Calatrava (1158), Alcántara (1166) y Santiago (1175). León reconoció la independencia del antiguo condado de Portugal en el año 1143.

SIGLO XI

Poesía lírica

Ya a mediados del siglo XI existía en Andalucía, y probablemente también en otras partes de España, un embrión de la poesía lírica española en lengua romance. Prueba de ello son las JARCHAS. Ciertos poetas judíos y árabes que escribían una clase de composiciones métricas llamadas MUAXAHAS, que constaban de cinco o seis estrofas en árabe o hebreo, y solían tratar de temas tradicionales en la poesía semítica, adquirieron el hábito de incluir, al final, una pequeña estrofa, llamada *jarcha*, en lengua MOZÁRABE. Estas *jarchas* no son otra cosa que las primeras manifestaciones de la poesía española, y presentan un tipo semejante a los villancicos posteriores. Por estar las palabras romances transcritas en caracteres hebraicos o arábigos, la verdadera naturaleza de las *jarchas* se desconoció hasta el año 1948. Han sido descubiertos unos cincuenta poemas de esta clase, muchos de ellos con verdadero encanto lírico, lo que prueba, de manera concluyente, que en "España" existía la poesía lírica mucho antes de los tiempos de Berceo, y antes también de la lírica GALAICO-PORTUGUESA. Es probable que estas *jarchas* constituyan las primeras manifestaciones documentadas de la POESÍA LÍRICA de la Europa medieval, puesto que son anteriores a los poemas de Guillermo IX de Aquitania (o Guillermo VII de Poitiers, como se le llama a veces), considerado como el primero de los TROVADORES.

Es necesario precisar que las *jarchas* están escritas tanto en árabe como en romance (el romance mozárabe de los siglos XI y XII), que se trata de poemas eróticos puestos en boca de mujeres, aunque sus autores son siempre hombres, y que por su forma y su técnica son composiciones similares a los primitivos villancicos y estribillos. En realidad, las actuales coplas españolas, composiciones cantables, presentan una gran semejanza con las primitivas *jarchas*.

Poesía narrativa

Los visigodos, que dominaron España desde comienzos del siglo V, debieron tener una poesía épica de carácter popular, del corte de los poemas heroicos propios de los pueblos germánicos. Esta épica popular seguramente sobrevivió a la invasión musulmana, sobre todo en las comarcas libres de los dominadores islámicos, pero hasta ahora no ha aparecido ningún cantar de gesta anterior al siglo XII.

Siglo XII

Poesía lírica

No se conoce ninguna manifestación lírica castellana, si exceptuamos las *jarchas* de la España meridional, anterior al siglo XIII. Los mozárabes, hispano-visigodos cristianos que vivían bajo el poder musulmán, seguramente continuarían cultivando la poesía popular, como lo habían hecho en el siglo XI. En el noroeste, la poesía galaico-portuguesa, por un lado procedente de la tradición indígena, y por otro influenciada por la poesía trovadoresca de Provenza, comenzaba a florecer, pero no iba a alcanzar el apogeo de su desarrollo hasta la centuria siguiente. Es muy posible también que en el norte de la península existiera alguna manifestación lírica autóctona y popular al lado de la poesía trovadoresca importada.

Poesía narrativa

El MESTER DE JUGLARÍA, la poesía de los JUGLARES, incluye tanto la épica como las otras clases de poemas narrativos, durante el siglo XIII; pero en el XII es exclusivamente épico. Esta clase de versificación se caracteriza porque sus versos son de irregular extensión, pero predominando los versos de dieciséis sílabas (algunos, sin embargo, llegan a tener veinte), todos ellos están partidos al medio por la CESURA o pausa; es normal la RIMA ASONANTE (es decir, sólo riman las vocales), pero esporádicamente aparece la CONSONANCIA. Todas las composiciones de juglaría del siglo XII son anónimas; no obstante, este siglo conoció el máximo esplendor de esta clase de poesía.

El *Poema de mio Cid*, el más famoso cantar de gesta castellano, fue compuesto hacia el año 1140 (quizá algo más tarde); pero la copia del manuscrito original desaparecido, única que poseemos, fue hecha en el año 1307 por un escriba llamado Per Abbat. El *Poema* se publicó por vez primera en 1779, editado por Tomás Antonio Sánchez; contiene más de 3.700 versos. Basado en la vida de Rodrigo Díaz de Vivar (El Cid, muerto en el año 1099), el poema es de carácter realista, no obstante lo cual introduce ciertos elementos de ficción. Por su tono, por su técnica y por su contenido, el *Poema* difiere grandemente de la CHANSON DE GESTE francesa, extremadamente imaginativa e irreal. El *Poema* consta de tres CANTARES: en el primero, el Cid (en árabe *Sidi* significa 'señor') llamado así por los moros, que le temían y le admiraban, es desterrado de Castilla por Alfonso VI, y marcha hacia el este con un ejército, conquistando tierras a través de la España musulmana. El cantar II narra la conquista por el Cid de la mora Valencia (hecho estrictamente histórico) y las bodas de sus hijas (perteneciente a la leyenda) con los Infantes de Carrión, que resultaron ser unos auténticos cobardes; en el cantar III se cuenta la afrenta infligida a las hijas del Campeador por sus avergonzados maridos, y el desafío consiguiente en el que se enfrentan los infantes con los campeones designados por el Cid entre sus principales capitanes. El estilo del *Poema* es sencillo, pero la historia conmueve y mantiene siempre el interés. El Cid fue un héroe popular; su historia fue contada de una manera realista y escueta por alguien que vivió en su tiempo o, a lo sumo, muy poco después.

El *Cantar de Roncesvalles*, escrito a mediados del siglo XII, muestra influencias de la chanson de geste. Solamente conservamos cien de sus versos, pero lo probable es que su extensión fuera mucho mayor. El fragmento conservado narra con un realismo vivo y conmovedor el extremo desencanto de Carlomagno al contemplar los escuálidos restos de su ejército, que había sido destrozado en la Batalla de Roncesvalles, año 778, cuando los sarracenos (en realidad los vascones, antecesores de los vascos actuales) en una afortunada emboscada destruyeron a los ejércitos francos, que regresaban a su país después de haber levantado el sitio de Zaragoza. Verdaderamente emotivo es el pasaje que relata la desesperación de Carlomagno cuando encuentra los cuerpos inertes de Roldán y Oliveros.

Los cantares de gesta perdidos, cuya existencia se puede afirmar por haber sido prosificados en las crónicas del siglo XIII, son de cierta importancia, a lo menos por lo que se refiere a los temas, todos de transcendencia histórica: 1) *El Cantar de Rodrigo*, la historia del último de los reyes visigodos, que perdió su reino a manos de los sarracenos; 2) El *Cantar de Bernardo del Carpio*, narra las hazañas de un imaginario héroe leonés del siglo VIII; 3) LOS SIETE INFANTES DE LARA o Salas, un relato de una enemistad entre familias que conduce a la muerte de siete hermanos, vengados por su hermano de padre, Mudarra, hijo de una princesa mora; 4) *El Cerco de Zamora* nos cuenta las peripecias del asedio puesto a la ciudad de Zamora por las huestes del rey castellano Sancho II, alevosamente muerto por el zamorano Bellido Dolfos delante de las murallas sitiadas.

El teatro

No ha llegado hasta nosotros ninguna obra dramática anterior a la segunda mitad del siglo XII. Sin embargo se sabe que en Francia existían tanto el drama religioso como el profano, y durante el siglo XIII se promulgaron pragmáticas en España destinadas a regular las representaciones teatrales (como las *Siete Partidas* del rey Alfonso X, el Sabio). [Véanse las obras alfonsíes en el capítulo siguiente].

El *Auto de los Reyes Magos*, una obra dramática menor que se conserva incompleta en un manuscrito que contiene 147 versos, es el único ejemplo de este género durante el siglo que estamos estudiando; probablemente data de finales de la centuria. Pertenece al muy conocido ciclo de los *Autos de Navidad*, y nos cuenta los viajes de los magos de oriente, su encuentro, su llegada a la corte de Herodes, y la ansiedad del rey de los judíos por las noticias sobre el nacimiento del Salvador. La pequeña pieza está llena de acción y de fuerza dramática, y hay ciertos detalles humorísticos y una caracterización bastante lograda.

Derecho

El derecho visigótico consuetudinario existía desde los primeros tiempos. El código más extenso fue el *Forum Judicum* (*Fuero de los jueces*) llamado después *Fuero Juzgo*. Este código estaba escrito en latín y constituyó la más importante fuente del derecho español posterior. Resultado de la mezcla de un derecho romano degenerado y del derecho consuetudinario visigótico, este código representa la primera gran compilación de las leyes españolas.

Historia

La *Historia Silense* (1115) fue el primer intento de escribir historia auténtica, y no meros anales; la *Crónica Najerense* (ca. 1160) utilizó como fuentes históricas, para los siglos XI y XII, los textos poéticos. La *Historia Roderici* narra algunas de las hazañas del Cid; el *Liber Chronicorum*, escrito por el obispo de Oviedo, Pelayo (ca. 1132) fue también muy famoso.

Prosa de ficción

La *Disciplina clericalis* (*Guía del erudito*) de Petrus Alfonsi (Pedro Alfonso) es la contribución española a la literatura amena del siglo XII. El autor, un judío de nombre Moisés Sefardí, fue bautizado en el año 1106, siendo su padrino el rey de Aragón, Alfonso I el Batallador. Su *Disciplina* fue, en ciertos aspectos, una de las obras más importantes de toda la Edad Media. Es una colección de cuentos orientales, de apólogos, llamados en aquel tiempo *exempla*, la primera serie de tales historias orientales traducida a una lengua occidental, en este caso al latín.

Gracias a esta obra pasaron a Europa muchos cuentos del Oriente, algunos de los cuales se cuentan hoy entre las historietas más conocidas universalmente; y el libro del judío español tiene también el mérito de haber despertado y desarrollado en Europa el gusto por la literatura novelesca. Los proverbios y las máximas abundan en la *Disciplina*, por lo que también debe ser considerada como una de las primeras versiones europeas de la filosofía vulgar o sabiduría popular del antiguo oriente. El libro tiene, no cabe dudarlo, un objetivo didáctico, cosa no extraña si recordamos que el siglo XII se caracteriza por su amor a la didáctica, pero en él encontramos también un aliento creador, a juzgar por el argumento de algunas de sus historias cuyo contenido moral es poco recomendable y difícilmente justificable.

El siglo XIII

POESÍA LÍRICA	POESÍA NARRATIVA	TEATRO	DERECHO E HISTORIA	OBRAS DIDÁCTICAS	PROSA NARRATIVA
La lírica galaico-portuguesa: *Cantigas de Santa María* de Alfonso el Sabio Alrededor de 2.000 composiciones en gallego-portugués distribuidas en tres grandes libros **La lírica castellana:** *Eya velar*, canción de vela incluida en el *Duelo de la Virgen*, de Berceo *Razón de amor*	**Mester de Juglaría** (de carácter no épico) *Disputa del alma y el cuerpo* *Denuestos del agua y el vino* *Elena y María* *Santa María Egipcíaca* *Libro de los tres reyes de Oriente* **Mester de Clerecía** *Poema de Fernán González* *Libro de Alexandre* *Libro de Apolonio* Obras de Gonzalo de Berceo	Véase *Siete Partidas* (derecho)	*Fuero Juzgo* (1241) *Setenario* (Alfonso X) *Las Siete Partidas* (1256-1265) (Alfonso X) Lucas de Tuy, *Chronicón Mundi* (1236) Rodrigo Ximénez de Rada, *De Rebus Hispaniæ* (aprox. 1237) *Primera Crónica general* o *Historia de España* (Alfonso X, aprox. 1280) *General Historia* (Alfonso X, aprox. 1280)	*Flores de filosofía* *Libro de los buenos proverbios* *Bonium o Bocados de Oro* *Libro de los doce sabios* *Poridat de Poridades* **Obras alfonsíes:** *Tablas Alfonsíes* (1262-1272) *Libros del saber de astronomía* (1276-1279) *Liber Picatrix* (1256) *Libro de ajedrez, dados y tablas* *Lapidario* (aprox. 1275) Sancho IV: *Castigos y documentos para bien vivir*	*Calila e Dimna* (1251) *Libro de los engaños* (1253) *Barlaam y Josafat* *Historia troyana* (1270)

3
El siglo XIII

Reinados de: Enrique I (1214-1217); Alfonso IX de León (1188-1230);
Fernando III (1230-1252); Alfonso X (1252-1284); Sancho IV (1284-
1295); Fernando IV (1295-1310).

 STE SIGLO FUE muy importante para la historia de España. Los dos grandes reinos de Castilla y León se habían unido en la persona de Fernando III, llamado «el Santo», y la unión fue definitiva. La España musulmana perdió extensos territorios que fueron ganados por Fernando III. Jaén, Córdoba, Sevilla, Murcia, pasaron a pertenecer al Reino de Castilla y León, y, a la larga, el poder islámico fue reducido a la impotencia, acertando a mantenerse sólo el reino moro de Granada. Fernando III mandó redactar en castellano el *Forum Judicum*, que desde entonces se conoció por el nombre romance de *Fuero Juzgo*.

Su hijo, Alfonso X, llamado «el Sabio», de menor talla militar y política que su padre, fue en otros aspectos, sin embargo, mucho más importante. Su fama se debe, sobre todo, a su mecenazgo sobre las artes y ciencias, la música y la poesía, y a sus esfuerzos por lograr que todo el legado cultural de sus reinos fuese traducido al español para instrucción y disfrute de todos sus súbditos. La escuela de traductores que fundó en Toledo (la mayor parte de sus componentes eran judíos españoles) vertió al castellano gran parte de las obras árabes. La ciencia y erudición españolas de la centuria giraron en la órbita de la Corte de este rey. El Derecho español, hasta nuestros días, es una consecuencia de la codificación llevada a cabo cumpliendo órdenes de Alfonso X. Bajo su patrocinio se escribieron las primeras importantes historias de la península redactadas en lengua romance, y la música española debe gran parte de su primer desarrollo al apoyo real. El reinado de Alfonso X ha sido considerado como una especie de pensacimiento prematuro en la España del siglo XIII.

La contribución de Alfonso X a la ciencia y cultura de su país equilibra, con creces, sus desaciertos y desgracias, entre los que destacan sus desafortunados y ruinosos esfuerzos para hacerse elegir Emperador del ʋacro Imperio Romano-Germánico (Emperador de Alemania), y sus constantes luchas con los nobles rebeldes y contra su propio hijo, el impetuoso Sancho IV «el Bravo».

POESÍA

La Lírica Galaico-portuguesa

Es casi seguro que la tradición lírica representada por las *jarchas* persistiera y floreciese en todas las comarcas hispánicas, pero el único núcleo orgánico de poemas que ha llegado a nosotros en forma escrita, procede exclusivamente del área gallego-portuguesa. Muchos de estos poemas eran una imitación de las composiciones provenzales, y gran parte de ellos se nos muestran de carácter aristocrático más que de inspiración popular. Es muy sintomático que hasta bien entrado el siglo XV, los mismos poetas castellanos escribían sus composiciones líricas en la lengua gallego-portuguesa. Más de 2.000 composiciones gallego-portuguesas han llegado a nuestros días, debidas a unos 200 poetas de nombre conocido, entre los que se hallan reyes, príncipes, nobles y unos cuantos simples mortales, sin otros títulos; el conjunto de estas composiciones aparece repartido en tres grandes compilaciones, los llamados tradicionalmente *Cancioneiro da Ajuda, Cancioneiro da Vaticana* y *Cancioneiro Colocci-Brancuti*. Podemos distinguir tres clases de canciones galaico-portuguesas: 1) *CANTIGAS DE ESCARNIO*, composiciones satíricas destinadas a escarnecer a alguna persona, con frecuencia francamente procaces y difamatorias; 2) *CANTIGAS DE AMOR*, composiciones eróticas de carácter más bien convencional; 3) *CANTIGAS DE AMIGO*, en las que la persona que habla no es el amante sino la doncella herida de amor, y que son, con mucho, las más interesantes y sugestivas de todo el grupo; muy a menudo, las *Cantigas de amigo* exhalan una auténtica virginidad lírica, por lo que es probable sean de verdadero origen popular. La poesía galaico-portuguesa se prolongó más de siglo y medio, a partir del

1200. No debe olvidarse nunca que todos estos poemas fueron escritos para ser cantados y no para la lectura en los gabinetes de clérigos y eruditos.

Las *Cantigas de Santa María* fueron escritas en parte por Alfonso el Sabio, y en parte por encargo suyo; como sabemos, Alfonso X reinó en Castilla y León de 1252 a 1284; fue el más prolífico de los poetas en lengua gallego-portuguesa. Las *Cantigas* alcanzan el número de 400, y narran los milagros efectuados por la Santísima Virgen. Sus fuentes fueron las grandes colecciones latinas de milagros difundidas por toda Europa y la tradición y el folklore españoles. Los manuscritos de las *Cantigas* son también muy importantes como muestra del arte español primitivo, porque el texto de los milagros va ilustrado por medio de bellísimas miniaturas. Estas ilustraciones nos proporcionan una imagen muy veraz y expresiva de la vida diaria en los tiempos del rey sabio. Cada milagro consiste en un canto, con la letra versificada y la partitura musical. La música del CANTO GREGORIANO es la propia de muchas cantigas, mientras que otros milagros llevan música española popular, posiblemente música popular andaluza (arábigo-española) en algunos casos.

La lírica castellana

Del siglo XIII conservamos muy pocos poemas castellanos de carácter lírico, aunque es muy probable que existiera ya en aquella época abundante lírica popular. Los poetas líricos eran casi exclusivamente los cultos, y éstos preferían escribir sus composiciones en gallego-portugués, antes que en castellano, de la misma manera que a las formas populares preferían las formas eruditas.

La *Razón de amor*, un poema castellano anónimo, probablemente de comienzos del siglo XIII, presenta ciertos caracteres del dialecto aragonés. Su tema, el encuentro de dos amantes en un paraje encantador, recuerda, hasta cierto punto, la variedad galaico-portuguesa del poema erótico, y contiene un rico simbolismo alegórico. La versificación es irregular, predominando los versos de ocho y nueve sílabas. En el mismo códice donde apareció este poema *se encuentra el debate en verso titulado *Denuestos del agua y el vino* que, por otra parte, tiene más acentuado el carácter narrativo que el lírico.

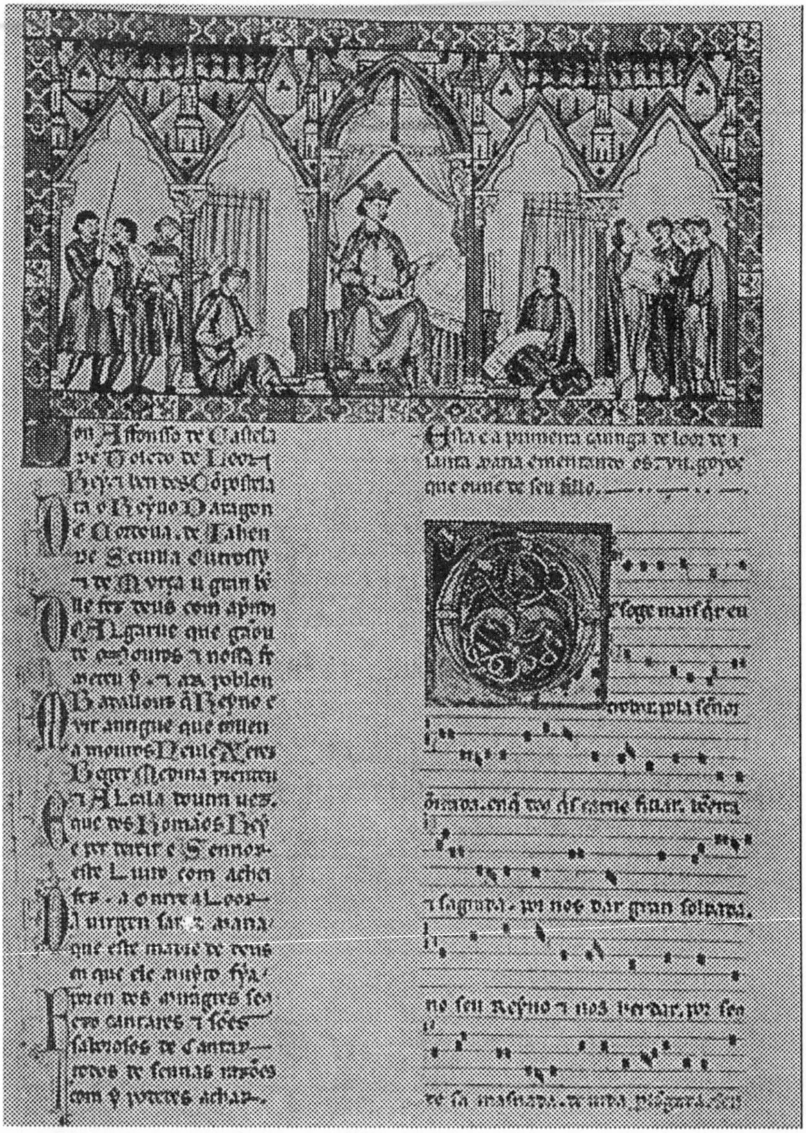

Portada de las
Cantigas de Santa Maria

La Poesía narrativa castellana: El Mester de Juglaría

Siguieron apareciendo, a lo largo del XIII, composiciones narrativas del estilo del mester de juglaría, pero los antiguos cantares de gesta comienzan a pasarse de moda. En vez de poemas épicos se componen disputas y vidas de santos. Estas obras constan, generalmente, de una serie de pareados con versos de ocho sílabas, aunque respecto a la medida no se puede todavía hablar de regularidad. *Las disputas* eran muy populares en Francia (*débats*) y probablemente los poetas españoles cultivaron este género a imitación de los escritores franceses y provenzales.

La Disputa del alma y el cuerpo, probablemente de origen anglo-normando, está escrita en pareados de versos heptasílabos u octosílabos. El alma reprende al cuerpo por la depravada vida que ha llevado. *Los Denuestos del agua y el vino*, que, como hemos dicho se halla en el mismo códice que la composición lírica *Razón de amor*, consiste en una disputa entre el agua y el vino; tanto la una como el otro se defienden declarando sus propias virtudes. La versificación es irregular, a base de dísticos rimados. Hay todavía otro poema del mismo carácter, *Elena y María*. El amante de Elena es un caballero, mientras que María es cortejada por un clérigo (hombre de letras). Cada una de las dos muchachas declara las virtudes de su amante, y el clérigo vence en la disputa, lo que no es de extrañar si pensamos que el poemita fue escrito precisamente por un literato. Desde el punto de vista métrico se trata de pareados compuestos por versos octosílabos, y lingüísticamente se descubren características del dialecto leonés.

Santa María Egipcíaca, es una larga narración en la que se nos cuenta la vida de esta santa, desde su época de mujer galante en Alejandría hasta la de su heroica penitencia en el desierto, pasando por el momento de su conversión. La versión castellana, inspirada en el modelo francés original, presenta ciertos atisbos de originalidad y se lee con mucho interés. Alternan los versos de ocho y nueve sílabas.

El *Libro de los tres reyes de Oriente* (*Libre dels tres reys d'Orient*) es un poema de 250 versos que narra la llegada de los reyes magos, la matanza de los inocentes, la huida a Egipto y la historia de los dos ladrones, Gestas y Dimas. Predominan los versos octosílabos, pero aparecen también algunos de nueve sílabas.

La Poesía castellana narrativa: El Mester de Clerecía

En los siglos XIII y XIV floreció el MESTER DE CLERECÍA (poesía erudita). Se caracteriza por los tetrástrofos monorrimos, estrofas de cuatro versos de catorce sílabas con cesura al medio. Esta versificación es conocida también por el nombre de CUADERNA VÍA (vía cuaternaria o cuádruple).

El único poema épico con este tipo de versificación que ha llegado a nosotros es el *Poema de Fernán González*. Fernán González (muerto en el año 970) fue el fundador de la Castilla independiente. El poema se escribió hacia 1250 y relata los maravillosos pero verídicos sucesos relacionados con las luchas sostenidas por el conde hasta conseguir la independencia de Castilla.

El *Libro de Apolonio*, escrito durante la primera mitad del siglo XIII, es la primera manifestación española de la llamada NOVELA BIZANTINA. Basado, probablemente, en una narración griega perdida, es más romántico y fantástico, pero menos épico y heroico que el *Poema de Fernán González*. Narra en 2.624 versos la historia de Apolonio, Rey de Tiro, que después de una larga serie de naufragios, separaciones y extrañas aventuras, logra encontrar de nuevo a su hija Tarsiana, que había desaparecido. No se conoce la fuente precisa de la versión española. Es probable que su autor conociera algunas redacciones latinas o francesas de la historia bizantina. Esta obra tuvo gran éxito en Europa, hasta el punto de que la historia que narra aparece en la mayor parte de las literaturas vernáculas de la Edad Media. Lo mismo que muchas de las obras pertenecientes a la Literatura española del siglo XIII, el *Libro de Apolonio* procede de las narraciones orientales.

Gonzalo de Berceo (nacido a finales del XII) es el primer poeta español de nombre conocido. Lo que ha dado fama a Berceo son principalmente sus poemas narrativos escritos en la cuaderna vía, aunque en el *Duelo de la Virgen*, también composición narrativa, incluye un corto poema lírico. En el *Duelo* aparece una canción de vela cuyo título es *Eya velar*; se puede afirmar, casi con toda seguridad, que esta CANCIÓN DE VELA (canción de centinelas) no es original de Berceo; probablemente es una canción tradicional, de origen y carácter popular, como podemos juzgar por sus versos, escritos en metro corto.

La mayor actividad creadora de Berceo se desarrolló desde 1220 a 1242; casi todas sus composiciones son de carácter religioso. Berceo era de naturaleza humilde y sencilla, y nos presenta en sus obras una imagen detallada de la vida de su tiempo entre los campesinos y el pueblo bajo.

Su obra más conocida son los *Milagros de Nuestra Señora*. Se trata del relato de una serie de veinticinco milagros obrados por la Virgen, entre los que se hallan algunos de los más famosos milagros marianos, que Berceo tomó de la tradición cristiana referida a la Virgen, difundida por toda Europa y escritos en latín. *Los milagros* están contados de una manera sencilla y, al mismo tiempo, atractiva y candorosa; ciertos críticos modernos ponen a Berceo como ejemplo de poeta ingenuo lleno del encanto de lo espontáneo y primitivo.

Berceo escribió también varias vidas de Santos: *Vida de Santo Domingo de Silos, Vida de San Millán, Vida de Santa Oria*; todas ellas se refieren a santos españoles, y Berceo, al contarlas, refleja el ambiente de la España de su época. Otras composiciones debidas a este prolífico clérigo son: *Martirio de San Lorenzo, Loores de Nuestra Señora, Duelo de la Virgen, Sacrificio de la Misa, Signos que aparecerán antes del Juicio*.

El Libro de Alexandre, de mediados del siglo XIII, consta de 10.500 versos, y fue escrito por un poeta de gran cultura y formación, muy distinto, en todo, del sencillo clérigo que era Berceo. Esta obra retrata a Alejandro Magno con las mismas características de un perfecto caballero medieval, pero transmite mucho del legado del mundo antiguo, y contiene tanta y tan variada información de todas clases, que puede considerarse como una verdadera enciclopedia del saber medieval. Encontramos noticias de todo tipo: geografía, historia, astronomía, costumbres humanas, hábitos e instintos de los animales.

El autor no se conforma con relatarnos la vida de Alejandro, e inserta apólogos y fábulas, intercala una supuesta correspondencia cambiada entre famosos personajes (por ejemplo Aristóteles y Alejandro), incluye largos pasajes didácticos, y trata ciertos temas de una manera alegórica. Esta obra es un símbolo del ansia de enseñanza del hombre del siglo XIII que procuraba, también, ofrecer todo su saber por los distintos procedimientos que estaban a su disposición.

EL TEATRO

No se conserva ningún resto del teatro español de este siglo, pero hay razones para suponer la existencia de distintas especies de obras representables. Desde el momento en que las *Siete Partidas* de Alfonso el Sabio, que constituyen una gran codificación legal, regulan las representaciones dramáticas, se puede asegurar que existía el teatro (tanto el teatro religioso como el profano, representado dentro o fuera de los templos), que los actores eran indistintamente clérigos o laicos, y que para ver las representaciones se requería pagar la entrada al recinto. Las leyes dan la voz de alarma sobre los juegos de escarnio, representaciones profanas de carácter procaz, en las cuales podía ser ridiculizado el clero. El famoso misterio medieval que todavía se sigue representando hoy en la ciudad levantina de Elche, debe ser considerado como una reliquia de ciertos dramas religiosos primitivos.

LA ERUDICIÓN ALFONSÍ

El Rey Alfonso X (1252-1284, época de su reinado) fue llamado «el Sabio» (el Ilustrado) con todo merecimiento. Su reinado ha sido considerado como una especie de renacimiento medieval, pues, bajo su mecenazgo, las artes y las ciencias florecieron en España más que nunca hasta entonces. Por muchas razones, Alfonso X fue una de las personalidades más relevantes de la Edad Media.

Derecho

La codificación legal mandada hacer por el Rey Sabio, llamada las *Siete Partidas* por constar de siete capítulos, se redactó entre 1256 y 1265, aunque su promulgación se demoró hasta el año 1348, reinando en Castilla y León Alfonso XI. Está basada en el código de Justiniano, en los fueros (cartas-puebla y privilegios reales) y en cierto número de obras didácticas. El *Fuero juzgo* compilado por orden de Fernando III, el *Setenario* (por lo menos en parte no es otra cosa que un esbozo, poco pulido, de las *Partidas*) y el *Fuero Real* (ca. del año 1255) se cuentan entre las compilaciones jurídicas que sirvieron para redactar las *Partidas*, obra que nos permite obtener un muy exacto conocimiento de la vida de todas las clases sociales durante la época medieval. En las *Partidas* se establecen toda clase de leyes, lo mismo las que atañen al clero que las que regulan la vida jurídica secular, y, aun antes de su promulgación, las *Partidas* sirvieron como guía para aplicar las leyes vigentes y como base para los tratados legales posteriores.

Historia

Antes de aparecer las obras históricas de Alfonso X, los historiadores españoles habían escrito en latín. Lucas de Tuy, conocido por «el Tudense» había escrito su *Chronicon Mundi* (ca. hacia 1236) dedicado a Berenguela, mujer del rey Alfonso IX de León y madre de San Fernando (Fernando III de Castilla y León). Hace historia de la época visigoda y narra después, con mayor detalle, las vicisitudes de los Reinos de Castilla y León durante la Reconquista. Rodrigo Ximénez de Rada, Arzobispo de Toledo, llamado «el Toledano», escribió la primera gran historia de la edad media hispánica su *De Rebus Hispaniæ*, obra escrita en latín también, trata de la historia del pueblo visigodo desde antes de su llegada a la península, de las vicisitudes del Reino hispano-visigótico de Toledo, de la conquista musulmana de Hispania, y de la reconquista cristiana llevada a cabo por los reinos de Asturias, León y Castilla (con alusiones también a los otros reinos cristianos pirenaicos de Navarra y de la Corona de Aragón).

Bajo la dirección de Alfonso X se escribieron, en el siglo XIII, dos importantes obras históricas. La *Primera Crónica General* o *Historia de España* fue planeada como una historia de España desde los primeros tiempos hasta la muerte de Fernando III (1252). Sus fuentes fueron la Biblia, los cantares de gesta españoles, las historias árabes, y las obras de algunos historiadores españoles como el Tudense y el Toledano; también se utilizaron para su redacción gran número de obras de ficción consideradas, sin duda, en aquel tiempo, como obras de contenido veraz e histórico. Esta gran obra marca una época en la historiografía española y constituyó la fuente principal de muchas historias posteriores.

La *Grande e General Estoria* (ca. 1280) fue concebida como una historia del mundo desde la creación hasta los propios tiempos de Alfonso X, pero, en la realidad, no pasó del nacimiento de Cristo. Consistía en una especie de paráfrasis de la Vulgata (sólo hasta el Nuevo Testamento) mezclada con la mitología y la historia del mundo antiguo (Grecia, Egipto, Roma).

Obras científicas

El Rey Sabio se interesaba tanto por las ciencias, especialmente por la astronomía, que fue llamado a veces «el estrellero» (el visionario). Las *Tablas alfonsíes* se tradujeron del árabe, y trataban de los movimientos de los planetas, siguiendo las teorías y los descubrimientos del astrónomo Al-Zaqali. Estas *Tablas* alcanzaron gran fama durante la edad media y el renacimiento.

Los *Libros del saber de astronomía* también fueron traducidos del árabe o, por lo menos, se basaban en obras árabes sobre astronomía de los siglos IX-XII. Los *Libros* constan de quince tratados en los que se catalogan las estrellas y se dan indicaciones para la construcción de instrumentos astronómicos. Se escribieron del 1276 al 1279.

El *Liber Picatrix*, que trata preferentemente de magia, fue también traducido en la corte alfonsí.

El *Libro de axedrez, dados e tablas* describe el ajedrez, los dados y otras clases de juegos; se tradujo del árabe, hacia 1260. Numerosas ilustraciones nos muestran a los jugadores, la mayor parte de ellos moriscos.

El famoso *Lapidario* se escribió durante los últimos diez años del reinado y vida de Alfonso (muerto en 1284). Es posible que hubiera transcripciones más antiguas. Se trata de la traducción de ciertas obras árabes y consiste en la descripción de las virtudes de las piedras preciosas, de los parajes donde pueden ser halladas; también nos habla esta obra de la influencia de las estrellas sobre las gemas y del poder conferido por las piedras preciosas a las personas que las poseen. Nos informamos en el *Lapidario*, por ejemplo, de ciertas gemas tan notables como la "piedra que escapa del vino," es decir, que se sale fuera de los recipientes que contienen líquidos alcohólicos, o como la "piedra del sueño" muy apreciada por los cirujanos debido a su virtud anestésica. En estos capítulos encontramos un gran caudal de conocimientos medievales de origen oriental.

Obras de filosofía vulgar

Al pueblo de la época medieval le interesaban mucho los proverbios y las máximas; le atraían, especialmente, las obras cuyas fuentes estaban en las grandes colecciones aforísticas orientales. Muchas de estas obras fueron traducidas al español, aunque no todas vinieron directamente del árabe; algunas procedían de versiones latinas. Cuatro de las más importantes colecciones españolas de proverbios son las siguientes: 1) *Flores de filosofía*, obra, dividida en treinta y nueve capítulos, que pretende encerrar toda la sabiduría de treinta y siete filósofos, incluyendo a Séneca; 2) el *Libro de los buenos proverbios*, como algunas otras colecciones, había sido escrito primitivamente en griego, y trasladado luego al árabe, por lo que constituye una curiosa e importante mezcla de filosofía griega y sabiduría oriental; 3) el *Bonium o Bocados de Oro* es una adaptación de un original árabe, y contiene dos cartas apócrifas atribuidas a Alejandro Magno; *Bonium* es el nombre del sabio imaginario cuya ciencia y prudencia se resumen en el libro; 4) La *Poridat de poridades*, conocida también por el nombre de los *Castigos de Aristótil a Alexandre*, es una versión castellana de los *Secreta Secretorum*, conocida colección latina de proverbios.

Ilustración de *Calila e Dimna*

FICCIONES EN PROSA

La literatura narrativa de este período consiste principalmente en traducciones de ciertas colecciones de cuentos orientales bien conocidas, algunas de ellas originarias del Oriente Próximo (cuentos hebreos, árabes y sirios) y otras de Persia y hasta de la India. Estos cuentos, en su difusión hacia Occidente, fueron redactados y fijados en las lenguas árabe o hebrea; estas últimas versiones orientales son las que llegan a España, especialmente la arábiga. El conocimiento en España de estas colecciones fue muy importante para las letras occidentales porque con ellas llegaron a Europa muchos nuevos cuentos, argumentos y temas, que con el tiempo formarían el telón de fondo de una gran parte de la novelística occidental.

El *Libro de Calila e Dimna* fue traducido del árabe en 1251, según algunos por encargo de Alfonso X. Fue la primera colección de cuentos orientales traducida al castellano. Su origen, a través de las versiones árabe y persa, se remonta a la obra india *Panchatantra* (*Cinco libros de cuentos*). El *Calila e Dimna* introdujo en el español algunas de las más famosas historietas y fábulas universales, enseñando a los lectores europeos nuevas técnicas en el arte de contar y novelar.

El *Libro de los engaños y asayamientos de las mujeres*, vertido del árabe en 1253 por orden del Infante don Fadrique, hermano de Alfonso X, es la traducción española del *Libro de Sindibad* (no confundirlo con el Simbad—Simbad el Marino—de las *Mil y una noches*). Esta obra recoge elementos procedentes de varias fuentes orientales, que, unidos a la entretenida historia, y a los muchos cuentos picantes referentes a las malas mujeres, hicieron de este libro una obra muy popular. Los lectores anglosajones conocen esta obra por el título de *Libro de los Siete Sabios*, pero la versión española es más movida e interesante, y mucho más parecida que la inglesa al original oriental. Montones de obras europeas muestran la influencia ejercida sobre ellas por el *Libro de Sindibad*, aunque esta influencia no se operó siempre necesariamente a través de la versión española. Esta obra sigue gustando a todos aquellos que se entusiasman con las historietas escabrosas y hábilmente tramadas.

Barlaam y Josafat, muy conocida durante el siglo XIII gracias a la versión latina que se encuentra en el *Speculum Historiale* de Vincent de Beauvais, fue originariamente una obra oriental, precisamente una versión cristiana de la vida de Buda. Esta obra, en la forma como apareció en lengua griega, fue atribuida a San Juan Damasceno; la versión griega fue la que pasó a la literatura europea. La obra tiene una intención didáctica, sus exempla son siempre de naturaleza devota o, por lo menos, ética; así y todo, gracias a estar escrita de forma atrayente, su popularidad en España, y aún en toda Europa, fue extraordinaria. Algunas de las historietas introducidas por esta obra en la literatura occidental son tan conocidas como el famoso tema de los "tres cofrecillos," un cuento que será utilizado más tarde por Shakespeare en *El Mercader de Venecia*.

La *Historia troyana*, escrita hacia 1270, está redactada parte en verso y parte en prosa (se la llama también *Historia troyana polimétrica*). Es una versión española del *Roman de Troie* del francés Benoît de Sainte-Maure; constituye un buen ejemplo del CICLO DE LA ANTIGÜEDAD en la literatura medieval. Su fuente original habría que buscarla en los cuentos griegos atribuidos imaginariamente a Dares y Dictys. Estas historietas llegarían a España también a través de la obra de Guido de Colonna, escrita a finales del XIII.

El rey Sancho IV, hijo de Alfonso X, ordenó la redacción—y es probable que él mismo participara personalmente en la misma—de dos obras recreativo-didácticas, *Castigos e documentos para bien vivir* y *El lucidario*. *Castigos e documentos para bien vivir* es una obra didáctica del estilo de los libros escritos como manuales o guías para la educación de los príncipes y nobles. El rey Sancho la hizo escribir para que sirviera en la formación político-moral de su hijo, el futuro Fernando IV. Sus fuentes son tanto piadosas como profanas, lo mismo orientales que occidentales; los pasajes didácticos ocupan mayor extensión que los cuentos interpolados, algunos de los cuales repiten temas tradicionales y tópicos universales bien conocidos. En general, su estilo es correcto, y la narración bien compuesta. *El lucidario*, conocido también como *Los lucidarios españoles* por existir cinco códices del mismo, fue escrito hacia 1293, y es un reportorio o cuestionario teológico-científico que tuvo gran difusión en la edad media. A modo de catecismo, con preguntas y respuestas entre discípulo y maestro, trataba de satisfacer la curiosidad del estudiante de aquellos tiempos por los temas de Dios, de los ángeles y de los demonios, del hombre, de los astros, de los animales y otros muchos más.

El siglo XIV

Poesía lírica / Poesía narrativa	Teatro	Historia	Obras didácticas	Ficciones en prosa

Poesía lírica

Lírica galaico-portuguesa:
Gonzalo Rodríguez, Arcediano de Toro
Macías el Enamorado (vid. siglo XV)
Pero Ferrús o Ferrández (vid. *Cancionero de Baena*)
Garci Fernández de Jerena (1365-1400)
Pero Vélez de Guevara (muerto aprox. 1420)

Poesía narrativa

Mester de Juglaría:
Epopeyas perdidas (vid. Historia)
Cantar de Rodrigo o Mocedades del Cid
Gesta de Don Juan de Montemayor
Poema de Alfonso XI

Mester de Clerecía:
Poema de Yuçuf (lit. aljamiada)
Proverbios del Sabio Salomón (Vid. Obras didácticas)
Vida de San Ildefonso
Arcipreste de Hita: *Libro de buen amor*
Libro de miseria de omne
Pero López de Ayala: *Rimado de Palacio*

Teatro

Ninguna obra conservada

Historia

Fernán Sánchez de Valladolid (1313-1359)
Crónicas, y Crónica de Alfonso XI
Crónica rimada
Gran Conquista de Ultramar (vid. Prosa de ficción)
Don Juan Manuel: *Crónica abreviada* (1320-1324) y *Crónica Complida* (1329)
Pero López de Ayala: *Crónicas de los Reyes de Castilla*

Obras didácticas

En verso
Proverbios del Sabio Salomón (vid. Mes. de Clerecía)
Don Sem Tob: *Proverbios morales* (lit. gnómica)
Pedro de Veragüe: *La doctrina de la discrición*

En prosa
Don Juan Manuel: *Libro del Caballero et del escudero; Libro de los estados, Libro de la caza* (1326), *Tractado sobre las armas* (1332)
Pero López de Ayala: *Libro de las aves de caza*
Traducciones de Tito Livio, Boecio, San Gregorio, San Isidoro, Guido de Colonna, Boccaccio

Ficciones en prosa

Narración corta
Don Juan Manuel: *El Conde Lucanor*

Prosa novelesca
El Caballero Cifar (hacia 1300)
Amadís de Gaula
La doncella Teodor
Crónica Troyana (no confundirla con la *Historia troyana* del XIII)
La Gran Conquista de Ultramar

4

El siglo XIV

Reinados de: Fernando IV (1295-1310), Alfonso XI (1310-1350), Pedro I (1350-1369; Enrique II (1369-1379), Juan I (1379-1390); Enrique III (1390-1406)

 L SIGLO XIV TRANSCURRIÓ en medio de toda clase de luchas: contra los musulmanes, con los otros reinos cristianos de la península, luchas civiles entre las distintas facciones políticas, luchas entre el rey y la nobleza. El estudio de las artes y de las ciencias, al que con tanto ahínco se dedicaron los eruditos de la época del Rey Sabio, perdió gran parte de su fuerza a causa de las circunstancias adversas. La peste negra asoló España lo mismo que había asolado el resto de Europa. Los Reyes españoles no fueron ya auténticos mecenas de la poesía. Pero, a despecho de todas estas adversidades, se seguía escribiendo, y dos literatos, por lo menos, ganaron un sitio entre los inmortales. Uno de ellos fue de sangre real, el infante don Juan Manuel, sobrino de Alfonso X, que escribió numerosas obras en prosa: el otro, un clérigo, el Arcipreste de Hita, Juan Ruiz, autor del imperecedero *Libro de buen amor*. La dinastía de Trastámara comenzó a reinar durante este siglo e iba a dar a Castilla una serie de monarcas entre los que destaca, ya en el siglo siguiente, la famosa Isabel la Católica.

POESÍA LÍRICA

Continuó en boga, entre los poetas cultos, la poesía escrita en gallego-portugués; sin embargo, el ROMANCE castellano estaba ya casi a punto para permitir la expresión poética. La lírica galaico-portuguesa seguía utilizando el modelo provenzal, aunque cada vez contenía mayor número de ideas y temas verdaderamente hispánicos, tomados de la tradición popular. Cierto número de poetas castellanos que escribieron en gallego-portugués pertenecen cronológicamente al siglo XIV pero han sido considerados como del siglo XV por el mero hecho de que sus composiciones aparecen en el *Cancionero de Baena*, recopilado en este último siglo. Entre ellos se encuentran **Macías, Garci Fernández de Jerena, Pero Ferrús o Ferrández y Pero Vélez de Guevara. Gonzalo Rodríguez**, Arcediano de Toro, que escribe desde 1379 hasta 1390, poetizó tanto en gallego como en castellano. El máximo poeta de la centuria fue **Juan Ruiz**, Arcipreste de Hita, autor del famoso *Libro de buen amor*. Juan Ruiz escribió esta obra concibiéndola como una especie de ars poetica por lo que utilizó una gran variedad de composiciones en verso, algunas de las cuales, como por ejemplo sus propias SERRANILLAS, son el antecedente de las serranillas del Marqués de Santillana (siglo XV). El *Libro de buen amor*, puede considerarse, en general, como poesía narrativa del mester de clerecía, pero incluye muchos pasajes de carácter lírico, de gran valor y ambicioso aliento poético.

Poesía narrativa: Mester de Juglaría

No estaba muerto durante el siglo XIV el interés por lo épico, pero el tono era ya distinto, y es evidente un distanciamiento de las antiguas formas de la epopeya, tanto de la representada por el *Poema de mio Cid* (siglo XII) como de la que el *Poema de Fernán González* (siglo XIII) ejemplifica, estas fórmulas perviven sólo en el mester de clerecía. El interés por los aspectos humanos de las vidas y caracteres de los héroes épicos se materializó en una serie de reelaboraciones de los antiguos temas, lo que desemboca en la creación de nuevas versiones de la vida de los antiguos héroes. El mester de juglaría, lo mismo que en el siglo anterior, se anticipó al de clerecía, abriendo nuevos caminos.

El *Cantar de Rodrigo*, o *Mocedades del Cid*, escrito a la manera de juglaría lo más tarde a principios del siglo XV, pertenece por su estilo y su tono al XIV, y hasta podríamos decir que al XIII. Corrientemente se lo fecha en 1400. El poema, que representa una importante elaboración de materia épica, nos presenta un Cid muy distinto al anterior, mostrándolo como un joven lleno de energía, fuerza y hasta de humor. Al material tomado de fuentes históricas, se le añaden grandes dosis de leyenda, tradición, popularísmo, y, posiblemente, también mucho de la propia imaginación del autor o redactor. Esta elaboración del tema cidiano, y otra que encontramos prosificada en la *Crónica de 1344* (véase HISTORIA), junto con ciertos romances del XV, sirvieron como fuentes del *Cid* de Guillén de Castro y de Corneille, obras, ambas, muy importantes de los teatros español y francés del siglo XVII (véase TEATRO, en el siglo XVII). Es necesario advertir que el *Cantar de Rodrigo* constituye una parte (versos 280-1125) de una obra de mayor envergadura, titulada *Crónica rimada de las cosas de España* (véase HISTORIA). A causa de la influencia que ejercieron en la literatura posterior es grande la importancia que se debe conceder a estas obras de tema cidiano.

El *Poema de Alfonso Onceno* es un poema histórico de gran extensión (2455 estrofas), que narra la vida de Alfonso XI de Castilla (muerto en 1350), sobre todo sus luchas con los musulmanes, que culminaron en la victoriosa batalla del Salado ganada a los benimerines, últimos invasores africanos de la península. Es una obra de carácter realista, repleta de escenas de la vida diaria, en las que podemos observar las costumbres de la época. La paternidad de la obra ha sido atribuida a un tal Ruy Yáñez, aunque la crítica literaria actual opina que este presunto autor no fue más que un copista. Es posible que el *Poema* provenga de un original portugués, porque, vertidos sus versos al portugués, resulta la composición más regular y perfecta que en su redacción castellana. Es muy importante la fórmula métrica porque puede ser considerada como la transición entre la versificación épica del mester de juglaría y el romance. Algunos críticos analizan métricamente el *Poema* como versos de dieciséis sílabas divididos en hemistiquios con rima final e interna: ABAB; otros eruditos prefieren hablar no de versos de dieciséis sílabas sino de cuartetas paralelas (de 8 sílabas) rimando también ABAB.

Poesía narrativa: Mester de Clerecía

El *Poema de Yuçuf* es un poema incompleto perteneciente a la literatura aljamiada (lengua romance transcrita con caracteres arábigos o hebraicos); se trata de una narración inspirada en una fuente árabe, que nos presenta la vida de José en Egipto de acuerdo con la versión coránica. Su autor fue un morisco aragonés del siglo XIV, o quizás del XIII, que escribió el poema en cuaderna vía.

Los *Proverbios del sabio Salomón* es una obra anónima que se halla en la tradición del mester de clerecía, y trata de los proverbios salomónicos y de su significación. Ha sido atribuida al Canciller Pero López de Ayala, basándose para ello en su tono severo y moralizante. Al mester de clerecía pertenece también la *Vida de San Ildefonso*, que narra la vida de este santo obispo de Toledo; aunque su valor literario no es grande, tiene importancia por reflejar bastante gráficamente las costumbres de la España del siglo XIV.

El máximo poeta del siglo, y quizá el más grande poeta de toda la Edad Media española, es **Juan Ruiz,** Arcipreste de Hita. El reverendo Juan Ruiz era un hombre corpulento y vigoroso, de temperamento sensual, según se deduce de la detallada descripción que él hace de sí mismo. Gustaba de tener amigos joviales, tanto hombres como mujeres, y escribió sobre este tipo de compañeros (o quizá sobre su misma persona) una extensa y coloreada miscelánea, en versos llenos de fuerza y de encanto. Se supone que naciera en 1280, en Alcalá de Henares. Se las arregló para alcanzar la dignidad de Arcipreste de Hita. Por razones hasta ahora desconocidas, el severo Arzobispo de Toledo, Don Gil de Albornoz, lo tuvo encerrado en las prisiones del arzobispado durante trece años (algunos eruditos niegan rotundamente la realidad de este encierro). Probablemente murió poco antes de 1350. La mayor parte de lo poco que sabemos sobre su vida nos lo ha contado él mismo en su propia obra, que es una deliciosa y reveladora confesión horra de secretos e inhibiciones.

Juan Ruiz nos dice, más de una vez, que él es campeón del buen amor, es decir, amor a Dios y a las buenas obras, espiritualidad, lo contrario precisamente del amor mundano, del loco amor; en apariencia, lo que nos dice Juan Ruiz es un tópico medieval corriente en el siglo XIV. Pero no resulta difícil, sin embargo, descubrir que el Arcipreste centra su interés mucho más que en el buen amor en la "loca" variedad del sentimiento amoroso.

Juan Ruiz ha sido llamado «el Chaucer español» aunque su obra es mucho más inconexa y variada que los *Cuentos de Canterbury*. La narración de las andanzas de un cierto Don Melón de la Huerta está entreverada con un rico *pot-pourri* compuesto por los más sabrosos ingredientes del saber medieval. Los tres períodos de la vida de Don Melón (¿el Arcipreste mismo?) pueden ser considerados como los tres capítulos del libro. En el primero, el joven Melón, sin experiencia erótica, tiene poco éxito como cortejador de mujeres; en la segunda parte, es instruido, tanto en el amor cortés como en el amor ovidiano, por Venus y Cupido, quienes le aconsejan tome a su servicio una alcahueta; la elección recayó en la famosa Trotaconventos, precursora de la *Celestina*. Gracias a Trotaconventos, Don Melón logra seducir a Doña Endrina, con la cual se casa más tarde. En la última parte, Don Melón, ya experto en todas las artes del amor, continúa sus aventuras eróticas, completando así la desenfadada disección de la mujer medieval que había comenzado a hacer en los primeros versos de su obra.

El ambiente del siglo XIV aparece nítidamente ante los ojos del lector de esta obra; el autor describe muchas de las clases sociales y de las profesiones de su época, sometiéndolas a una sátira que en la mayor parte de los casos no es hiriente sino humorística y jovial. Juan Ruiz pensó su obra más que nada como un arte poético (véase POESÍA LÍRICA), pero algunos opinan que lo que pretendió escribir fue, sobre todo, un ameno tratado que sirviera a la gente de la clase burguesa, y aún al pueblo llano, para iniciarse en los misterios y placeres del amor cortés y del amor erótico representado por la obra de Ovidio. Las fuentes del Arcipreste fueron, además de Ovidio (que Juan Ruiz conocía indirectamente) la novelística oriental, los *fabliaux* franceses, las fábulas de Esopo, las sátiras francesas (Batalla de Don Carnal y Doña Cuaresma), los poemas goliardescos, piezas dramáticas y poemas de la literatura latina medieval, los milagros de la Virgen, la tradición popular española, y, además, su propia experiencia vital.

Pero hay algo que domina en este *pot-pourri* medieval, y que, además de dominar, sirve de unión y de trama: la vigorosa e impresionante personalidad del Arcipreste. Su obra es, sin duda, una obra maestra, una de las composiciones medievales más destacadas, más gráficas, más atrayentes, y no sólo de España sino de todos los países. Nadie dejará de impresionarse fuertemente si compara la vitalidad desbordante del Arcipreste con la plúmbea gravedad de su contemporáneo (mucho más aristocrático) Don Juan Manuel, y del Canciller Ayala, también del siglo XIV pero cincuenta años más joven. El Libro de buen amor representa el triunfo de la vida sobre el ascetismo.

El *Libro de miseria de omne* fue escrito, probablemente por un monje, durante el siglo XIV. Está inspirado en el tratado *De Con-*

temptu Mundi escrito por el Papa Inocencio III cuando todavía era joven; se trata de una colección de consideraciones bíblicas y profanas sobre la miseria y defectos del género humano. El autor incluyó también narraciones hagiográficas. Encontramos, además, un valioso análisis de los estamentos sociales, acompañado de la opinión que cada uno de ellos le merece al escritor. La sátira es punzante, hiriente, por lo que podemos suponer que su autor era un clérigo humilde, ansioso de poner en la picota a las clases altas de la sociedad.

Pero López de Ayala (1332-1407) escribió un largo poema, en la cuaderna vía, que constituye la última gran obra aparecida del mester de clerecía. Su *Rimado de palacio* es un poema heterogéneo cuyos elementos están, relativamente, unidos sólo gracias a la personalidad de su autor. La parte religiosa de la obra trata sobre los diez mandamientos, los siete pecados capitales y otras materias de semejante carácter; los "capítulos" político-sociales nos ilustran acerca de la vida y asuntos cortesanos, constituyendo una mordaz y aguda sátira de la inmoralidad de la época; el *Rimado* está entreverado de pasajes líricos (como por ejemplo los himnos marianos [dedicados a la Virgan]) pero ninguno de ellos puede compararse con los trozos poéticos del Arcipreste. Aproximadamente una tercera parte de la obra está dedicada a las consideraciones de carácter político: disquisiciones sobre la forma ideal de gobierno, y una descripción extensa y pormenorizada de la sociedad contemporánea, que nos da una imagen muy completa y fiel de las costumbres de los hombres de su tiempo.

Como historiador, López de Ayala es el máximo exponente de su siglo. Tomó una parte muy activa en la política, y se convirtió en el cronista oficial de cuatro reinados, los de Pedro el Cruel, Enrique II, Juan I, y Enrique III, abarcando la historia de Castilla desde 1350 hasta 1406. Basó sus *Crónicas* en la observación, y escribió la historia de los cuatro reinados de una manera objetiva y realista. La *Crónica de Don Pedro I* (Pedro el Cruel) es la más importante y atrayente. Don Pero López de Ayala, vascongado que llegó a ser Canciller de Castilla (se le conoce corrientemente por el Canciller Ayala) es el más veraz de todos los historiadores españoles de su época y de las anteriores.

Poesía didáctica

La poesía didáctica tuvo un gran florecimiento durante el siglo XIV, y se puede decir que muchas de las obras estudiadas ya, dentro del mester de juglaría y del de clerecía, son auténticas manifestaciones didácticas. El *Libro de buen amor*, del Arcipreste de Hita, y el *Rimado de palacio*, del Canciller Ayala, son obras didácticas o, por lo menos, contienen abundantes elementos de carácter didáctico. Pero, además, se conservan un cierto número de obras del siglo XIV que pueden considerarse exclusiva o casi exclusivamente didácticas.

Los *Proverbios morales* de **Don Sem Tob** (rabino de Carrión de los Condes, en la actual provincia de Palencia) llamado también **Santob y Santó,** pertenecen a este género. El autor vivió en la primera mitad del siglo y dedicó sus *Proverbios* al Rey Pedro el Cruel. La fórmula métrica de los *Proverbios* es la cuarteta heptasilábica procedente de la separación de los hemistiquios de los versos alejandrinos típicos de la versificación erudita (mester de clerecía), pero con la particularidad de que, al deshacerse el verso de catorce sílabas, la rima ya no es, como en la cuaderna vía, AAAA, sino ABAB o, mejor, BABA. Los proverbios de Don Sem Tob son la quintaescencia de la sabiduría concisamente expresada. Pretende con ellos Don Sem Tob convencernos de que debemos aceptar, filosófica, resignada y alegremente, los reveses que proporciona la vida. El lenguaje usado en sus *Proverbios* es de carácter popular, y muchas de las sentencias proceden de fuentes españolas (la mayor parte de fuentes orientales, sobre todo de la Biblia, cosa natural dado el origen hebraico del rabino de Carrión). La obra del rabí Sem Tob está llena de seriedad y de agudeza, fue muy estimada, y tuvo imitadores, entre ellos el famoso Marqués de Santillana. Según Menéndez y Pelayo, los *Proverbios* de Don Sem Tob son el primer ejemplo español de literatura GNÓMICA (la literatura de máximas y aforismos). Los *Proverbios*, conocidos también por la denominación de *Consejos e documentos al rey don Pedro*, fueron escritos entre 1355 y 1360.

Hay otras dos obras didácticas del XIV dignas de mención: la *Doctrina de la discrición*, de **Pedro de Veragüe**, está escrita en coplas cuya forma recuerda en algo al *zéjel*. Esta larga composición comenta el credo, los diez mandamientos, las obras de misericordia, los sacramentos, los siete pecados capitales, etc., y hace advertencias moralizadoras de toda clase. Algunos la consideran como el más antiguo *Catecismo* español. Su popularidad y su difusión la hicieron centenaria, y era conocida todavía en el siglo XVI.

La *Revelación de un ermitaño* presenta la misma forma que las *Disputas* tan populares durante el siglo *xiii* (véase MESTER DE JUGLARÍA). Escrita en *COPLAS DE ARTE MAYOR* (es decir, versos más largas que ocho sílabas), cuenta la polémica entre el alma y el cuerpo.

HISTORIA

Durante el siglo XIV se escribieron numerosas obras históricas. Ya hemos mencionado las *Crónicas* del Canciller Ayala. **Fernán Sánchez de Valladolid** (1315-1359) escribió *Crónicas* sobre los reinados de Alfonso X, Sancho IV y Fernando IV. Estas tres crónicas han sido erróneamente atribuidas a **Juan Núñez de Villaizán.** Fernán Sánchez de Valladolid fue consejero de Alfonso XI, pero probablemente no se debe a él la muy conocida *Crónica de Alfonso XI.* No sabemos todavía el nombre del autor de esta última crónica, pero, quienquiera que fuese, tuvo que haber conocido el *Poema de Alfonso XI* (véase POESÍA NARRATIVA). De todas maneras, la *Crónica de Alfonso XI* abarca más que el *Poema* y añade materiales que no se encuentran en la composición épica.

La *Crónica rimada*, cuyo verdadero título es *Crónica rimada de las cosas de España desde la muerte del rey don Pelayo hasta Don Fernando el Magno y más particularmente de las aventuras del Cid* está escrita en versos de juglaría de escasa inspiración. Como puede deducirse del título, intenta narrar una gran parte del curso de la historia española.

La *Gran conquista de Ultramar*, la más extensa narración española de las Cruzadas (1.320 capítulos) es, en su mayor parte, una paráfrasis de la *Historia rerum in partibus transmarinis gestarum*, de Guillermo de Tiro. «Ultramar», en efecto, es el equivalente español de la forma francesa *Outre Mer*, es decir Palestina. El sitio de San Juan de Acre, el papel desempeñado en la cruzada por Pedro el Ermitaño y otros personajes muy bien conocidos, las batallas y otros acontecimientos de las cruzadas, todo esto aparece en la versión española. La obra fue escrita en tiempos de Alfonso XI, y contiene algunos interesantes motivos novelescos. Los pasajes realmente históricos de la obra se mezclan con los elementos imaginarios que nos hablan del *Caballero del Cisne*, de Lohengrin, cuando el autor, según él mismo dice, pretende darnos la genealogía de Godofredo de Bouillon. Esta versión del famoso tema del *Caballero del Cisne*, es completamente original, única en su género, y no procede de fuentes extranjeras, lo que sí ocurre, por el contrario, con la mayor parte de los elementos históricos contenidos en la *Gran Conquista de Ultramar*. En la obra se encuentran numerosos pasajes y temas verdaderamente interesantes, y su parte imaginaria puede ser considerada como la primera manifestación española de los cuentos de hadas. Pero no falta el aspecto realista; es más, el autor de la *Gran Conquista* se nos muestra como un cuidadoso observador de la vida y de la naturaleza. Aparecen también elementos típicos de los posteriores *Libros de caballerías*, lo que no es de extrañar tratándose de la narración de las hazañas de los cruzados. La obra está escrita en una prosa clara, inteligible y amena.

Las obras históricas de Don Juan Manuel serán estudiadas junto con sus producciones más importantes (vid. Prosa de ficción).

FICCIONES EN PROSA

Narración corta

Don Juan Manuel (1282-¿1349?), sobrino de Alfonso X, escribió la más famosa colección de narraciones cortas. *El Conde Lucanor o Libro de Patronio* pertenece a la tradición de los EXEMPLA y, por lo tanto, a la literatura didáctica. Sin embargo, hay críticos que insisten en que Don Juan Manuel escribió su obra maestra, más como libro de intento de recreación y placer, que como libro de sapiencia o didáctico. El autor escribió este libro, como él mismo dice, para instruir deleitando, y utilizó como fuentes un gran número de narraciones orientales de carácter ético, teniendo buen cuidado de prescindir de toda historieta obscena o escabrosa, del estilo de las que se amontonan en el *Libro de los engaños*. Don Juan Manuel pone los ejemplos en boca de un imaginario Patronio, consejero y ayo de un cierto conde llamado Lucanor; Patronio cuenta las historias como ilustración de cada uno de los consejos que está dando a su amo. Los ejemplos son exactamente cincuenta y tres en la primera parte, pero en la quinta el autor narra un *exemplo* de considerbale valor, rara vez estudiado hasta ahora. Sin embargo, los eruditos e historiadores literarios, redondeando la cifra, hablan de los "cincuenta cuentos" de Don Juan Manuel. No hay ni una sola historieta enteramente original, pues el Infante no hizo más que redactar a su manera narraciones bien conocidas, pero en ningún caso se puede hablar, sin embargo, de meras traducciones; don Juan Manuel dio a cada cuento una forma y un carácter auténticamente españoles; las más famosas historietas del infante son la de la mujer brava, la del vestido nuevo del emperador, (los burladores que labraron el paño mágico) y la de Don Yllán, las tres procedentes de la tradición oriental.

Aunque no puede decirse que el estilo de la prosa del Infante don Juan Manuel sea un modelo de gracia y de flexibilidad, la mayor parte de los críticos están de acuerdo en afirmar que, en contra de muchos de sus predecesores, el infante se esforzó conscientemente en escribir bien, demostrando una gran sensibilidad estética; don Juan Manuel contribuyó mucho, actuando de esta forma, a moldear el castellano, preparándolo para ser el noble instrumento de expresión en que se convirtió más tarde.

Las *Crónicas* de Don Juan Manuel son dignas de mención. Su *Crónica abreviada* no es otra cosa que un resumen, extractado, de la *Crónica general* de su tío el Rey Sabio. A Don Juan Manuel se le atribuye también la (más extensa) *Crónica complida*.

Don Juan Manuel, escritor polifacético, compuso obras de muy distinto carácter, además de las didácticas e históricas. Su *Libro de los estados* es un libro de 150 capítulos en el que nos hace una completa descripción de la sociedad de la primera mitad del siglo XIV; analiza el carácter de las relaciones entre las distintas clases sociales, exponiendo las obligaciones de cada estamento frente a los otros. La estructura de esta obra parece ser una reelaboración del *Barlaam y Josafat* (véase NARRACIÓN CORTA, SIGLO XIII) por lo que, realmente, se puede hablar de una trama novelesca. Pero el ambiente, sin embargo, es auténticamente español. Otra de las obras didácticas de Don Juan Manuel es el *Libro del caballero et del escudero*, cuyo propósito consistía en enseñar las reglas de la caballería, fingiendo un diálogo entre un viejo caballero y su escudero. En esta obra hay muy poco que pueda calificarse de novelesco. En la segunda parte del libro nos encontramos con un gran caudal de los conocimientos que en el siglo XIV se tenían sobre

Miniatura del manuscrito del
Caballero Cifar

astrología, ciencias naturales, etc. Sus fuentes: Raimundo Lulio, San Isidoro y Alfonso X.

A Don Juan Manuel debemos también el *Libro de la caza*, verdadero manual de cetrería (halconería, caza de altanería) donde se nos ilustra sobre la alimentación de los halcones, sobre las clases de aves usadas en esta modalidad de la caza, sobre el aprendizaje y entrenamiento de azores, halcones, esparveles, etc.; nos habla también de cuáles son las mejores comarcas cinegéticas; probablemente, esta obra constituye el mejor tratado español de caza, de la época medieval. Su *Tractado sobre las armas* describe y comenta las armas de guerra y su manejo; de carácter semejante sería la obra perdida, *Libro de los engeños*.

El Rey Sancho IV ordenó la redacción (y es probable que él mismo participara personalmente en la obra) de un libro llamado *Castigos y documentos para bien vivir*. Se trata de una obra didáctica del estilo de los libros escritos como manuales o guías para la educación de los príncipes. El rey Sancho lo hizo escribir para que sirviera en la formación político-moral de su hijo, el futuro Fernando IV. Sus fuentes son tanto piadosas como profanas, lo mismo orientales que occidentales, y de vez en cuando folklóricas y personales; los pasajes didácticos ocupan mayor extensión que los cuentos interpolados, algunos de los cuales repiten temas tradicionales, y tópicos universales bien conocidos. En general, su estilo es correcto, y la narración bien compuesta.

Prosa novelesca

Como es natural, la prosa novelesca presenta distintas formas y categorías. Una de ellas es la NOVELA DE CABALLERÍAS, o LIBRO DE CABALLERÍAS. El *Amadís de Gaula*, la mejor novela española en su género, se remonta probablemente al siglo XIV, pero las más antiguas versiones que conocemos son de principios del XVI y están ya impresas (véase PROSA NOVELESCA DEL SIGLO XVI).

El Caballero Cifar, considerado como el primer (cronológicamente) libro de caballerías, presenta un contenido heterogéneo. Escrito hacia 1300, contiene elementos caballerescos pero no es, de ninguna manera, un típico libro de caballerías: al lado de elementos que pueden considerarse picarescos, encontramos características propias de la antigua NOVELA BIZANTINA (CUENTOS DE MILETO, CUENTOS

MILESIOS) y largos pasajes didácticos ilustrados por gran número de exempla tradicionales. Su trama argumental procede, probablemente, de una historia arábiga que cuenta las tribulaciones y desgracias de un rey que, después de haberlo perdido todo—poder, esposa, hijos—todo lo recobró gracias a su esfuerzo y valor; pero es de notar también en *El Caballero* la fuerte influencia del bien conocido *Romance de Juan Plácido* lo que hace ostensible el parentesco de la obra con las vidas de santos. Esta historia, en forma abreviada se halla en *Las mil y una noches*. Pero en el *Caballero Cifar* aparecen elementos y pasajes que seguramente proceden del CICLO BRETÓN, como por ejemplo, un mundo submarino y una perversa reina de hadas. La narración está saturada de proverbios y refranes, y entre los personajes destaca un escudero llamado Ribaldo, del que se hace un espléndido análisis caracterológico. Muchos críticos ven en esta figura de escudero el primer antecedente del futuro Sancho Panza de Cervantes.

La Doncella Teodor es una novela oriental traducida probablemente en el siglo XIV, aunque también podría pensarse en el XIII. Su título completo es *Capítulo que fabla de los exemplos e castigos de Teodor, la doncella*. Lo mismo que pasa con el *Amadís*, la más antigua edición conocida de *La Doncella Teodor* está ya impresa, y data del siglo XVI. Su argumento procede de un cuento de *Las mil y una noches*. La joven Teodora vence a todos sus adversarios en una serie de juegos de ingenio.

La *Crónica troyana*, que no debe ser confundida con *La historia troyana polimétrica*, del siglo XIII, narra también, como su antecedente, los acontecimientos de la guerra de Troya. Igual que otros temas de la antigüedad clásica, la *Crónica* procede de las fuentes latinas y griegas originales, pero a través, en este caso concreto, de la versión francesa debida a Benoît de Sainte Maure (*Roman de Troie*). Ha sido atribuida al Canciller Ayala.

El siglo XV

POESÍA LÍRICA	POESÍA NARRATIVA	EL TEATRO	HISTORIA / VIAJES	PROSA NARRATIVA
El Cancionero de Baena	Los «*Romances*»	Gómez Manrique	Don Carlos, Príncipe de Viana:	**Narración corta**
El Cancionero de Stúñiga	**Composiciones satíricas**	Lucas Fernández	*Crónica de los Reyes de Navarra*	*Libro de los gatos*
Otros poetas líricos:			Alfonso Martínez de Toledo	*Libro de los ejemplos por a. b. c.*
Don Pedro, Condestable de Portugal	*La Danza de la muerte*		Juan Rodrigo de Cuenca	*Espéculo de los legos*
El Marqués de Santillana	*Coplas del Provincial*		Fernán Pérez de Guzmán	*Ysopete historiado*
Fernán Pérez de Guzmán	*Coplas de Mingo Revulgo*		Alfonso de Palencia	**Prosa didáctica**
Juan de Mena	*Coplas de ¡Ay Panadera!*		Hernando del Pulgar	Don Enrique de Villena
Antón de Montoro			*Crónica de don Álvaro de Luna*	Don Álvaro de Luna
Gómez Manrique			*Crónica de Juan II*	Juan de Lucena
Jorge Manrique			*Crónica popular del Cid*	Fray López Fernández
Pero Guillén de Segovia			*Crónica de España abreviada*	Alfonso de Cartagena
Juan Rodríguez del Padrón			*Libro del paso honroso*	P. Martín de Córdoba
Juan Álvarez Gato				*Castigos y doctrinas*
Hernán Mexía			**Narraciones de viajes:**	
Fray Íñigo de Mendoza			Ruy González de Clavijo	**Novela**
Fray Ambrosio Montesino			Pedro Tafur	*Novela histórica:*
Juan de Padilla				Pedro del Corral
Rodrigo de Cota				*Libros de Caballerías:*
Garci Sánchez de Badajoz				Joanot Martorell (muerto 1470)
				Novela sentimental:
				Juan Rodríguez de la Cámara
				Diego de San Pedro
				Juan de Flores

5
El siglo XV

Reinados de: Juan II (1406-1454); Enrique IV (1454-1474) [en Castilla y León]; Isabel de Castilla y Fernando de Aragón («Los Reyes Católicos») 1474-1504 (muerte de Isabel).

L SIGLO XV TRAJO muchos cambios a la vida española. Los reinados de Juan II y Enrique IV fueron desastrosos en el orden político y también en el orden moral; políticamente reinó el desorden y la lucha civil; y en el aspecto moral, la decadencia fue bien patente. Con la proclamación de Fernando e Isabel como reyes de Castilla y Aragón, cambia totalmente el panorama: los nobles rebeldes y levantiscos fueron sometidos; el peligro de invasión portuguesa definitivamente conjurado; el Reino de Granada, última fortaleza mora, capituló en 1492, el mismo año en que el Nuevo Mundo presenció la llegada de Colón al frente de una flotilla castellana, con lo que iba a comenzar la conquista y colonización españolas de América; la Inquisición alcanzó un gran poder, y los judíos son expulsados de la Península, determinación que acabaría por acarrear a España muchos y grandes contratiempos, por sus desastrosas consecuencias.

La imprenta llegó a España muy pronto (hacia 1473), y la Península, al apartarse de la cultura musulmana, volvió sus ojos hacia la cultura clásica, resucitada por obra del Humanismo renacentista.

POESÍA LÍRICA

La poesía lírica continuó su florecimiento, y se escribieron numerosas composiciones versificadas, reunidas, con frecuencia, en colecciones o compilaciones poéticas que, a menudo, incluían también las obras de los poetas trovadorescos del siglo XIV. Todavía se seguía poetizando en gallego-portugués, aunque con el siglo XV aparecen en España las primeras composiciones italianizantes. Los *Cancioneros*, por lo tanto, marcan la transición de la poesía galaico-portuguesa de carácter trovadoresco, vinculada a la edad media, a la poesía renacentista de corte italiano. Las composiciones métricas se reúnen en *Cancioneros*, compilados por conocidos poetas o eruditos. Dos de los más extensos e importantes *Cancioneros* son el *Cancionero de Baena* y el *Cancionero de Stúñiga*.

El *Cancionero de Baena* fue seleccionado por **Juan Alfonso de Baena,** Secretario de la Cancillería del rey Juan II; contiene 576 poemas, obra de 54 poetas de nombre conocido, y de 35 cuyos nombres no constan. Baena dedicó su *Cancionero* al Rey hacia el año 1445. Todos los poetas incluidos en esta selección son escritores eruditos, y aun aquellos que escriben en gallego-portugués deben ser considerados como poetas refinados y cortesanos que despreciaban totalmente la poesía popular. La mayor parte de los poetas del *Cancionero* son escritores poco inspirados, lo que ha dado pie a ciertos críticos para afirmar que en el *Cancionero* de Baena "hay muchos poetas, pero poca poesía." Para algunos, la mayor importancia de los *Cancioneros* reside en el valor que tienen como reflejo de la vida de aquella época. **Juan Alfonso de Baena,** sólo es conocido hoy por haber compilado el *Cancionero*. **Pero Ferrús,** el más antiguo de los poetas de esta colección, escribió composiciones cuyos temas proceden de la tradición clásica o del Ciclo Bretón. **Alfonso Álvarez de Villasandino** está representado en el *Cancionero* por mayor número de poemas (y más groseros por cierto) que ningún otro autor; **Garci Fernández de Jerena** tiene poco interés como poeta, pero merece ser recordado a causa de su pintoresca vida (se escapó con una mora y renegó del cristianismo); **Diego de Valencia es** autor de gran número de composiciones satíricas y a él se deben las mejores poesías eróticas de todo el *Cancionero*; el Arcediano de Toro fue uno de los últimos poetas castellanos que utilizó el gallego-portugués; **Macías el Enamorado,** un típico gallego por su actitud vital, uno de los poetas más antiguos entre los incluidos en el *Cancionero*, es conocido, sobre todo, por su famosa y trágica leyenda, que fue utilizada después, como tema, por poetas y dramaturgos. Los poetas del *Cancionero* que utilizan ya las formas italianizantes son los siguientes: **Micer Francisco Imperial,** un verdadero erudito, oriundo de Génova, versado en los clásicos, y con una gran cultura lingüística, pues conocía el latín, el italiano, el francés, el inglés y hasta el árabe. Fue un honesto imitador de Dante y el primero en intentar la introducción en España de los gustos y los metros italianos.

Ruy Páez de Ribera, discípulo de Imperial, utilizó mucho el estilo alegórico; son dignos de mención, también, **Martínez de Medina, Diego González; Pero Vélez de Guevara,** uno de los poetas de sangre noble que aparecen en este *Cancionero,* era sobrino del Marqués de Santillana. **Juan Rodríguez del Padrón,** más que como poeta es conocido por su novela sentimental (véase **Novela**); **Ferrán Manuel de Lando,** imitador de Imperial, escribió bellos poemas marianos y también agudas composiciones satíricas.

El *Cancionero de Stúñiga* fue compilado en la corte de Alfonso V el Magnánimo, rey de Aragón, que acababa de conquistar Nápoles, donde Lope de Stúñiga, colector del *Cancionero* que lleva su nombre, vivía junto al Rey. Los poemas del *Cancionero de Stúñiga* son, en general, más bellos y líricos que los del *Cancionero de Baena,* pero a su lado encontramos también muchos romances y otras poesías de carácter popular. Este *Cancionero* es interesante, además, por darnos una superficial, pero interesante impresión de lo que era Nápoles bajo la dominación española. El poeta del *Cancionero de Stúñiga* que contribuye con mayor número de composiciones es **Carvajal (o Carvajales),** el primer autor de romances conocido, el primer poeta español, también, que escribió en italiano, por cierto rendido admirador e imitador del Marqués de Santillana; el mejor poema del propio **Lope de Stúñiga** es, quizá, el titulado *Gentil dama esquiva;* **Torrellas (o Torrella)** fue un poeta burlesco y misógino; **Juan de Villalpando** es, si exceptuamos a Santillana, el único poeta español del XV que escribió sonetos a la manera italiana; **Juan de Valladolid (o Juan Poeta)** fue una especie de trotamundos, picaresco y juglar, que por su desordenada vida constituyó buen blanco para las acerbas críticas de muchos de los poetas coetáneos.

Otros poetas líricos

Don Pedro, Condestable de Portugal fue el primer portugués que poetizó en lengua castellana. Exilado de su país, se instaló en Castilla, y más tarde en Cataluña, donde reinó durante dos años; era un hombre estudioso, un bibliófilo, un humanista, aficionado, también, a la Numismática. Escribió tanto en verso como en prosa pero destaca, sobre todo, como poeta. La Tragedia de la insigne reina doña Isabel (de Portugal) que narra el triste destino de su propia hermana, contiene mucha poesía, aunque fundamentalmente se trata de una biografía apasionada, con rasgos de análisis psicológico. Las Coplas del contempto del mundo (1490), erróneamente atribuidas al Condestable, fueron escritas por su padre, Don Pedro de Portugal, Duque de Coimbra; se trata de un poema didáctico inspirado en Séneca y en otros moralistas del mundo antiguo; no ofrece nada nuevo, pero está escrito en estilo noble y elevado.

El **Marqués de Santillana**, Don Íñigo López de Mendoza (1398-1458), es el más alto poeta del siglo XV español; Don Íñigo era un hombre de gran cultura y profundos conocimientos; su delicada sensibilidad y su fino instinto estético le permitieron descubrir el valor de la poesía trovadoresca de la escuela galaico-portuguesa y hasta la poesía escondida en la literatura popular, al mismo tiempo que se apasionaba con las nuevas maneras poéticas procedentes de Italia. A él se deben algunas de las más bellas composiciones líricas de la época. Sus *villancicos, serranillas, canciones* y *decires* son composiciones sencillas, y, aunque de aspecto y forma populares, dejan fácilmente ver la mano refinada y erudita de su autor; el resultado de esta mezcla, sabiamente dosificada, es una encantadora y atrayente naturalidad, llena de espontáneo buen gusto. Como queda dicho, el Marqués se dejó influir mucho por la poesía italiana, y fue el primero en escribir sonetos (42) en lengua castellana. Compuso también largos poemas alegóricos al estilo de los de Dante y de Petrarca, y tiene la gloria, además, de ser el precursor de la Teoría y de la Historia literarias españolas; escribió su famoso *Prohemio y Carta al Condestable de Portugal* (las primicias de la Crítica española). Al estilo alegórico-dantesco pertenece su famoso poema *Comedieta de Ponça*, escrito en Coplas de arte mayor; trata de la captura del rey Alfonso V de Aragón por los genoveses, después de la desgraciada batalla naval de Ponça (lo que da ocasión a Santillana para exponer la teoría de los cambios de la fortuna), y narra los supuestos sueños de las esposas de los Príncipes cautivos y del Rey. Otros poemas alegóricos del Marqués de Santillana (*Infierno de los enamorados, Defunsión de don Enrique de Villena*) son meritorios y ofrecen cierto interés, pero actualmente apenas si son leídos y estudiados; lo mismo ocurre con sus obras didácticas, como el diálogo *Bías contra fortuna*, el *Doctrinal de privados* (escrito pensando en el favorito de Juan II, Don Álvaro de Luna) y los *Proverbios de gloriosa y fructuosa enseñanza.*

Fernán Pérez de Guzmán (1376?-1460?), tío del Marqués de Santillana, vivió retirado de la vida cortesana, dedicado a escribir importantes obras históricas (véase **Historia**) y a componer poemas de cierto mérito, algunos de ellos incluidos en el *Cancionero de Baena.* Quizá sea su más lograda composición lírica la titulada *Que las virtudes son buenas de invocar y malas de platicar.*

Juan de Mena (1411-1456), cordobés como Séneca y Góngora, estudió en Salamanca y vivió algún tiempo en Roma. Era partidario del privado real don Álvaro de Luna, y Secretario en la Cancillería del rey don Juan II. Poco más sabemos de su vida. Fue el primer español que tradujo y comentó la *Ilíada* (Homero romanceado). Es, después de Santillana, el más grande poeta castellano del siglo XV. Cultivó el estilo alegórico-dantesco, mostrando un decidido empeño en enriquecer el léxico español con latinismos, y en crear una lengua poética para uso de los literatos y eruditos, no para el hombre de la calle. En este aspecto es un precursor de Góngora. Su obra más conocida es el *Laberinto de Fortuna* (*Labyrintho de Fortuna*) llamada corrientemente *Las Trescientas* (porque de este número de estrofas consta, aproximadamente, el poema). En el Laberinto, Mena imita a Dante, a Virgilio, a Lucano, en cuyas obras se inspira, y a algunos otros poetas. Se trata de un largo poema alegórico que recuerda mucho, hasta en su disposición y argumento, a la *Divina Commedia* (concretamente al *Paradiso*). Más que por su aliento poético y por su simbología, este poema debe ser valorado por su tratamiento apasionadamente patriótico de ciertos episodios históricos españoles que Mena explica con aguda visión de la realidad y futuro nacionales.

Antón de Montoro (1404-1480?), judío converso, vivió en Córdoba hasta que una de las periódicas persecuciones sufridas por los hebreos le hizo huir a Sevilla. Mena y Santillana le tuvieron en gran estima como poeta. Fue un fácil escritor festivo y compuso agudos poemas satíricos.

Gómez Manrique (1412?-1490?) es, sin duda, uno de los más inspirados poetas de todo el siglo XV. Su actuación política fue muy destacada como incondicional partidario de Isabel, la futura Reina Católica, en la época de la lucha por el poder, intervino también decisivamente en el matrimonio de Isabel con Fernando de Aragón. Gómez Manrique, sobrino del Marqués de Santillana, era un hombre culto y estudioso, de honda vena poética, muy prolífico y variado; escribió toda suerte de composiciones líricas, y ocupa, también, un puesto de honor en el nacimiento del Teatro castellano (véase **Teatro**), sus composiciones poéticas se han clasificado en tres grupos: poemas eróticos, recuestas (composiciones escritas tanto a la manera galaico-portuguesa como al estilo cortesano), y canciones de carácter franco-provenzal.

Jorge Manrique (1440?-1478) es todavía más famoso que su tío (Gómez Manrique). Murió en combate, defendiendo heroicamente la causa de Isabel. Escribió unos 50 poemas, pero uno solo de ellos ha sido suficiente para darle fama imperecedera, este inspirado poema se titula *Coplas que hizo Jorge Manrique por la muerte de su padre*, y es una bellísima composición en la que, con mano maestra, identifica su personal pesar con el colectivo sentimiento de la Humanidad al enfrentarse con la muerte. Las *Coplas* producen en quienes las leen un sentimiento imborrable, a pesar de que no tienen nada de originales, pues Jorge Manrique no hace otra cosa que insistir, como buen cristiano medieval, en la idea de la naturaleza transitoria y efímera de la vida humana. Pero su acento, su tono, es emocionado, simple, noble, sincero, familiar; y al mismo tiempo sublime, pero nunca altisonante ni artificioso. Longfellow hizo de las *Coplas* una muy valiosa y emotiva versión inglesa.

Son muy numerosos los poetas del XV. **Pero Guillén de Segovia** (1413-1474?) cultivó varios géneros poéticos (moral, político, satírico), pero su mejor obra es, quizá, *Siete salmos penitenciales*, inspirada en los *Proverbios*, de Santillana, condenada por la Inquisición que prohibió su inclusión en el *Cancionero general*. Menéndez Pidal la considera como la casi única versión de poesía bíblica que encontramos en la Literatura española medieval. Hay en esta obra una sencillez de exposición que la hace muy agradable y fácil de leer. Pero Guillén compuso también un arte poética de bastante interés, conocida por la *Gaya de Segovia*.

Juan Álvarez Gato (1440?-1509?) escribió también versos de distintas clases: amorosos, moralizantes, políticos y piadosos. Fue un poeta fácil, buen versificador, sencillo de expresión y, con frecuencia, interesante. Algunas de sus composiciones religiosas están inspiradas en canciones populares.

Fray Ambrosio Montesino (muerto hacia 1512), fraile franciscano protegido por la Reina Católica, compuso mucha poesía piadosa, de notable factura, y criticó la vida disipada del clero de su época. Sus composiciones son sencillas y sinceras, y tuvo una gran habilidad para adaptar «a lo divino». las canciones y villancicos populares. Algunos de sus poemas fueron escritos para ser cantados con música popular de aquellos días, y escribió también romances religiosos. Entre sus obras mayores destacan el *Tratado del Santísimo Sacramento* y las *Coplas del árbol de la Cruz*.

Hernán Mexía escribió poemas de todas clases, pero sólo conservamos diez composiciones suyas, todas ellas de carácter erótico y satírico. Su obra más conocida se titula *Coplas en que descubre los defectos de las condiciones de las damas*.

Fray Íñigo de Mendoza fue también protegido de Isabel la Católica. Escribió himnos, romances, sátiras (especialmente contra las mujeres) villancicos, y poemas amorosos. Su composición más extensa es la *Vita Christi*, publicada en su *Cancionero*, aparecido en 1482; encontramos allí ejemplos de todas las clases de versos mencionados antes.

Juan de Padilla (1468-1522?) es uno de los mejores imitadores de Dante. Sólo se conservan dos poemas suyos; el más conocido, *Retablo de la vida de Cristo*, escrito en lenguaje sencillo, narra, en verso, la vida de Jesús, siguiendo a los Evangelios.

Rodrigo de Cota («el Tío») es muy conocido por su obra *Diálogo entre el Amor y un caballero viejo*; se trata de una disputa del género de los debates medievales. Se le han atribuido, con poco fundamento, las *Coplas de Mingo Revulgo* y las *Coplas del Provincial* (véase **Poesía satírica**).

Garci Sánchez de Badajoz (1460?-1526?) es uno de los poetas del *Cancionero general*; escribió canciones, decires y villancicos. Su poema *Infierno de amor*, es una colección de composiciones en las que trata de los poetas coetáneos de más acusado carácter erótico; este poema es, realmente una especie de repertorio alegórico referente a esos poetas contemporáneos suyos. Se volvió loco y algunos de sus poemas dejan claramente traslucir el desquiciado estado de su mente y de su manera de vivir, francamente extraña e irreverente. A pesar de todo sería alabado, más tarde, por Juan de Valdés y Lope de Vega.

Poesía narrativa: Romances

El romance es la más típica manifestación de la poesía narrativa castellana; se ha discutido mucho sobre sus orígenes, sin que la polémica haya terminado todavía. Algunos críticos piensan que los romances son los más memorables pasajes de los *Cantares de gesta*, pasajes que siguieron siendo recitados y cantados aún después de que las epopeyas habían caído en el olvido; otros opinan que los romances fueron compuestos "ex profeso" para celebrar ciertos acontecimientos o para ensalzar determinados caracteres o ideales; los etnólogos creen que los romances son obra del pueblo, del pueblo inculto. Respecto a ciertos romances puede aceptarse esta última explicación, pero hay muchos otros cuyas características nos obligan a pensar en un autor culto y erudito.

Todas estas teorías tienen algo de cierto, y quizá la mejor explicación del origen de los romances se logre combinándolas todas para elaborar una hipótesis ecléctica. La primera referencia a los romances se halla en la Carta-Prohemio, del Marqués de Santillana (escrita hacia 1445). El Marqués despreciaba este género y estaba convencido de que los romances se escribían o componían sólo para satisfacer los gustos de la gente plebeya.

Hasta cierto punto, el Marqués de Santillana llevaba razón; pues el romance es una forma poética tan enraizada en el pueblo castellano que no ha muerto ni morirá, y todavía es hoy la composición métrica más utilizada, mucho más que las otras clases de versificación. No hay nada más típicamente español que un romance. Es muy posible que los primeros romances fueran realmente composiciones para cantar, pero más adelante los romances para ser leídos o recitados (sin música) se hicieron extraordinariamente populares (lo que no quiere decir que los romances dejaran totalmente de cantarse; todavía hoy se cantan los romances, aun los romances modernos). El mismo fenómeno ocurre en el mundo anglosajón, pues una balada, como por ejemplo "Barbara Allen," puede leerse o ser cantada, produciendo en ambos casos un gran placer al lector o al oyente.

En los primeros romances se emplea la asonancia y no la rima consonante; los versos son de 8 sílabas. Los temas de los romances son muy variados; se han hecho bastantes intentos de clasificación atendiendo al aspecto temático; el más rico filón de temas para los romances lo ha constituido la historia de España, historia real e historia legendaria; muchos romances narran las hazañas de Carlomagno (considerado un héroe cristiano, luchador infatigable contra los moros, y por lo tanto prácticamente un héroe español) y otros temas pertenecientes al Ciclo Bretón (Tristán e Isolda, por ejemplo), pero los romances tocan todos los temas posibles, incluyendo la materia legendaria de no importa qué origen; y son muy típicos y característicos los romances fronterizos que cuentan todas las vicisitudes, guerreras y pacíficas, de la vida en las zonas fronterizas entre Castilla y el Reino moro de Granada.

Muy pronto fueron coleccionados los romances, y muy pronto también aparecieron los primeros *Romanceros* (hacia 1550), pero los *Romanceros* más extensos y más importantes aparecerían ya en el siglo XVII.

COMPOSICIONES SATÍRICAS

La *Danza de la muerte*, o *Danza general* como se la llama a veces, es una versión del tema universal de la danza macabra en la que toman parte todos los mortales, puesto que nadie se libra de la Parca. La muerte tiene señoría sobre todos los hombres, no importa la clase social a que pertenezcan, sobre clérigos y sobre seglares, sobre ricos y pobres, desde el Emperador y el Papa hasta al monje más humilde y al más ignorante campesino. La composición está escrita en coplas de arte mayor y en forma de diálogo (esto le da cierto carácter dramático, teatral) lo que hace suponer que fuera concebida como obra representable. Encontramos versiones de este tema en las literaturas latina, alemana, francesa, etc.; ahora bien, la *Danza de la muerte* española es una de las más logradas manifestaciones de este género. A lo largo de sus 79 estrofas, la *Danza* nos ofrece una aguda sátira de la sociedad entera, analizando perspicazmente los vicios y las virtudes de la época.

Las Coplas del Provincial (hacia 1465) constituyen una sangrante y procaz sátira del clero y la nobleza del reinado de Enrique

IV; son 149 coplas en las que se ataca despiadadamente al clérigo deshonesto y al aristócrata degenerado de aquellos tiempos. Las *Coplas* son anónimas y fueron prohibidas, sin éxito, llegando a tener una extraordinaria difusión y popularidad. Son una fiel reproducción de las cantigas de escarnio, que se remontan al siglo XIII, y tienen más carácter obsceno que valor literario. En las *Coplas* se simula el examen y crítica que un alto cargo religioso (el Provincial de la Orden) hace de las monjas y frailes que están bajo su jurisdicción. Los frailes y las monjas no son otros que los cortesanos y damas de Enrique IV, que en las *Coplas* aparecen con sus auténticos nombres.

Las *Coplas de Mingo Revulgo*, son también composiciones de carácter obsceno y procaz y, asimismo, hacen una sátira, que quiere ser política, de la Corte de Enrique IV. El artificio alegórico es el siguiente: un profeta disfrazado de pastor pregunta a Mingo Revulgo (símbolo del pueblo humilde) por las calamidades nacionales, y Mingo contesta que el rebaño ha perdido a su pastor (el país está huérfano de autoridad, de rey) por lo que en el reino hay males sin cuento, sobre todo inmoralidades, de las que Mingo Revulgo hace un detenido análisis.

Las *Coplas de ¡Ay panadera!* son una acerada sátira de los aristócratas que se portaron cobardemente en la batalla de Olmedo (1445) cuando Don Juan II y su privado don Álvaro de Luna derrotaron a los nobles rebeldes. Cada copla consta de dos redondillas y el estribillo " ¡ Ay panadera!"; de ahí el título por el que se las conoce.

EL TEATRO

Conservamos muy pocos restos del teatro del siglo XV. La Danza de la muerte quizá fuera una obra representada, y lo mismo podemos decir de las Coplas de ¡Ay Panadera! que presentan una forma semi-dramática. Pero las piezas representables, de carácter semejante a las que acabamos de citar, son obras exclusivamente de unos cuantos, muy pocos, escritores. **Gómez Manrique** compuso un auto llamado *Representación del nacimiento de Nuestro Señor*, para que lo representaran en el convento de Calabazanos, cerca de Palencia, donde había profesado una hermana suya. Gómez Manrique presenta en este auto el nacimiento de Nuestro Señor y la adoración de los pastores, y todo en un lenguaje sencillo que recuerda los dramas litúrgicos de la Alta Edad Media. Escribió también Gómez Manrique

Lamentaciones fechas para Semana Santa, y cierto número de momos (mascaradas), que se representaron con motivo del nacimiento del Infante don Alfonso y de un vástago de los Manrique. Otro autor dramático, pero menos inspirado, fue **Lucas Fernández** (1474-1542), chantre de la catedral de Salamanca, que escribió bastantes églogas y farsas, algunas de las cuales fueron representadas en fecha tan temprana como la del año 1501. En realidad, su producción dramática pertenece a la primera mitad del siglo XVI, pero la estudiamos aquí porque ideológicamente la obra de Lucas Fernández no puede separarse del ambiente medieval del siglo XV español. En el año 1514, se publicaron las *Farsas y églogas* al estilo pastoril y castellano y también su *Diálogo para cantar*. Pertenece Lucas Fernández a la escuela dramática de Juan del Encina y, por lo tanto, en su manera de concebir y estructurar el teatro se nos muestra, en parte, renacentista.

HISTORIA

Muchas historias se escribieron durante el siglo XV. Los historiadores que siguen no son los más importantes, pero conviene hacer de ellos y de sus obras una breve mención: **Pablo de Santamaría** (1350-1432) judío converso, es autor de *Las siete edades del mundo* o *Edades trobadas*, terminadas de escribir hacia 1404; **Alfonso Martínez de Toledo**, Arcipreste de Talavera, compuso la *Vida de San Isidoro* y la *Vida de San Ildefonso* y, además, la *Atalaya de las crónicas* (especie de estudio crítico de las crónicas medievales). **Don Carlos**, Príncipe de Viana, hermano de padre de don Fernando de Aragón, el Rey Católico, fue un príncipe pacífico y erudito, más dado al estudio que a la política o a la guerra; murió joven (se dice que envenenado) (1421-1461). Escribió la *Crónica de los Reyes de Navarra*, una de las primeras crónicas basadas, deliberadamente, en auténticos documentos históricos. De autor desconocido, la Crónica de don Juan II está considerada por muchos críticos como la obra que mejor marca la transición de la crónica medieval a la historia moderna; consta de tantos capítulos como años duró el reinado de Juan II de Castilla. **Juan Rodrigo de Cuenca** escribió un Sumario de los reyes de España. Historiadores fueron también **Diego de Valera, Andrés Bernáldez y Alonso Flores.**

Fernán Pérez de Guzmán (1376?-1460), sobrino del Canciller

Ayala y tío del Marqués de Santillana, escribió un libro titulado *Mar de historias*, que narra las hazañas de personajes históricos, antiguos o medievales, como Alejandro y Carlomagno, o personajes legendarios, Tristán y el Rey Artús, por ejemplo; aunque parece ser que el autor creía firmemente en el carácter real de estos últimos. La tercera parte de esta importante obra histórica ha recibido, con el transcurso del tiempo, el título de *Generaciones y semblanzas*, se trata de la primera colección española de biografías. Estas biografías son, en realidad, pequeños esbozos descriptivos en los que se nos dibuja, de mano maestra, el aspecto físico y el carácter de grandes hombres y famosas mujeres. El biógrafo era imparcial, y no dudó nunca cuando tenía que alabar o que criticar, o que pintarnos a las personas no como ellas hubiesen querido sino como él realmente las veía, no fue insincero ni siquiera cuando los personajes descritos aparecían, para él, envueltos en un ambiente poco recomendable.

Alfonso de Palencia (1423-1492) fue una figura de importancia durante esta época. Sus *Décadas* fueron escritas en latín; su verdadero título es el de *Gesta Hispaniensia ex Annalibus Suorum Dierum*. Palencia muestra, como historiador, bastante imparcialidad, y nos ha dejado una clara y veraz imagen del período, crucial para la Historia de España, durante el cual se desarrollan las luchas de Isabel y su hermano Alfonso contra el impotente y degenerado Enrique IV, luchas en las que arriesgaron la vida, y, como resultado de las cuales, Isabel, muerto su hermano, logró definitivamente el poder. La versión castellana de las *Décadas* se conoce por el título de *Crónica de Enrique IV*.

Hernando del Pulgar (1436?-1493) fue el cronista oficial de Isabel y Fernando, los Reyes Católicos, a los que acompañaba continuamente en sus viajes por todo el Reino. Su obra, de mucho valor, se titula *Crónica de los señores Reyes Católicos, don Fernando y doña Isabel*, y abarca el período comprendido entre los años 1468-1490. Es autor también de una serie de 36 cartas, *Letras*, dirigidas a distintos personajes de la época, muy interesantes por la información histórica que contienen. Pero su obra más famosa y conocida es la colección de retratos biográficos titulada *Claros varones de Castilla* (escrita hacia 1486): consta de 24 estudios caracterológicos de idéntico número de personalidades castellanas que descollaron en la Corte de Enrique IV, donde el historiador había vivido antes de ponerse al servicio de Isabel la Católica; los retratos psicológicos se completan con la descripción de las características físicas de cada noble biografiado.

La *Crónica de don Álvaro de Luna*, que narra la historia del Condestable de Castilla, favorito de Juan II, es de autor desconocido. Abarca todo el reinado de este rey, y deja traslucir la simpatía que a su autor inspiraba la figura, tan discutida, de don Álvaro de Luna, cuya actuación política es elogiada en la *Crónica*, que, por lo tanto, puede considerarse como una apología del *Privado*.

En esta época apareció una *Crónica popular del Cid* (1498) de originalidad nula, pues se limita casi solamente a reproducir los capítulos 35-104 de la *Crónica de España abreviada*, de **Diego de Valera**. Tiene importancia, sin embargo, por lo popular que llegó a ser durante los siglos XV, XVI y XVII, contribuyendo a mantener viva la memoria del Cid. Otra narración del XV, mucho menos conocida, fue el *Victorial* de **Gutierre Diez de Games** (1379-1450); esta obra, cuyo verdadero título es *Crónica de don Pero Niño, conde de Buelna*, tiene carácter histórico y, al mismo tiempo, legendario; el interés que ofrece, reside principalmente en constituir un valioso documento de la vida y costumbres de aquellos tiempos. Importante es también el *Libro del paso honroso de Suero de Quiñones*. Es el relato de una hazaña famosa llevada a cabo por este caballero leonés, quien prometió a su dama (cuyo nombre no se menciona) defender el puente sobre el río Orbigo en contra de todos los caballeros que quisieran forzar el paso; vinieron caballeros de las distintas comarcas españolas y de muchos países europeos, respondiendo al desafío de Suero de Quiñones, pero éste logró impedir el paso por el puente durante los meses de Julio y Agosto de 1439. **Rodrigo de Lena**, testigo ocular de la hazaña, redactó la primera versión del *Libro*, pero la que ha llegado hasta nosotros es una redacción abreviada que se debe a Juan de Pineda. Esta obra es de valor inestimable para conocer las costumbres caballerescas de los nobles del siglo XV.

NARRACIONES DE VIAJES

El siglo XV conoció los primeros grandes viajes y las primeras exploraciones. Colón hizo relatos de todos sus viajes. Se leían todavía las narraciones de los viajes de Marco Polo, que habían sido traducidas a la mayor parte de las lenguas europeas. España contribuyó también a esta clase de literatura. Dos obras del género, por lo menos, son dignas de mención.

Pedro Tafur (1410-1484?) escribió las *Andanzas y viajes de Pedro Tafur por diversas partes del mundo*: nos cuenta sus correrías por Alemania, Flandes, Italia, Grecia, el Oriente Próximo y el Norte de África. Es muy instructivo y ameno este relato de Pedro Tafur quien viajó tanto por mar como por tierra. La otra muestra importante de la literatura española de viajes es la muy conocida de **Ruy González de Clavijo**, *Historia del gran Tamerlán*. En el año 1403 Clavijo fue enviado por Enrique III de Castilla como embajador a la Corte de Tamerlán, que entonces se encontraba en la lejana Persia; Ruy González de Clavijo llevaba presentes de su Rey para el Khan de los mongoles, que lo recibió muy bien, teniendo ocasión la embajada castellana de presenciar la decisiva batalla entre turcos y mongoles que tuvo lugar en las llanuras de la Anatolia oriental. En 1406 la embajada regresó a Castilla, y Clavijo escribió el relato de aquellas jornadas. En la historia encontramos la descripción de los lugares visitados, de los monumentos que tuvo ocasión de admirar, la semblanza de !os personajes que conoció y con quienes convivió. Las descripciones de los banquetes orientales, de los viajes y costumbres, de la prodigalidad y el despilfarro usuales en las cortes asiáticas, son muy interesantes, y hacen agradable la lectura de esta obra, aun en nuestros días; a los contemporáneos de Clavijo su Historia tuvo necesariamente que entusiasmarlos y apasionarlos.

Prosa narrativa

Narración corta

Continuó durante el siglo XV la popularidad de los *exempla*, de los cuentos de intención moralizadora; se hicieron colecciones de cuentos con finalidad tanto didáctica como recreativa. Algunas de las muchas historietas compiladas procedían de obras medievales como, por ejemplo, la *Disciplina Clericalis*, pero otras muchas son, con mucha probabilidad, producto de la imaginación del propio siglo XV. Estas colecciones de cuentos son importantes, no sólo por la gran cantidad de temas que introducen en la literatura española, y por los temas tradicionales cuyo olvido contribuyen a evitar, sino por la parte importante que desempeñaron en el desarrollo de la prosa castellana. Muchas de estas historietas alcanzan un alto nivel por su lograda técnica narrativa.

El *Libro de los gatos* (o de los cuentos) se remonta, según muchos críticos, al siglo XIII; se trata, efectivamente, de una versión castellana de las *Fabulæ* latinas escritas por Odo de Cheriton, un clérigo británico que viajó por España, donde se dedicó a la predicación, en el siglo XIII. Las historietas del *Libro de los gatos* proceden, unas, de la tradición esópica, otras, de los cuentos de animales característicos del medioevo, del CICLO DE RENART (el ZORRO), por ejemplo, y muchas, en fin, de las colecciones orientales de apólogos. En las extensas moralejas con que termina cada historia encontramos una acerba sátira de las pecaminosas costumbres de la época, tanto de los pecados de los clérigos como de las inmoralidades de los seglares; estas moralejas de la obra española son mucho más prolijas que sus modelos originales, contenidos en las *Fabulæ* de Odo. El único manuscrito del *Libro* que hoy poseemos está escrito por un copista del siglo XV, lo que nos permite afirmar que la fabulística seguía interesando mucho a los hombres del último siglo medieval. El lenguaje de esta obra es muy artificioso. El título de *Libro de los gatos* puede explicarse porque, efectivamente, los gatos son protagonistas de varias de las historias; se ha dicho que *gatos* es una mala lectura de *cuentos*, un error de algún copista; pero lo cierto es que en el manuscrito dice *gatos* y nada más que *gatos*.

El *Libro de los ejemplos por a.b.c.* se debe al Arcediano de Valderas, **Clemente Sánchez de Vercial,** conocido también por otra obra, el *Sacramental*, en la que analiza detenidamente la significación de los Sacramentos y las obligaciones religiosas de los cristianos. En el *Libro de los ejemplos* hay unos quinientos cuentos y pico, ordenados de acuerdo con la primera palabra de la máxima latina que va al frente de cada historia. Es lícito suponer que esta obra fuera escrita pensando en los predicadores, que para sus sermones podían fácilmente encontrar los ejemplos oportunos guiándose por la ordenación alfabética de las máximas. Pero la extensión de algunos cuentos y el cuidado y la exquisita técnica con que muchos de ellos están expuestos, nos obliga a creer que esta serie de historias fueron redactadas y compiladas por el Arcediano de Valderas con el propósito de servir como piadosa y amena lectura. Son muy variadas las fuentes de que se valió Sánchez de Vercial para

La vida del yſopet con ſus fabulas byſtoriadas

Enel año del ſeñoz de mill. cccclxxxix.

Portada del *Ysopete*

seleccionar sus historias. Algunas de sus narraciones proceden de la *Disciplina Clericalis* y del *Barlaam y Josafat*; otras, pertenecen a la antigua tradición piadosa de las Vidas de Santos y de los Padres de la Iglesia; algunas, se inspiran en las difundidas colecciones de milagros marianos; muchas, se remontan a la literatura de la antigüedad clásica; y ciertas historias, en fin, deben de haber sido sacadas de las leyendas y tradiciones populares españolas, pues no aparecen en otro libro castellano alguno, ni tampoco en ninguna de las literaturas conocidas. El *Libro de los ejemplos* es la colección española de historias medievales más rica y más variada.

El *Ysopete historiado*, impreso en 1489, es una serie de cuentos, fábulas, anécdotas y apólogos, traducidos de la versión alemana, hecha por Steinhöwel, de una colección de historias latinas reunida y publicada en Italia. En esta *Compilación* encontramos narraciones procedentes de la *Disciplina Clericalis*, *Fábulas* de Esopo, cuentos procaces y ejemplos morales de ciertos autores italianos. Por haber aparecido impreso, este libro debe de haber sido una de las más ricas fuentes de literatura fabulística a disposición de los hombres de finales del XV y principios del XVI.

Prosa satírica

El siglo XV fue muy aficionado a la sátira, como ya hemos visto; aunque hay muchas sátiras versificadas (véase **Poesía satírica**), es mucho mayor el número de composiciones satíricas en prosa.

Alfonso Martínez de Toledo, Arcipreste de Talavera, escribió un libro llamado el *Arcipreste de Talavera*. Escritores posteriores a él prefieren llamarlo el *Corbacho y Reprobación del amor mundano*. Esta obra sigue la antigua tradición de poner en solfa los vicios de las mujeres, criticando también, pero con menos acritud, los defectos del varón. La primera parte del libro es un ataque contra la lujuria; la II constituye una narración satírica, en la cual el Arcipreste de Talavera critica sañudamente las malas artes de la mujer; esta parte es la más importante de la obra, por la influencia que ejerció en escritores posteriores, contribuyendo a la plasmación definitiva del tipo de trotaconventos, o alcahueta, que se haría famoso más tarde, gracias a *La Celestina*, en los últimos años del siglo. Las partes III y IV analizan los caracteres de varias clases de hombres, y explican la influencia de las estrellas en el temperamento y reacciones de esos tipos de varones. El lenguaje del *Corbacho* es, a veces, el lenguaje coloquial del pueblo, a menudo un lenguaje picante y desenfadado; es muy probable que el estilo y el lenguaje del Arcipreste de Talavera contribuyeran mucho a mostrar a los castellanos el valor literario que podía tener el lenguaje de todos los días, el lenguaje corriente. El *Corbacho* pinta las costumbres populares y los acontecimientos de la vida diaria de una forma extremadamente realista, a veces con brutal franqueza y sinceridad. Hurtado y Palencia afirman que Alfonso Martínez de Toledo es, durante el reinado de Juan II, el único escritor que describe verazmente la vida y las costumbres familiares, el único novelista satírico, el único que se atrevió a utilizar en sus obras el lenguaje popular. Algunas de sus restantes obras han sido mencionadas anteriormente.

Prosa didáctica

Don Enrique de Villena (1384-1434), después de fracasar totalmente en la vida política, se retiró de la escena en los últimos años de su vida para dedicarse al estudio de las Letras, y de las Ciencias, a las prácticas de la alquimia (intentaba descubrir la piedra filosofal), a los placeres de la mesa y del amor. Muy pronto adquirió fama de brujo, y como brujo se le ha tenido hasta el siglo pasado. Juan II ordenó una inspección de su biblioteca, y muchos de sus libros perecieron en el fuego. Escribió tratados de astronomía y sobre el mal de ojo, pero sus más conocidas y valiosas obras son los *Doze trabajos de Hércules*, en la que relata las doce famosas hazañas del héroe griego, interpretando sabiamente el contenido alegórico de cada una de ellas, y el arte cisoria, tratado de gastronomía. Esta última obra constituye un documento interesantísimo de las características de la vida familiar en los últimos tiempos de la Edad Media. Don Enrique de Villena fue el primero en traducir al castellano (poco brillantemente, por cierto) la *[Divina] Commedia* de Dante, y la *Eneida* de Virgilio.

Don Álvaro de Luna (muerto en 1453), privado del Rey Don Juan 11, fue el más poderoso noble castellano mientras disfrutó del favor real; pero, confabulados la mayor parte de los nobles, lograron vencerle y consiguieron que fuera ajusticiado por orden del Rey. La obra más conocida de don Alvaro es el *Libro de las claras e* *virtuosas mujeres*, que consta de tres partes (mujeres del Antiguo Testamento, mujeres de la antigüedad clásica, mujeres de la época cristiana). Don Álvaro de Luna es uno de los más apasionados apologistas de las mujeres y de la feminidad, contrastando patentemente su actitud con la del misógino Arcipreste de Talavera. Don Álvaro escribió también cierto número de graciosos y delicados poemas.

Juan de Lucena (muerto en 1506) es autor de un *Tratado de vida beata* en el que finge un diálogo entre Juan de Mena, el Marqués de Santillana y Alonso de Cartagena sobre la felicidad y sobre los diversos temperamentos humanos (el contemplativo, el activo, etc.). **Fray Lope Fernández** (mediados del XV) fue un fraile agustino que escribió profundas obras filosóficas y religiosas, entre ellas el *Espejo del alma*, y el *Libro de las tribulaciones*. **Alonso de Cartagena** (1385-1456), hombre extraordinariamente culto, tradujo al castellano, comentándolas, varias importantes obras, con lo que contribuyó grandemente a aumentar los conocimientos del siglo XV. El **Padre Martín de Córdoba**, cuya más notable obra, el *Jardín de las nobles doncellas*, sirvió para la educación de la Princesa Isabel (más tarde Isabel la Católica), enseñó a las mujeres el camino de la virtud por medio de ejemplos referentes a las ilustres y virtuosas mujeres de las épocas pasadas. Otra obra educativa del Padre Martín de Córdoba se tituló *Castigos y doctrinas que un sabio daba a sus hijas*. Se trata de uno de los precedentes del género que tendrá su próximo exponente en *La perfecta casada*, de Fray Luis de León(siglo XVI).

LA NOVELA

La novela tomó un gran incremento durante el siglo XV, apareciendo obras de distintas clases dentro del género: novelas históricas, libros de caballerías, y, especialmente, novelas sentimentales, de gran éxito popular.

Novela histórica

La obra de **Pedro del Corral**, *Crónica Sarracina o Crónica del rey don Rodrigo con la destrucción de España* (hacia 1430), puede ser considerada como la más antigua novela histórica española. Está inspirada en las crónicas, y quizá también en la *Crónica troyana*. El autor repite la conocida historia de los amores de Don Rodrigo y la Cava, pero dando a la narración una forma más de acuerdo con los libros de caballerías que con el ambiente del siglo VIII en el cual sucedieron los hechos reales o supuestos de que se trata. A pesar de su falta de originalidad (la obra seguramente no es más que una adaptación de la *Crónica del moro Rasis*) la novela de Corral alcanzó gran popularidad y, probablemente, influyó mucho en los romances. El Padre Mariana utilizó esta obra como fuente, al escribir su *Historia*, siglo y medio después, y son varios los escritores españoles, y hasta extranjeros (Walter Scott, por ejemplo) que sacaron provecho de esta versión cuatrocentista de la famosa leyenda del "último godo."

Libros de caballerías

Tirant lo Blanch, escrita en catalán, es la única novela de este tipo aparecida en el siglo XV; se publicó, por vez primera, en 1490; había sido su autor **Joanot Martorell** quien se la dedicó al Infante Don Fernando de Portugal. Los antecedentes de esta obra están muy oscuros: el autor afirma que el original estaba en lengua inglesa de la cual él mismo la tradujo en lengua portuguesa, primero, y más tarde la vertió al valenciano (dialecto catalán); por sus características esta obra tiene mucho de novela histórica. Es una narración hasta cierto punto realista, por lo que mereció que Cervantes la citara laudatoriamente en el *Quijote*. Hasta el siglo siguiente (año 1511) no fue traducida al castellano; apareció la nueva versión con el título de *Tirante el Blanco*.

Novela sentimental

La influencia de los escritores italianos, especialmente de Boccaccio, había sido muy grande en España, por eso se explica la aparición de un cierto número de importantes novelas sentimentales a partir de la primera mitad del siglo XV. En la novela sentimental aparece una concepción ciertamente sentimental, casi diríamos sentimentaloide, del amor; encontramos también en ella mucho elemento alegórico, mucho lenguaje altisonante; todas estas características contribuyen a prestarle a la novela sentimental un aire extremadamente artificioso.

Juan Rodríguez de la Cámara o **del Padrón** (muerto hacia 1450) es el autor de la novela sentimental Titulada *Siervo libre de amor* (hacia 1440) que, en parte, se basa en la *Fiammetta* de Boccaccio (mediados del XIV) pero inspirada, principalmente, en la historia de la trágica muerte de la portuguesa Doña Inés de Castro. Contiene elementos caballerescos, y puede ser considerada como el más importante de los antecedentes de la novela sentimental, que tanto éxito alcanzaría en los siglos XVI y XVII. Son bellísimas las descripciones del paisaje gallego que encontramos en esta novela.

Juan de Flores, del que sabemos muy poco, escribió dos notables novelas sentimentales, probablemente hacia 1480. Su *Grimalte y Gradissa* es una continuación de la *Fiammetta* de Boccaccio, pero todavía más triste y fúnebre que la ya de por sí melancólica, aunque extraordinariamente popular, obra boccacciana. La novela de Flores fue traducida al francés por Maurice Scève de Lyon. Mucho más éxito que la anterior tuvo la *Historia de Florisel y Mirabella*, donde encontramos una cumplida serie de anécdotas pro-femenistas que encantaron a los lectores españoles, franceses, italianos e ingleses. Hubo versiones bilingües, y hasta políglotas, de esta obra, destinadas al aprendizaje del español por los extranjeros. Esta novela influyó en Ariosto, Lope de Vega, John Fletcher y Georges de Scudéry.

Diego de San Pedro, de la segunda mitad del siglo XV, publicó en 1492 su *Cárcel de amor*, una muy triste historia—Leriano, el afligido y desgraciado héroe, termina por quitarse la vida, que nada le interesa desde el momento en que su amada Laureola no quiere oír hablar de él. Sus últimas palabras ya expirando son sin embargo para hacer una apología de su amada y de las mujeres en general. En esta novela encontramos un análisis del sentimiento bastante real y acertado, al lado de elementos caballerescos, el autor busca, deliberadamente, el empleo de un lenguaje refinado y elegante. La obra fue extraordinariamente popular: se hicieron de ella veinticinco ediciones castellanas, y, por lo menos, otras veinte en lenguas extranjeras.

Renacimiento y Humanismo

POESÍA LÍRICA	EL TEATRO	HISTORIA	ASCÉTICA/MÍSTICA	NOVELA	OBRAS DIDÁCTICAS
Poetas tradicionales: Cristóbal de Castillejo (1490?-1550) Gregorio Silvestre (1520-1569) **Poetas italianizantes:** Juan Boscán (muerto 1542) Garcilaso (1501?-1536) Gutierre de Cetina (1520-1557) Francisco de Figueroa (1536-1617) **Poetas de transición:** Diego Hurtado de Mendoza (1503-1575) **Cancioneros:** *Cancionero General* de Hernando del Castillo (1511)	Juan del Encina (1469-1529) Bartolomé Torres Naharro (muerto 1531?) Gil Vicente (1463-1539) Lucas Fernández (1474?-1542) Lope de Rueda (1510?-1565)	Gonzalo Fernández de Oviedo (1478-1557) Francisco López de Gómara (1512?-1577) Bernal Díaz del Castillo (1492?-1581) Hernán Cortés (1485-1547) Álvar Núñez Cabeza de Vaca (1507?-1559)	Juan de Ávila (1500-1569) Santa Teresa de Jesús (1515-1582) San Juan de la Cruz (1542-1591) Fray Luis de Granada (1504-1588)	Fernando de Rojas: *La Celestina* (1499) **Libros de caballerías:** *Amadís de Gaula* (1508) *Las sergas de Esplandián* (1510) **Novela sentimental:** *Cuestión de amor* (1513) Juan de Segura: *Proceso de cartas* (1548) Jerónimo de Contreras: *Selva de aventuras* (1565)	Diego de Girón (muerto 1590) Juan de Mal-Lara (1525?-1571) Fray Antonio de Guevara (1480-1545)

6

Renacimiento y humanismo

Reinados de: Felipe el Hermoso (1550-1506), Regencias de Fernando el
Católico y del Cardenal Cisneros—por incapacidad de la Reina Doña
Juana la Loca—(1506-1517); Carlos I (1517-1556); Felipe II (1556-1598);
Felipe III (1598-1621).

 L RENACIMIENTO, QUE LLEGA a España a finales
del siglo XV, va a manifestarse con gran fuerza
durante casi todo el siglo siguiente. Desde Italia
había pasado a toda Europa el redivivo interés
por la antigüedad pagana, por los clásicos greco-
latinos, y España no podía ser una excepción, y
no lo fue, en este movimiento universal. A
partir de la segunda mitad del XV, y, sobre todo
durante el siglo XVI, se despertó en España un interés extraordinario
por los estudios clásicos, que tuvo como consecuencia la formación
de un nutrido grupo de relevantes eruditos y humanistas. La propia
reina Isabel la Católica fue una buena latinista y el buen ejemplo
dado por la Reina cundió entre sus súbditos y cortesanos. Las
universidades españolas adquirieron nuevos bríos. Y aunque es
verdad que en España no llegó a prevalecer ese espíritu paganizante
que estaba en la médula del RENACIMIENTO, esto no fue obstáculo
para que surgieran vigorosas personalidades y grandes creadores,
cuyos máximos exponentes son Cervantes, Lope, Tirso, Calderón,
entre una verdadera pléyade de inspirados y famosos autores.

Es un hecho comprobado que la época más gloriosa de la
literatura española se caracterizó, principalmente, por representar
una fusión muy lograda de la tradición medieval y del espíritu y
nuevas formas del Renacimiento; la Edad de Oro de la Literatura
española, por lo tanto, es el resultado de la revitalización y enriquecimiento de las formas medievales llevada a cabo por la mentalidad

y la técnica del humanismo renacentista.

Antonio de Nebrija o **Lebrija** (1441-1522) fue uno de los más grandes humanistas españoles. Escribió una gramática latina (1481), la primera de su género aparecida en castellano, y en 1492 publicó su famosa *Gramática castellana*, la primera gramática de una lengua moderna que se escribió en el mundo, en la época renacentista. Nebrija hizo mucho por fijar el vocabulario castellano y por propagar en España el gusto hacia los estudios lingüísticos.

La *Biblia Políglota*, inspirada y dirigida por el Cardenal Jiménez de Cisneros (1436-1517) es, sin duda, una de las mayores contribuciones que se hicieron al progreso de la filología renacentista. Fue elaborada y publicada entre 1502 y 1517, en seis volúmenes. Este gran monumento de los estudios bíblicos, conocido también por el título de *Biblia Complutensis* o *Biblia Complutense* (por haber sido redactada en la Universidad de Alcalá de Henares, la antigua ciudad romana de Complutum), consta de cuatro versiones lingüísticas de la Biblia: versión griega, versión latina, versión hebrea y versión siríaca. El Cardenal Cisneros hizo, con esta obra, un gran servicio a su país, uno más de los muchos que le prestó a lo largo de su fecunda vida política; había, también, fundado (en 1508) la Universidad de Alcalá de Henares, y fue regente de Castilla durante la minoría de edad de Carlos I, hasta el año 1517, cuando al ir a recibir al Monarca, recién llegado de Flandes para tomar posesión de los Reinos de Castilla y Aragón, le sorprendió la muerte.

Juan de Valdés (muerto en 1541) fue un prolífico escritor; había viajado mucho fuera de España, sobre todo por Italia, donde vivió cierto tiempo. Su obra más conocida—y para los estudiosos de cuestiones lingüísticas y literarias también la más importante—es el *Diálogo de la lengua*, que no se publicó hasta 1737, pero fue conocida y comentada por sus contemporáneos desde el momento mismo en que se escribió. Se trata de un ensayo en forma de diálogo (varios amigos discuten sobre las características y las virtudes de la lengua castellana) en el que se valoran comparativamente las lenguas castellana y toscana. Juan de Valdés especula sobre el origen y la evolución del español, trata de cuestiones referentes a su léxico y a su sintaxis, y todo lo hace con buen juicio y excelente discernimiento. En el *Diálogo* se citan más de 175 refranes castellanos.

Alfonso de Valdés, hermano del anterior, es autor del *Diálogo de*

Lactancio y un arcediano (cuyo verdadero título es *Diálogo en que particularmente se tratan las cosas acaecidas en Roma en el año de 1527*); este diálogo constituye una severa sátira de la inmoralidad reinante entre los clérigos; escribió, también, el *Diálogo de Mercurio y Carón* (1528), donde se discuten acontecimientos políticos contemporáneos. Alfonso de Valdés se colocó, realmente, fuera de la ortodoxia católica, cosa que no llegó a hacer su hermano, aunque ambos están considerados como los primeros erasmistas españoles.

Tanto en el siglo XV como en el XVI continuaron apareciendo colecciones de refranes y proverbios, considerados siempre como pertenecientes, por resumir la filosofía popular, a la literatura didáctica. El Marqués de Santillana, viendo la importancia de estos proverbios populares, había coleccionado una nutrida serie de ellos: *Refranes que dizen las viejas tras el fuego*; y en el siglo XVI, hombres como Pedro Valles y Sebastián de Horozco, humanistas ilustres, publicaron sendas colecciones de refranes (*Libro de refranes*, 1549, y *Refranes glosados*, 1550).

Política e históricamente, el siglo XVI fue un gran siglo para la España unida y para el pueblo español. El importante reinado de Fernando e Isabel se había apuntado el descubrimiento del Nuevo Mundo y había logrado la unidad definitiva de los distintos reinos y países españoles, la centralización del poder, la terminación de la reconquista al ocupar el Reino moro de Granada, y la expulsión de los judíos. La inquisición había adquirido una gran importancia. El enlace matrimonial de Juana, hija de los Reyes Católicos (llamada «La Loca» por haber perdido el seso), con el Archiduque Felipe, heredero de la Casa de Habsburgo, tuvo como importante consecuencia la entronización en España de una nueva dinastía, la de los Austrias, cuyo primer representante (excluyendo al inoperante Felipe el Hermoso) fue Carlos I, hijo de la Loca y del Archiduque, enseguida Emperador de Alemania (del Sacro Imperio Romano-Germánico), que reinó en España desde 1517, por muerte de su padre e incapacidad de su madre. Durante el reinado de Carlos I (como Emperador de Alemania, Carlos V) los moriscos fueron definitivamente sometidos y apaciguados, los nobles, disminuidos en su antes omnímodo poder, las comunidades municipales castellanas (que se habían levantado contra los abusos de los cortesanos flamencos que acompañaban a Carlos), derrotadas y desorganizadas para siempre, la revolución social que estalló en Valencia, aplastada; mientras que, fuera de la península, los conquistadores ganaban para España un enorme imperio: los reinos de aztecas, mayas e incas, las tierras americanas todas, desde California y Nuevo México hasta el extremo meridional de Chile y La Argentina (con la excepción del Brasil, conquistado y colonizado por los portugueses). Felipe II hizo de Madrid la capital de la nación unificada, participó en las luchas religiosas de Europa defendiendo al catolicismo, anexionó Portugal y sus colonias a la Corona de Castilla, e intentó, sin éxito, derrotar a Inglaterra sobre su propio suelo, organizando la desgraciada expedición de la Armada Invencible (1588), cuyo fracaso significó también el comienzo del declinar de la hegemonía militar y política de España en el mundo.

Poesía lírica

La primera mitad del siglo XVI es un período de transición de las formas poéticas indígenas a las maneras innovadoras procedentes de Italia. Algunos poetas, como por ejemplo, Castillejo, intentaron perseverar en las antiguas tradiciones versificatorias, mientras que otros, entre ellos Boscán y Garcilaso, lucharon por introducir en España los metros italianos. Los más grandes poetas de esta época siguieron el ejemplo de Garcilaso, pero combinando, o alternando, todavía, las formas tradicionales con los estilos importados. La poesía fue tenida en muy alta estima, y aparecieron y se desarrollaron distintos géneros poéticos. Se tendía a huir de la sencillez extremada y a buscar, por el contrario, una mayor complicación y unos recursos expresivos más ricos y variados.

Poetas tradicionalistas

Cristóbal de Castillejo (1490?-1550), cuya vida nos es bien conocida, fue un monje dedicado algún tiempo a la enseñanza, y muy aficionado a la poesía. Escribió composiciones de carácter erótico, como la titulada *Un sueño*; también series de coplas dirigidas a distintas damas, y cierto número de obras de pasatiempo al estilo de las cantigas de escarnio medievales. Es autor también de un *Diálogo entre el autor y su pluma*, como de obras devotas (*Diálogo y discurso de la vida de corte*); pero, sobre todo, es conocido por sus ataques a los poetas que usaban los metros italianos (*Contra los que dejan los metros castellanos y siguen los italianos*, hacia 1540).

Gregorio Silvestre (1520-1569) fue también partidario de las maneras tradicionales. Aunque nacido en Lisboa, ganó su reputación en España, donde vivió siempre, y por sus poesías escritas en castellano. Compuso canciones, entremeses y comentarios a los poemas antiguos; prefirió siempre los metros castizos castellanos a los novedosos italianos, aun cuando utilizaba temas clásicos, como en su *Fábula de Dafne y Apolo*.

Poetas italianizantes

Juan Boscán Almogáver (muerto en 1542), de familia catalana noble, estudió con el humanista Lucio Marineo Sículo, y perteneció a la corte de Fernando el Católico. Aprendió a versificar a la manera castellana tradicional, pero, habiendo intimado con el embajador italiano Andrea Navagero, se dedicó a intentar la introducción definitiva en España de los metros italianos, componiendo poesías a la manera renacentista, por lo que es considerado como el primer español que logró la adaptación al castellano de la métrica italiana. Popularizó el uso de la octava rima, estrofa que consta de ocho endecasílabos italianos que riman ABABABCC (más tarde llamada OCTAVA REAL) y contribuyó a la difusión del verso blanco (verso libre, verso suelto) quizá empleado por él en España antes que nadie. Dio al SONETO carta de naturaleza en la poesía castellana, predicando con el ejemplo (escribió noventa y dos sonetos). Es, después de Santillana (como sabemos introductor del soneto en España) el primero que compone sistemáticamente sonetos en lengua castellana, y lo hace a la manera del maestro italiano del siglo XIV, Petrarca. Su magnífica traducción del *Cortegiano*, de Castiglione (1534), está considerada como una de las más bellas muestras de la prosa castellana del siglo XVI. Fue íntimo amigo de Garcilaso de la Vega, quien le animó, insistentemente, a componer poesías en metros italianos. El valor poético de la lírica de Boscán no es muy grande, pero sí lo es su significación como innovador e introductor del estilo renacentista.

Garcilaso de la Vega (1501?-1536), de noble familia toledana, fue el prototipo del hombre renacentista: apuesto, culto, sensible, poeta de elevada inspiración, aficionado a la música y hábil intérprete de la misma, apasionado en el amor, oficial en la Corte del Emperador Carlos V. Tomó parte en la mayoría de las luchas emprendidas por el César, guerreó en Italia y en Túnez, estuvo desterrado en una isla del Danubio, vivió algún tiempo en Nápoles, donde se aficionó a los metros italianos. Siendo todavía joven, murió heroicamente cuando al frente de sus hombres intentaba escalar las murallas de la fortaleza de Muy, cerca de Fréjus, en Provenza, al comienzo de una de las varias guerras franco-españolas de la época de Carlos I.

La producción poética de Garcilaso es corta, pero de extraordinaria calidad. Escribió una *epístola*, dos *elegías*, tres *églogas*, cinco *canciones* y treinta y ocho *sonetos*; todo esto en lengua castellana; y en latín, tres odas y algunos poemas menores. El tema principal de sus composiciones es el amor; sus poemas amorosos son perfectos, muy superiores a los de Boscán; Garcilaso castellanizó el soneto. Sus poesías se caracterizan por la emoción, la belleza, la armonía, la discreción. Muchos críticos sostienen que la más lograda obra de Garcilaso, su obra maestra, es la *Égloga Primera, Salicio y Nemoroso*. Está escrita en estancias de catorce versos heptasílabos y endecasílabos, y expone en ellas las cuitas amorosas de dos pastores, Salicio y Nemoroso, que, seguramente, son, los dos, símbolos del propio Garcilaso. La influencia de Garcilaso sobre sus contemporáneos fue muy grande, y sus poemas fueron citados y comentados elogiosamente por otros grandes poetas posteriores, por Herrera entre ellos. El lenguaje poético de Garcilaso, sin dejar de ser puro y castizo castellano, es delicado, sencillo y extraordinariamente armonioso y rítmico. Verdaderamente fue un gran poeta. Aún hoy día, cuando el convencional género pastoril resulta extraño y artificioso, Garcilaso emociona y deleita a los amantes de la buena poesía.

Gutierre de Cetina (1520-1557?), también de noble familia como Garcilaso, y como él perteneciente al séquito del Emperador, a quien acompañó por todos los teatros bélicos de Europa, se inclinó por la moda italiana versificatoria inspirándose, por lo que hace a los temas, en Ovidio, Juvenal y Marcial. Es autor de 244 sonetos, algunos de ellos tan buenos como los mejores que pueda haber en la literatura castellana. Sus canciones, también a la manera italiana, son delicadas, lo mismo que sus madrigales, llenos de gracia, de suave luminosidad. La más conocida composición de Cetina es el madrigal que empieza "Ojos claros, serenos..."

Francisco de Figueroa (1536-1617?), estudió en Italia durante su adolescencia, y ᴜprendió a componer canciones y otros poemas a la manera italiana. Ya anciano, descontento con las obras de su juventud, ordenó quemar todas sus obras, pero algunas fueron salvadas gracias a la diligencia de Don Antonio de Toledo, gran amigo suyo. Fue llamado por sus contemporáneos «el Divino». Uno de sus más famosos sonetos es el dedicado *A los ojos de Fili*. Horacio y los temas bucólicos influyeron mucho en su poesía, como también los poemas de Garcilaso.

Francisco Sá de Miranda (1485-1558) fue el primer poeta portugués que empleó los metros italianos. Escribió tanto en portugués como en castellano; de él se conservan 75 composiciones castellanas, entre las que encontramos elegías, sonetos y églogas. A él se debe, también, la adaptación al portugués de la octava rima.

Poetas de transición

Diego Hurtado de Mendoza (1503-1575) fue un auténtico humanista, conocedor del latín, del griego, del hebreo y del árabe. Asistió al Concilio de Trento y sirvió como Embajador de Carlos I y Felipe II en va·ios países. Aunque estimaba los metros italianos y los utilizó con frecuencia, no desdeñaba versificar a la manera tradicional castellana, por lo que se le considera como un poeta de transición. Sus composiciones italianizantes son inferiores a sus poesías en metros castellanos; fue un verdadero virtuoso de la redondilla.

EL TEATRO

Los últimos años del siglo XV y la primera mitad del XVI, vieron la continuación, por lo que respecta al género dramático, de la tendencia tradicional representada por las *églogas*[1] de Juan del Encina; también se componen obras teatrales de técnica y estilo italianos.

---

[1] Las églogas de Juan del Encina no tienen nada que ver con las églogas de Garcilaso de la Vega, como abajo se verá.

Juan del Encina (1469?-1529) es el más notable escritor dramático del siglo XV, y debe ser considerado como el primer auténtico dramaturgo en lengua castellana, que conocemos. Sus piezas dramáticas se conocen con el nombre de églogas; no se representaban en público, sino solamente en la intimidad de alguna morada ilustre: Palacio del Duque de Alba, Residencia del Príncipe don Juan, primogénito de los Reyes Católicos, Palacio del Cardenal Arborea, en Roma. Juan del Encina escribió piezas profanas, piezas religiosas del estilo de los misterios medievales, y una especie de farsas semejantes a los juegos de escarnio mencionados en las *Siete Partidas* de Alfonso X. El teatro de Juan del Encina se caracteriza por la sencillez de sus versos y de su estructura, y por la lengua coloquial utilizada por sus personajes, que se expresan en un habla rústica de carácter dialectal (por ejemplo, el sayagués). En su *Auto del Repelón*, cuya acción se limita a las peripecias de dos campesinos llegados a la Salamanca universitaria de finales del XV, nos encontramos con un diálogo, verdaderamente humorístico, entre los rústicos burlados por los avispados estudiantes salmantinos. En el habla de estos campesinos hay mucha vulgaridad y mucha grosería, aunque disimuladas por el tono humorístico. La *Égloga de Plácida y Vitoriano* es, quizá, la más ambiciosa obra de Juan del Encina; en ella se muestra patentemente la influencia italiana. Algo parecido ocurre con la *Égloga de Fileno y Zambardo*.

Encina es conocido también como poeta lírico, aunque su fama como tal sea mucho menor que la que merece como dramaturgo. Su interés por la lírica estaba unido a sus grandes dotes musicales, por eso muchos de sus poemas son, al mismo tiempo, auténticas piezas cantables. La mayoría de sus obras poéticas aparecieron en 1496, impresas en su *Cancionero*, muy interesante, por otra parte, ya que incluye también una especie de preceptiva titulada *Arte de la poesía castellana*. Los poemas de Juan del Encina son de todas clases; los hay religiosos, burlescos, eróticos, patrióticos. Sus villancicos, de carácter rústico y pastoril, pueden ponerse como ejemplo de este género típicamente castellano.

Juan del Encina tradujo las *Églogas* y las *Bucólicas* de Virgilio, y se sintió atraído e influenciado por las obras de varios autores clásicos más. A pesar de ello se le considera, generalmente, más como un hombre medieval que como un auténtico hombre del renacimiento.

Bartolomé de Torres Naharro (muerto en 1531?), inyectó nueva savia al teatro español. Había estado en Italia, de donde trajo una serie de innovaciones dramáticas tanto en el aspecto argumental como en el orden de la técnica de representación y de la estructura teatral. Su *Propaladia* (*Primeros frutos de Pallas*) que se publicó en 1517, contiene no solamente el texto de sus obras sino también su *Preceptiva dramática*, la primera Poética teatral aparecida en España. Torres Naharro sostiene que la obra dramática debe tener cinco actos, de seis a doce personajes, y que se pueden componer dos clases distintas de comedia: COMEDIA A NOTICIA (obras realistas, teatro de costumbres) y COMEDIA A FANTASÍA (teatro de ficción, basado principalmente en la imaginación y en la intriga); comedias a noticia son la *Comedia Tinelaria* y la *Comedia Soldadesca*, porque ambas nos dan un retrato de la vida y de las costumbres; más famosa es su *Comedia Himenea*, la más celebrada y representada pieza dramática de esta primera época del teatro español.

Gil Vicente (1465-1539), portugués, fue, al mismo tiempo, autor, director teatral y actor. Inspirándose en la *Celestina*, en Torres Naharro y en Juan del Encina, como también en los temas suministrados por el *Romancero* y los libros de caballerías, compuso numerosas obras dramáticas: once de ellas están escritas en castellano, doce en portugués, y el resto son bilingües (trozos en castellano y trozos en portugués). *Don Duardos* y *Amadís de Gaula* son las primeras piezas teatrales españolas que versan sobre temas sacados de los libros de caballerías. Su estilo dramático no es depurado, pero sabía trazar vigorosamente los caracteres de sus personajes, en lo que se muestra muy superior a Juan del Encina. La *Comedia del viudo* (1514), ofrece un fino humor, por lo que ciertos críticos la consideran su mejor producción.

Lope de Rueda (1510?-1565), compuso una serie de piezas teatrales de carácter bucólico que, por sus características, significan un gran avance para el teatro español de este tipo. Era Lope de Rueda un hombre de una gran versatilidad, un hombre polifacético, que lo mismo estaba al frente de una compañía teatral, que dirigía las representaciones, que trabajaba como actor, que escribía las obras que él y su propia compañía representaban por los pueblos y ciudades de toda España. Es particularmente famoso por sus PASOS (piezas dramáticas, en un solo acto, de carácter popular y costumbrista). Estos pasos se representaban inmediatamente antes del primer acto de la obra base del programa, o, algunas veces, cuando parecía conveniente, entre acto y acto. Los pasos tienen muy poca acción, los caracteres de sus personajes no están bien dibujados, son caracteres vulgares, pero la trama y la representación están logradas muy hábilmente. Estas piezas dramáticas, lo mismo que todas las demás, se representaban en las plazas de las ciudades o en los corrales de comedias (calles sin salida o con la salida deliberadamente cerrada, acondicionadas como teatros provisionales). *Las aceitunas* es un excelente paso de Lope de Rueda, bastantes críticos lo consideran como la mejor pieza dramática en un acto de la Literatura española. A Lope de Rueda le han dado mucha fama sus obritas teatrales inspiradas en las costumbres populares; no han añadido nada a su gloria, en cambio, ni sus comedias al estilo de Plauto ni los dramas italianizantes. Este autor dramático tuvo muy pocos seguidores que hayan pasado a la posteridad.

Historia

La época renacentista se mostraba propicia para el florecimiento de la historia, por la gran cantidad de material noticiable suministrado por la exploración, conquista y colonización del Nuevo Mundo. Los que insisten hoy en que estas *historias* pertenecen a la literatura de Hispanoamérica deben notar que todos los autores fueron nacidos en España. Por eso debemos de insistir en que dichas *historias* son partes de la literatura peninsular y no de países hispanoamericanos que no existían en aquel entonces.

Cristóbal Colón (c. entre 1447 y 1448-1506), aunque por muchos años se ha considerado que Cristóbal Colón nació en Génova, Italia, en la actualidad existe la tesis, con fuertes argumentos en su favor, de que nació en Tarroja, en lo que es hoy la provincia española de Lérida, hijo de una familia de nobles terratenientes. Según esta tesis, los padres del Descubridor, Antoni y Magdalena Colom, tomaron partido contra el Rey Juan II—padre del que llegaría a ser Fernando el Católico—en la guerra civil (1462-1472) entre este monarca y la Generalitat de Barcelona. Al ser derrotadas las fuerzas de la Generalitat, todos los bienes y propiedades de la familia Colom fueron confiscados, y para salvar la vida, los miembros de la misma se vieron obligados a huir de Tarragona y buscar refugio en Italia, donde cambiaron de apellido.

Al relatar sus viajes y expediciones, el Descubridor describe, por primera vez, a la gente, el paisaje, la flora y la fauna del Nuevo Mundo. Y al incorporar nuevos vocablos al castellano, Colón se convirtió en el primer escritor americano. Su interés primordial fue dar a la corona española los más detallados y minuciosos informes de sus viajes y expediciones, haciendo vivas y agudas observaciones de la belleza natural que tenía ante sus ojos. Su *Diario de viaje*, que se conserva extractado por el Padre Bartolomé de Las Casas, sus *Cartas sobre el descubrimiento*, escritas entre 1493 y 1504 y sobre todo su *Memorial para los Reyes Católicos*, tienen que ser consideradas necesariamente como parte integrante tanto de la literatura española, como de la hispanoamericana.

Gonzalo Fernández de Oviedo (1478-1557), uno de los conquistadores de América, escribió la *Historia general y natural de las Indias* (su primera parte apareció impresa en 1535). Es una obra de gran valor que, junto a la narración de los acontecimientos históricos de la conquista americana, incluye una serie de noticias verdaderamente importantes, hasta entonces inéditas, sobre cuestiones de historia natural, tanto de carácter zoológico y botánico, como de orden físico y mineralógico.

Francisco López de Gómara (1512?-1557?) fue capellán de la casa de Hernán Cortés y, gran admirador suyo, por cierto. Narra en sus historias el descubrimiento del Nuevo Mundo y la conquista de México.

Bernal Díaz del Castillo (1492?-1581) es autor de una de las más interesantes e imparciales crónicas de Indias, la *Verdadera historia de la conquista de la Nueva España*. Se trata de una obra extensa y detallada, y es el reflejo del punto de vista del soldado raso, no la interpretación de la conquista hecha por un cortesano, como es el caso de la *Historia* del licenciado López de Gómara. Bernal Díaz del Castillo es sincero, veraz y sencillo cuando nos da su versión de la conquista de México, y no se deja nada en el tintero. Da fe de lo que vio, y describe con acierto muchas costumbres indígenas, sin olvidarse de narrar todos los acontecimientos de la conquista.

Hernán Cortés (1485-1547), caudillo de la portentosa expedición que terminó con el poderío del Imperio azteca de Moctezuma, escribió una historia de sus hazañas, en forma de cartas (relaciones) dirigidas a su soberano, el Emperador Carlos. Expone, en un lenguaje sencillo y gráfico, sus ideas sobre la transcendencia de la conquista de México; describe las costumbres, los hábitos, y también el poder e importancia del pueblo azteca, y hace hincapié en los méritos demostrados por él y por sus hombres en las épicas luchas que tuvieron que sostener para apoderarse de México y de sus príncipes. Estas cartas están consideradas como admirable ejemplo de la literatura epistolar.

Álvar Núñez Cabeza de Vaca (1507?-1559), primer explorador del Sur de los Estados Unidos (sobre todo de los Estados del Golfo de México, desde Florida a Texas), publicó en 1542 sus *Naufragios y comentarios*, apasionante y gráfico relato de sus peregrinaciones (también recorrió gran parte de las regiones del Río de la Plata, en América meridional). Nos habla de los sencillos e ingenuos indígenas, de los enormes rebaños de búfalos, de todo lo que ve y le llama la atención; su obra constituye una realista y acabada descripción de los países recorridos y de las costumbres de la época.

ASCÉTICA Y MÍSTICA

El misticismo desempeña un importante papel en la vida española y en la historia literaria de la península. La gran época de la mística ocupa casi todo el siglo XVI español, y tuvo como consecuencia una muy característica manifestación de la religiosidad española, que afecta tanto al ambiente clerical como al ambiente profano. El misticismo no es una actitud nueva, surgida en España; se había manifestado ya en el mundo antiguo, en el oriente, en la época medieval; pero alcanzó su cénit en España, y precisamente durante el siglo XVI. En el XIV, España había producido un gran místico, el catalán Ramón Llull; místicos habían sido algunos hispano-musulmanes y algunos judíos españoles (Averroes, Avempace); León Hebreo, judío expulsado de España que vivió la última parte de su vida en Italia (1460?-1520), se nos muestra como un escritor místico en su obra *Dialoghi d'amore*, que influyó bastante en la mística posterior; el libro de León Hebreo fue traducido del italiano al español muy pronto, en el año 1568. Los españoles, disponían, por lo tanto, de una auténtica tradición mística en la que inspirarse. La mística española intenta llegar a Dios no por medio de procedimientos racionales y dialécticos, sino gracias a la meditación, a la constante meditación, hasta que el alma logra tener la visión divina, logra identificarse con su Creador. El *Cantar de los Cantares*, de Salomón, es el libro bíblico que más inspiró a los místicos españoles.

Juan de Ávila (1500-1569), gran predicador, llamado el «Apóstol de Andalucía», tuvo extraordinaria fama por su elocuencia sagrada, y el pueblo lo tenía por santo. Sus obras influyeron mucho en otros escritores místicos, sobre todo en Fray Luis de Granada. Mantuvo relación epistolar con Santa Teresa.

Santa Teresa de Jesús, cuyo nombre en el siglo fue Teresa Sánchez de Cepeda y Ahumada (1515-1582), es una de las más extraordinarias mujeres de su tiempo. Su actividad fue pasmosa, increíble; fundó innumerables conventos, reformó la Orden carmelitana. Estableció correspondencia con muchas importantes personas de la época, y en sus obras nos cuenta cómo era su vida de niña y adolescente en su ciudad natal, Ávila (*Libro de su vida, Libro de las fundaciones*). Pero tienen más importancia literaria sus obras místicas: *Camino de perfección* (1583), *Conceptos del amor de Dios...* (1612); y, sobre todas, destaca su *El castillo interior o las moradas* (escrita en 1577, impresa en 1583), obra capital como expresión de sus íntimas experiencias místicas, en la que nos explica el paulatino ascenso de su alma, escalando los siete pisos del castillo místico (los grados de la perfección), hasta llegar a la presencia e intuición directa de Dios. Sus obras están escritas en prosa, pero no despreciaba la versificación, y compuso bastantes poesías para solaz, recreo y reflexión de sus monjas; sus versos son fáciles y delicados, pero algo artificiosos. Se la llama, frecuentemente, la DOCTORA MÍSTICA.

San Juan de la Cruz (1542-1591), fue bautizado como Juan de Yepes Álvarez en su pueblo natal, Fontiveros, en la actual provincia de Ávila, no muy lejos de la capital. De humilde familia (al contrario que Santa Teresa) era, como la mística doctora, abulense y carmelita, paisano de la Santa y su compañero de religión. Santa Teresa, veintisiete años mayor que él, tuvo mucha influencia sobre el humilde y pueblerino carmelita. Profesó Juan de Yepes en el año 1564, ingresando en la orden carmelitana reformada, en la que llegó a alcanzar altos puestos. Lo mismo que Santa Teresa y otros místicos, San Juan de la Cruz fue extraordinariamente activo en la vida externa, aunque su alma anhelaba poderse dedicar sólo a la íntima y profunda meditación, a la extraordinaria experiencia de conversar con Dios.

Sus obras se publicaron en 1618, bastante después de su muerte, con el título de *Obras espirituales*. Constan, fundamentalmente, de tres poemas en sus correspondientes GLOSAS o meditaciones en prosa: *Subida del Monte Carmelo, Noche oscura del alma, Llama de amor viva*. La forma métrica usada en sus poemas es la graciosa y delicada lira, utilizada, también magistralmente, de tres poemas y sus correspondientes glosas o medisus composiciones es la unión del alma con Dios, unión simbolizada poéticamente, inspirándose en el *Cantar de los Cantares*, por la unión de la esposa y del amado. La aspiración mística nunca ha sido tan hábil y bellamente expresada como lo fue por San Juan de la Cruz en inefables versos; no es necesario comulgar con una determinada confesión religiosa, ni defender una actitud teológica concreta, para estar de acuerdo en considerar la poesía de San Juan de la Cruz como una poesía de delicado erotismo en la cual el ideal místico alcanza la cima de la expresión literaria. San Juan de la Cruz es el más grande, inspirado y artista de los tres mil escritores ascéticos y místicos con que cuenta la literatura española.

No podemos pasar adelante sin mencionar un famoso soneto ascético de fecha y autor desconocidos, el "Soneto a Cristo Crucificado," bellísima expresión poética de la que se ha llamado «intoxicación divina».

Fray Luis de Granada, cuyo nombre de pila era Luis de Sarria (1504-1588), puso a disposición del público español iletrado versiones castellanas de las obras de Cicerón y San Agustín. También tradujo la *Imitación de Cristo*, de Tomás de Kempis. Tuvo en sus días extraordinaria fama como predicador y moralista, siendo muy popular su famosa *Guía de pecadores*, que muestra al hombre el camino que conduce a la virtud. Otra obra piadosa de Fray Luis de Granada es la *Introducción al Símbolo de la Fe* (1582), donde se enseña al cristiano la manera de comprender la Fe católica romana, partiendo de su naturaleza pecadora y mundanal.

Son legión los escritores ascéticos y místicos españoles; pero ninguno voló tan alto como Santa Teresa, San Juan de la Cruz o Fray

Luis de León (véase POESÍA LÍRICA). **Fray Pedro Malón de Chaide** es autor, en 1588, del *Libro de la conversión de la Magdalena*, obra interesante porque, además del estudio erudito y moral del tema de la Magdalena, contiene bastantes versiones y paráfrasis del *libro de los Salmos*. Fue esta obra una de las más estimadas en su época. **Fray Juan de los Ángeles**, altísimo poeta en prosa, escribió los *Triunfos del amor de Dios* (1590); **Alonso de Orozco** (1500-1591) publicó la *Hystoria de la Reina de Sabá* (1565); y **Diego de Estella** (1524-1578), fraile navarro, dio a la estampa su *Tratado de la vida de San Juan*.

LA NOVELA

Fernando de Rojas y la *Celestina*

En 1499 apareció editada en Burgos la *Comedia de Calisto y Melibea*, obra en dieciséis actos; se reimprimió en 1500-1501; y en Sevilla, en 1502, se publica una nueva edición, pero ahora con veintiún actos en vez de los dieciséis originales, y con el siguiente título: *Tragicomedia de Calisto y Melibea*. ¿A qué género pertenece la *Celestina*, al teatro o a la novela? Aunque el propio autor nos diga que la obra se escribió para la lectura—y no puede haber mucha duda sobre ello, ya que su extensión enorme haría imposible su

Primera página de *La Celestina*

representación, aunque se tratase de una de las primeras versiones que constaban solamente de 16 actos—no es menos cierto que fue concebida como una pieza dramática, llenándolo todo la acción y el diálogo, sin dejar casi lugar a la parte narrativa o expositiva; y aún el título de *Comedia*, la incluye dentro de uno de los tipos clásicos del género teatral, habiendo sido llevada muchas veces al escenario con gran éxito después de haber sido debidamente acortada. Menéndez Pelayo la calificó como *obra dramática*, pero después la incluyó en sus *Orígenes de la novela*. En la *Historia de la literatura española e hispanoamericana* Diez-Echarri y Roca Franquesa dicen refiriéndose a esta inclusión: "La *Celestina* trasciende su influencia desde el teatro a los otros géneros, de modo que en una historia de nuestra novela es imposible prescindir de ella." Gracias a unos versos acrósticos sabemos que el autor es Fernando de Rojas. Este personaje, de cuya vida sabemos desgraciadamente muy poco, tenía ascendencia judía, y, siendo bachiller en leyes, ejerció como abogado en la ciudad de Talavera de la Reina, cerca de Toledo, llegando a ser, durante corto tiempo, Alcalde mayor de la misma ciudad. No conocemos ni la fecha de su nacimiento ni la de su muerte; se han propuesto las de 1475 y 1537. En la introducción a su gran obra, aparece una "carta del autor a un su amigo" en la que asegura que la obra primeramente constaba sólo del primer acto (por cierto mucho más extenso que los demás), pero que aprovechando unos "quince días de vacaciones" le añadió los otros quince. De la edición sevillana de 1502 se deduce que el autor intercaló cinco nuevos actos entre el XIV y el XV de las impresiones anteriores, por lo que el XV pasó a ser el XX, y el XVI se convirtió en el XXI y último. Durante mucho tiempo se ha discutido sobre el verdadero autor de la *Tragicomedia*. El gran crítico Menéndez Pidal piensa que el autor del primer acto es distinto del que añadió los demás, que sí podría ser Fernando de Rojas, quizá con algún colaborador. Pero otros eruditos creen que Rojas es el autor de todos los veintiún actos. El problema no se ha resuelto de manera definitiva; está en tela de juicio todavía.

Prescindiendo de estas discusiones, podemos afirmar que es una gran suerte poseer y conocer esta obra genial, conocida desde muy pronto por el nombre del tipo más vigorosamente trazado en ella, la Celestina. Tanto este personaje, Celestina, como todos los demás que intervienen en la fábula, dan fe de sí mismos y de sus actitudes vitales sólo por medio del diálogo, lo que constituye una importante característica de la técnica expresiva empleada por el autor. El argumento es sencillo; en líneas generales todavía más simple que el de Romeo y Julieta con el cual, por cierto, presenta muy sintomáticas coincidencias. El joven y galante Calisto conoce a la doncella Melibea, de familia más noble que la suya, al saltar las tapias del jardín donde la adolescente suele pasar sus ocios; Melibea, encantadora mujer, enamora de tal manera a Calisto que éste, desesperado, anhelante, deseoso de poseerla, recurre a los servicios de una vieja alcahueta, inteligente y astuta, de Celestina, que nos hace pensar en seguida en la Trotaconventos del *Libro de buen amor* y del *Corbacho*. Celestina logra con sus mañas vencer los escrúpulos de la inocente Melibea, y Calisto es recibido en secreto por su amada. Celestina, tan interesada y egoísta como ladina y habilidosa, riñe con sus dos cómplices, que son precisamente los criados de Calisto, por culpa del reparto de la recompensa entregada por el joven amante; los criados matan a Celestina, pero aprehendidos al escapar, son ejecutados por la Justicia. Calisto, bajando por la escala, después de una cita con Melibea, pone el pie en falso y se precipita al suelo, matándose. Para Melibea, la vida sin Calisto ya no tiene aliciente; desesperada, cuenta a su anciano padre todo lo que ha sucedido, y se precipita al abismo desde la alta torre de su casa. La obra termina con las lamentaciones, conmovedoras y lacerantes, del padre de Melibea: expresa en ellas su personal desesperación, pero también su protesta contra el mundo, contra la vida de su época, dominada por "el desorden y los prejuicios, y contra la fuerza y poderío crueles y despóticos de un amor ciego y loco."

¿Por qué muchos competentes críticos han considerado *La Celestina* como la más grande creación literaria española después del Quijote? Quizá por ser *La Celestina* el impresionante contraste entre dos aspectos tan distintos de la vida, el sublime y el rastrero, el idealista y el realista, podríamos decir también el celestial y el terreno. El amor de los aristócratas Calisto y Melibea, aunque sensual en el fondo, sin embargo es desinteresado por lo que respecta a las ventajas materiales, y tiene el valor de saltar por encima de toda conveniencia social. Es un amor intenso que se consume en sí mismo, y que desprecia todo convencionalismo. El desenlace de la aventura es el desgraciado accidente, ocasionado por la falta de prevención de Calisto; la aventura termina en tragedia. Y ahora, ¿cómo debemos interpretar la confesión del autor, en la que nos dice que su obra fue "compuesta en reprehensión de los locos enamorados, que vencidos en su desordenado apetito, a sus amigas llaman y dicen ser su Dios," y también "en aviso de los engaños de las alcahuetas y malos y lisonjeros sirvientes?" La obra es mucho más que una simple y tópica homilía.

El autor, con mentalidad medio renacentista medio cristiano-medieval, nos presenta los dos mundos que están delante de sus ojos: el ambiente aristocrático donde se desarrolla la vida de Calisto, de Melibea y de sus familias, y las esferas plebeyas donde reina y pontífica Celestina, "una puta vieja alcoholada." Los enamorados son incapaces de bajos pensamientos, incapaces de buscar ninguna ventaja material, y viven solamente para su absorbente, ciego y recíproco amor. Celestina y sus secuaces son incapaces de amar desinteresadamente, pero tienen un buen caudal de sentido práctico. Celestina, observadora y llena de experiencia, sabe muy bien cómo echar leña al fuego de las pasiones de todos, en beneficio suyo. Ella nos explica que la buena alcahueta no debe buscar a sus clientes, sino que, por el contrario, debe esperar a que los que necesitan de ella vengan a solicitar sus servicios, ella no aspira a otra cosa que a ganarse "honradamente" la vida. Pero su codicia y la violencia de los criados de Calisto van a causar la muerte de los tres.

Rojas nos presenta los dos mundos tan distintos, el idealista y el materialista, no separadamente, sino en íntimo contacto, con influencias recíprocas inevitables. Los elementos realistas de *La Celestina* son un antecedente de ciertos aspectos de la novela picaresca, mientras que la faceta idealista se desarrollará hasta convertirse en la novela galante de los siglos XVII y XVIII; y ambos componentes, el idealista y el realista, constituirán el núcleo de la comedia española, y aparecerán en la maravillosa dualidad o antinomia representada por *El Quijote*.

El tipo más vigorosamente dibujado es el de la propia Celestina, pero todos los demás personajes de la *Tragicomedia*, los altos y los bajos, ofrecen unos caracteres cuidadosamente analizados y muy artísticamente descritos.

El lenguaje de los aristócratas y de los plebeyos está maravillosamente reproducido; los primeros se expresan de una manera que deja traslucir su educación humanista, manifestada en abundantes citas clásicas; y, a menudo, su lenguaje es altamente florido y retórico. Los personajes populares emplean un lenguaJe desgarrado y procaz que les viene al pelo, y que, por cierto, quizá sea algo menos basto y crudo que el lenguaje que los lectores de nuestra época tienen que soportar en ciertas novelas contemporáneas. El estilo de *La Celestina* es pintoresco y picante, pero sin lascivia. El gran humanista Juan de Valdés, dijo de esta obra: "Ningún libro se ha escrito en castellano que tenga un lenguaje tan natural, tan apropiado, tan elegante."

La Celestina fue el primer libro castellano traducido al inglés. Relativamente pronto se tradujo también a muchas de las lenguas europeas.

Los libros de caballerías

En 1508 apareció la primera edición impresa del *Amadís de Gaula*, obra que hacía más de dos siglos que se conocía en la península. Parece ser que Garci Rodríguez de Montalvo corrigió y aumentó el texto antiguo, que él llamó "Antiguos originales," y luego agregó, por su cuenta, un cuarto libro, continuación de los tres anteriores. El *Amadís de Gaula* se basa principalmente en las leyendas sobre el Rey Artús o Arturo. La leyenda de Amadís alcanzó gran popularidad gracias a la versión de Garci Rodríguez de Montalvo, y esta obra fue, desde luego, la más importante y la más leída de todos los libros de caballerías. El romántico origen de Amadís, la vaga y misteriosa geografía donde Amadís lleva a cabo sus hazañas, el amor caballeresco entre el héroe y la heroína, su amada Oriana, "la Señora Oriana," el invencible valor de Amadís, así como su mítica fortaleza y su pureza de corazón, hicieron del Amadís de Gaula una especie de prototipo del libro que tenía que leer todo el que quisiera aprender los modales, las costumbres y la conducta de los nobles caballeros. Amadís era el caballero perfecto, el enamorado perfecto. Por eso, el Amadís fue el modelo de todos los libros de caballerías que le siguieron, que fueron legión. El *Amadís* fue conocido y leído por todas las clases sociales.

Las sergas de Esplandián, libro aparecido en 1510, fue una especie de continuación del Amadís, y se debió también a la imaginación de Garci Rodríguez de Montalvo. Narra las «sergas» (palabra misteriosa en su origen que significa 'hazañas') de Esplandián, hijo de Amadís y de Oriana, y durante el siglo XVI conmovía y apasionaba a los lectores, aunque para nosotros, hombres del siglo XX, el relato nos parezca monótono y tedioso, por la similitud de las distintas y repetidas aventuras. El ciclo de Amadís llegó a constar de un total de veintitrés libros,

Pero, además de este ciclo, hubo otros varios, y algunos libros de Caballerías independientes que no pertenecían a ningún ciclo. Los libros de caballerías ofrecían a los lectores del siglo XVI entretenimiento para toda su vida, por lo que fueron durante esta época extraordinariamente populares. Pero bastante antes del 1600, su popularidad había comenzado a disminuir, y pronto el ambiente estaría a punto de arremeter con sátiras contra los libros de caballerías. Fue la ocasión aprovechada por Cervantes en 1605.

La novela sentimental

El éxito de la novela sentimental continuó después de los tiempos de Diego de San Pedro y de Juan de Flores (véase NOVELA SENTIMENTAL EN EL SIGLO XV).

La Cuestión de amor (1513) es una NOVELA SENTIMENTAL con ribetes psicológicos. Es una "novela clave" y algunos de sus personajes han podido ser identificados. Es una descripción de la vida cortesana de Nápoles, los verdaderos nombres de los personajes han sido sustituidos por seudónimos. Escrita parte en prosa y parte en verso, esta obra tiene más valor como documento de época que como creación literaria.

Juan de Segura es autor de la novela sentimental Proceso de cartas de amores que entre dos amantes pasaron (1548); considerada como la primera novela europea escrita, íntegramente, en forma epistolar. Su estilo es elevado y el asunto sentimentaloide y triste.

Jerónimo de Contreras publicó en 1565, su Selva de aventuras que tuvo un gran éxito. Más original que otras obras de su tiempo, es el relato de las aventuras de dos amantes que terminaron sus días haciendo vida conventual.

OBRAS DIDÁCTICAS

Diego Girón (muerto en 1590), fue un notable humanista que tradujo las *Fábulas de Esopo*. Sus poesías castellanas imitan a las de Virgilio, Séneca y Valerio Flaco, es admirable su versión del *Beatus Ille* de Horacio.

Juan de Mal Lara (1525?-1571), famoso humanista sevillano, coleccionaba proverbios y los cuentos relacionados con ellos; publicó luego el resultado de sus compilaciones en una extraña obra llamada *Philosophia vulgar* (1568). El libro estaba inspirado en los *Adagia* de Erasmo, cuya influencia en España fue grande. Debemos considerar a Mal Lara no sólo como humanista sino también como uno de los primeros etnógrafos e investigadores del folklore en España.

Fray Antonio de Guevara (1480-1545) fue uno de los más populares escritores de todo el siglo XVI. Perteneciente a la orden franciscana, llegó a ser obispo. Su *Reloj de príncipes con el Libro de Marco Aurelio* (publicado en 1529), es una combinación de dos libros. Aunque casi enteramente imaginario, este libro se basa en la vida del Emperador Marco Aurelio, e intenta demostrar que este emperador romano fue el prototipo de príncipe cristiano. Esta obra influyó en escritores fuera de España, y se tradujo al francés y al inglés, teniendo mucho éxito. Otra obra de Guevara, *Menosprecio de corte y alabanza de aldea* (1539), es una apología de la vida del campo frente a la compleja y antinatural vida de la ciudad. Sus *Décadas* (1539), obra muy conocida, nos dan la biografía de diez emperadores romanos. La elegancia del estilo de Guevara pemite que todavía hoy podamos disfrutar leyendo sus obras y sus cartas.

La Edad de Oro

POESÍA LÍRICA

La escuela salmantina:

Fray Luis de León (1527-1591)

Pedro Malón de Chaide (1530?-1589)

Benito Arias Montano (1527-1598)

«El Brocense» (1523-1600)

Francisco de la Torre (1534?-1594?)

Francisco de Medrano (1545?-1615?)

Otros poetas líricos:

Lupercio L. de Argensola (1559-1613)

Bartolomé L. de Argensola (1562-1631)

El Príncipe de Esquilache (1577-1658)

Esteban Manuel de Villegas (1589-1669)

TEATRO

Juan de la Cueva (1543-1610)

Rey de Artieda (1549-1613)

Lope de Vega Carpio (1562-1635)

Gabriel Téllez «Tirso de Molina» (1584?-1648)

Ruiz de Alarcón (1581?-1639)

Mira de Amescua (1574?-1644)

Vélez de Guevara (1579-1644)

Quiñones de Benavente (muerto en 1652)

Pérez de Montalbán (1602-1638)

Rojas Zorrilla (1607-1648)

Guillén de Castro (1569-1631)

Agustín Moreto (1618-1669)

Pedro Calderón de la Barca (1600-1681)

HISTORIA

Jerónimo Zurita (1512-1580)

Ambrosio de Morales (1513-1591)

Florián de Ocampo (1495?-1558)

Cronistas de Indias:

Bartolomé de las Casas (1474-1566)

El Inca Garcilaso (1540-1615)

Historia de España:

Padre Juan de Mariana (1535?-1624)

OBRAS EN PROSA

Literatura didáctica:

Don Francisco de Quevedo (1580-1645)

Diego de Saavedra Fajardo (1584-1648)

Sebastián de Covarrubias (muerto en 1613)

La Edad de Oro

POESÍA LÍRICA

Culteranismo/conceptismo:
Luis de Góngora y Argote (1561-1627)
Pedro Espinosa (1578-1650)
Salvador Jacinto Polo de Medina (1603-1676?)
Juan de Tassis y Peralta (1582-1622)
Francisco Trillo de Figueroa (muerto hacia 1660)
Fray Hortensio Félix Paravicino (1580-1633)
Alonso Ledesma (1562-1623)
F. de Quevedo (1580-1645)

La escuela sevillana:
Fernando de Herrera (1534-1597)
Baltasar del Alcázar (1530-1606)
Juan de Arguijo (1564-1628)
Juan de Jáuregui (1583-1641)
Rodrigo Caro (1573-1647)
Francisco de Rioja (1583-1659)

POESÍA NARRATIVA

Alonso Hernández
Luis Zapata (1526-1595)
Luis Barahona de Soto (1548-1595)
Juan Rufo (1547?-1620)
Cristóbal de Virués
Alonso de Ercilla y Zúñiga (1533-1594)
Pedro de Oña (1570?-1643)
Romances

LA NOVELA

Novela Pastoril:
Jorge de Montemayor (1520?-1561)
Gaspar Gil Polo (muerto en 1591)
Luis Gálvez de Montalvo (1546?-1591?)

Novela morisca:
El Abencerraje

Novela picaresca:
Lazarillo de Tormes (1554)
Francisco Delicado
Mateo Alemán (1547-1614?)
Francisco López de Úbeda (muerto en 1596)
Don Francisco de Quevedo (1580-1645)
Luis Vélez de Guevara (1579-1644)
Alonso Jerónimo de Salas Barbadillo (1580-1635)
Alonso de Castillo Solórzano (1584-1648?)

CERVANTES

La Galatea (1585)
Don Quijote I (1605), II (1615)
Novelas ejemplares (1613)
Viaje del Parnaso (1614)
Ocho comedias y entremeses (1615)

Novela bizantina:
Los trabajos de Persiles y Sigismunda (1617)

7

La edad de oro

Reinados de: Felipe II (1558-1598); Felipe III (1598-1621); Felipe IV (1621-1665); Carlos II (1665-1700).

A FRUCTÍFERA INSPIRACIÓN del renacimiento italiano había obrado beneficiosamente en España desde finales del siglo XV, pero España nunca ha aceptado ni ciega ni servilmente nada de lo que procede de fuera; generalmente, lo que ha ocurrido ha sido la españolización de lo de fuera. El exuberante florecimiento de la literatura y de las demás artes en la España de la edad de oro se explica, sólo, porque el genio hispánico había ya logrado absorber, asimilar y españolizar los elementos foráneos, sobre todo los procedentes de Italia.

Este proceso se manifiesta de una manera muy clara en la poesía lírica. Boscán y Garcilaso habíanse dedicado entusiasta y casi exclusivamente a seguir la moda italiana, despreciando las fórmulas españolas tradicionales. Pero sus sucesores lograrían fundir lo viejo y lo nuevo. Al examinar la cultura y el modo de vida españoles durante los siglos XVI y XVII, el observador queda siempre sorprendido por la pervivencia y utilización, a pesar del renacimiento, de abundantes elementos medievales. Lo que decimos se puede ver muy bien en la lírica, en el *Quijote*, en la comedia, y en todas las demás manifestaciones literarias y culturales.

Durante la primera época del renacimiento español, la literatura castellana presenta, por lo general, un estilo simple y sencillo. Pero, con el transcurso del tiempo, se puede observar la tendencia, cada vez mayor, a aumentar la ornamentación, a escribir de una manera complicada y difícil, es decir, la tendencia a lo que se ha llamado estilo barroco. Las más típicas manifestaciones del BARROCO español son el CONCEPTISMO y el GONGORISMO.

Es conveniente, aunque no responde enteramente a la realidad, hablar de la existencia, a partir de mediados del siglo XVI, de dos escuelas poéticas españolas, de la escuela SALMANTINA (o castellana) y de la escuela SEVILLANA (o andaluza).

Estas denominaciones no hay que tomarlas en sentido estricto, pues a una y otra escuela pertenecieron poetas de todas las regiones españolas, y otros poetas presentan las características de alguna de las dos tendencias en mayor o menor grado. Los poetas de la escuela salmantina conceden mayor importancia al contenido que a la forma, sin descuidar ésta, y buscan la pureza de los clásicos, escribiendo con sobriedad pero siempre con un gran aliento lírico, más intenso cuanto más sencilla es la fórmula expresiva.

La escuela castellana (Salamanca)

Fray Luis de León (1527-1591) es el más famoso representante de esta escuela. De origen judío, ingresó en la Orden de San Agustín y profesó a los diecisiete años. Estudió con grandes maestros y llegó a ser catedrático de la Universidad de Salamanca, donde explicó teología y sagrada escritura. Fue acusado de preferir el texto hebreo de la Biblia al de la Vulgata, por lo que fue sometido a proceso y encarcelado por la inquisición. Estuvo cuatro años en prisión (1572-1576), saliendo absuelto, y fue recibido triunfalmente a su regreso a Salamanca. Escribió mucho más en prosa (traducciones, obras teológicas, *Los nombres de Cristo*, *La perfecta casada*) que en verso, pero, sin embargo, su poesía es lo que más fama le ha dado; muchos críticos le consideran el más grande poeta lírico español de todos los tiempos. Bastantes de sus poemas son bellas y claras versiones de los poemas bíblicos (entre ellas la traducción en liras del libro I de los *Salmos*) o de los grandes poetas clásicos, principalmente de Horacio, cuyos poemas tradujo Fray Luis al castellano en bellos y delicados versos. Ha sido llamado, con razón, el «Horacio cristiano». Fray Luis logró fusionar armónicamente el elemento hebraico-cristiano y el elemento clásico-pagano. Sus más famosas y más líricas composiciones están escritas en liras, fórmula métrica fijada por Garcilaso. Las más conseguidas odas de Fray Luis son: *A Francisco Salinas* (músico famoso, compañero suyo en la universidad salmantina), *Noche serena* (anhelo de convertir lo terreno en lo celestial), *A Felipe Ruiz* (aspiración del hombre a la belleza celestial y al conocimiento universal), *Vida Retirada* (el tópico horaciano de las ventajas de la tranquila vida del campo lejos de los negocios y la agitada vida de la ciudad). La poesía de Fray Luis es simple, sencilla, pero de extraordinaria y precisa expresividad; es una poesía que contiene sólo nobles pensamientos, y es hija de una portentosa inspiración.

Otros poetas españoles de la segunda mitad del XVI cultivaron los temas horacianos o fueron influidos grandemente por el sobrio estilo de Horacio, mostrando en sus poemas una clara preferencia por la simplicidad y la naturalidad, y un gran desprecio de toda manera y de todo procedimiento artificiosos, rebuscados; estos poetas siguen, en líneas generales, la conducta estilística marcada por Fray Luis; deben ser mencionados, entre ellos: **Pedro Malón de Chaide** (1530-1589), **Benito Arias Montano** (1527-1598), **Francisco Sánchez «El Brocense»** (1523-1600), **Francisco de la Torre** (1534?-1594?), de quien muy poco sabemos, pero cuyos delicados y elegantes versos sí han llegado hasta nosotros (gracias a Quevedo, que los editó), y **Francisco de Medrano** (1545?-1615?)

La escuela andaluza (Sevilla, Córdoba)

En la poesía de Herrera se puede observar claramente la tendencia a un mayor retoricismo y a emplear cada vez más cantidad de procedimientos ornamentales del estilo, es decir, descubrimos la marcha hacia el estilo barroco. Este movimiento no es exclusivo de España; en toda Europa sucede el mismo fenómeno, que se concreta en manifestaciones particulares de cada país, como son el eufuismo en Inglaterra, el marinismo en Italia, el preciosismo en Francia y el *Schwulst* en Alemania. En España, el Barroco presenta dos direcciones, convergentes a veces, divergentes otras, pero siempre barrocas, y en el fondo idénticas: CONCEPTISMO y CULTERANISMO (o GONGORISMO). Aquellos que se oponen a toda clase de primor y de perfección en el arte, harán bien en recordar que los artistas de la última época del renacimiento, lo que pretendían no era la exageración sino el enriquecimiento formal, es decir, una superación de los procedimientos expresivos tradicionales y tópicos; había, para ello, que decorar las superficies lisas, que romper o curvar las rectas, que ondular y hasta retorcer, contorsionándolas, todas las líneas.

Teóricamente, el conceptismo se refiere al pensamiento; el CONCEPTO pretende ser una metáfora detonante, sorprendente, una idea que conmueva por su originalidad, también, con frecuencia, un juego de palabras, un estimulante escarceo mental. Los conceptistas utilizan toda clase de figuras retóricas: la antítesis, el paralelismo, el OXÍMORON (o combinaciones paradójicas, como "hielo ardiente," "cadáver vivient:"), el QUIASMO (inversión del segundo miembro de dos afirmaciones paralelas). Todo el mundo reconoce que las metáforas contribuyen al enriquecimiento de la poesía, pero las figuras empleadas por los conceptistas resultan, a veces, muy forzadas y artificiosas, de tal manera que un uso excesivo de ellas conduce fácilmente al amaneramiento, al MANIERISMO.

Un genio de la poesía, como Quevedo, señor de la prosa y del verso, podía permitirse ciertos lujos que en él producían admirables efectos, pero sus seguidores e imitadores, menos favorecidos por la inspiración, se exponían inevitablemente a descarriarse, a caer en la desorbitación, como efectivamente iba a sucederles.

Los cultistas, culteranos, es decir, los gongoristas, intentaban enriquecer sus obras utilizando bellas palabras, la mayor parte de ellas tomadas del latín, y haciendo uso de toda suerte de alusiones históricas y mitológicas, al mismo tiempo que la construcción sintáctica remedaba la construcción latina, y que su retórica se basaba en el empleo de las más adornadas y complicadas comparaciones, la mayor parte de ellas verdaderas metáforas. Los gongoristas, utilizando todos estos recursos expresivos, lograron efectos de sorprendente belleza, pero su poesía resultaba demasiado exquisita, apta solamente para los iniciados, para una minoría de personas de gran cultura, de formación semejante a la de los propios autores. Quizá sea vana tarea la del intentar distinguir rígidamente entre el conceptismo y el culteranismo, porque realmente ambas tendencias, como antes dijimos, son paralelas, y la mayor parte de los autores cultos de la España del XVII participaron de las características de ambas escuelas. Aun los escritores que más presumían de sencillez, naturalidad y falta de afectación, muestran en sus obras, inequívocamente, la influencia ejercida sobre ellos por el culteranismo y el conceptismo. Hay que decir, en honor de los cultistas, que gracias a ellos la lengua castellana se enriqueció con innumerables palabras, que entonces fueron consideradas como extraños y pedantes neologismos, pero que hoy forman parte del patrimonio de todos los hablantes, habiendo pasado a ser palabras de uso corriente en la lengua culta, y, con frecuencia, también en la lengua coloquial.

Escuela sevillana

Fernando de Herrera (1534-1597), de origen hidalgo, abrazó el sacerdocio secular; es uno de los varios poetas españoles que llevan el remoquete de «el divino». Es el más representativo de los poetas de la escuela sevillana, caracterizándose su poesía por la rica y vigorosa imaginación que en ella resplandece. Herrera no concebía la poesía más que como la expresión de nobles y elevados temas y pensamientos, arropados por una envoltura formal adecuada a sus características. Para poder llevar a la práctica su concepción poética, Herrera se empapó en los poetas clásicos y de la literatura bíblica; así pudo reemplazar, en sus composiciones, las palabras vulgares por vocablos inspirados en el griego o en el latín; sus poemas están llenos de arcaísmos y de neologismos, y ciertas figuras retóricas, como, por ejemplo, la metáfora y la inversión o quiasmo, no faltan nunca en sus composiciones. El ansia innovadora de Herrera le llevó a inventar un nuevo sistema ortográfico, y, no contento con haber llevado a la práctica su concepción poética, se decidió a elaborar sus teorías e ideas, a componer su preceptiva poética, lo que hizo y publicó en forma de notas a su famosa edición de las obras de Garcilaso (1580).

La poesía amorosa de Herrera es totalmente artificiosa y convencional, pero, en cambio, es uno de los más grandes poetas patrióticos españoles; su poesía heroica, panegírica y patriótica es vibrante, arrebatadora; está llena de inspiración y de fuerza. Su *Canción a la victoria de Lepanto* (1572) es un claro exponente de lo que acabamos de decir; los versos se suceden sin descanso, como un vigoroso redoble de tambor. Al lado de esta composición destaca, también, como una de las más logradas y famosas composiciones de Herrera, la oda *Por la pérdida del Rey Don Sebastián*.

A Herrera debe la poesía española muchos de sus elementos musicales, mucho de su riqueza, de su color, de su caudal de imágenes. Herrera dio también a la poesía española un rico vocabulario, un lenguaje específicamente poético, y una vibrante grandilocuencia. Debe ser considerado como el precursor del culteranismo y hasta del gongorismo.

A la escuela poética sevillana pertenece también **Baltasar del Alcázar** (1530-1606), natural de la misma Sevilla, fue un poeta de tendencias epicúreas como epicúrea fue también su concepción de la vida; algunas de sus composiciones son demasiado sutiles y artificiosas pero la mayor parte se nos muestran sencillas y espontáneas. Alcázar debe la fama a sus composiciones festivas entre las cuales la más conocida es la *Cena jocosa*: se trata del monólogo de un caballero, monólogo que no se termina nunca pues, a cuenta de la cena, el caballero habla y habla de las comidas, de las bebidas, de las costumbres, mientras que su compañera Inés le escucha asombrada, sin intervenir, esperando que relate lo que había prometido (una anécdota referente a un tal Don Lope de Sosa, de Jaén) al comenzar el monólogo y la cena; pero la cena termina y el caballero no cuenta la anécdota, aunque promete referirla al día siguiente.

Juan de Arguijo (1564-1628), sevillano, se hizo famoso por la corrección de sus sonetos, casi todos de tema clásico. **Juan de Jáuregui** (1583-1641), también natural de Sevilla, poeta y pintor, fue en un principio enemigo de los culteranos y gongoristas, llegando a escribir un *Antídoto contra las Soledades*. En los últimos años, sin embargo, se acerca mucho en sus composiciones a la manera de Góngora. **Rodrigo Caro** (1573-1647), de Utrera (Sevilla) fue arqueólogo y poeta, autor de estimables poesías latinas. También son meritorios sus sonetos castellanos, pero la obra que le ha dado fama es su conocida *Canción a las ruinas de Itálica*, correcta en la forma e interesante por su carácter nostálgico. **Francisco de Rioja** (1583-1659), asimismo de Sevilla, compuso una serie de inspirados poemas en un estilo elevado y al mismo tiempo muy natural y expresivo; sus composiciones más conocidas son las que dedicó a las flores, sobre todo la *Silva a la rosa*.

Otros poetas líricos

Tiene cierto interés la que se puede llamar ESCUELA ARAGONESA. Los iniciadores de este grupo son los hermanos Argensola. El mayor, **Lupercio Leonardo de Argensola** (1559-1613) ocupó importantes cargos; el menor, Bartolomé Leonardo de Argensola (1562-1631), ordenado sacerdote, también estuvo al servicio del rey y de la nobleza; ambos están considerados como grandes poetas de forma e inspiración clásicas, y fueron contrarios a las modas culteranistas.

Don Francisco de Borja, Príncipe de Esquilache (1577?-1658) nieto de San Francisco de Borja, Virrey del Perú e importante personaje de la Corte española es un alto poeta ajeno a las modas cultistas de su época.

El más interesante poeta de la escuela aragonesa fue **Esteban Manuel de Villegas** (1589-1669) cuya más importante obra son las *Eróticas*, escritas, según él, cuando sólo tenía 14 años, y retocadas a los veinte. Las composiciones contenidas en esta obra son, por lo general, sencillas y llenas de gracia. Algunos de sus poemas muestran ya la influencia gongorina.

El culteranismo

La tendencia iniciada por Herrera iba a culminar con la figura extraordinaria y genial de **Don Luis de Góngora y Argote** (1561-1627) llamado «el cisne cordobés». Aunque gongorismo es sinónimo del más desorbitado culteranismo, la verdad es que Góngora al lado de los poemas típicamente cultistas y complicados compuso una gran cantidad de canciones, romances y letrillas en el estilo más tradicional y popular. Góngora tenía una extraordinaria habilidad para escribir romances; la antigua fórmula del romance se hace en él más delicada, y más refinada y expresiva, sin perder su carácter tradicional; sus romances son auténticos romances artísticos (así se llaman los ROMANCES ARTIFICIOSOS de autor conocido) que todavía hoy nos conmueven, y resultan una delicia para el lector a causa de su aliento verdaderamente lírico, de su encanto, y de su pulida y expresiva técnica. Góngora no improvisa nunca, ni en sus poemas culteranos dedicados a una selecta minoría, ni en sus composiciones tradicionales aptas para toda clase de lectores. Son conocidísimas las composiciones de Góngora que presentan la forma de VILLANCICOS, LETRILLAS y DÉCIMAS, y muy famosos, también, gran parte de sus sonetos, verdaderas joyas de la poesía española aunque algunos, sobre todo los satíricos y burlescos, sean bastante artificiosos. No dudó nunca Góngora en atacar mordazmente a sus enemigos, como Lope de Vega y Quevedo, que le correspondieron en la misma moneda.

Hasta en las composiciones cortas de Góngora encontramos. con cierta frecuencia, dificultades, o pasajes oscuros, de difícil interpretación; pero donde hay verdadera complicación es en sus obras mayores, cuyos enigmas fueron la causa de que Góngora fuera llamado, ya en su tiempo, «el ángel de las tinieblas»; en contraste con este último Góngora, el Góngora de los primeros tiempos, el de las composiciones cortas de carácter tradicional parecía muy claro, y por eso se le denominó «el ángel de la luz». Ahora bien, no es cierto que Góngora fuera primero claro, y luego su poesía se hiciera difícil y oscura; siempre fue claro y difícil, al mismo tiempo; lo que sí responde a la verdad es la afirmación de la dificultad de sus grandes poemas, de cualquier fecha. Pero en toda la obra de Góngora descubrimos el esfuerzo por lograr la belleza poética utilizando procedimientos nuevos, inéditos, que rompen con los moldes establecidos, que eluden y evitan lo manido y lo tópico. El lector de Góngora, si quiere entender la *Oda a la toma de Larache* (1610), la *Fábula de Polifemo y Galatea* (1612) y sus inacabadas *Soledades* (1613) necesita hacer un penoso esfuerzo y también, quizá, poseer una capacidad de intuición poética y de sensibilidad barroca superior a la común entre los mortales. En estas obras el elemento narrativo está completamente encubierto por la masa ingente de la ornamentación, pero esta decoración es realmente brillante y espléndida. La abundancia del ornato y de las figuras decorativas nos recuerdan el mihrab de la mezquita cordobesa (hoy la catedral), algo muy distinto de la sencillez de una iglesia de Nueva Inglaterra, por ejemplo. Se puede no estar de acuerdo con los métodos expresivos de la poesía de Góngora, pero muy pocos serán, si hay alguno, los que se atrevan a negar al poeta cordobés la posesión de una extraordinaria capacidad poética; Góngora es un auténtico genio de la poesía.

En los últimos tiempos del siglo XVI, y a lo largo del XVII, España produjo muchísimos poetas; pues bien, pocos de ellos escaparon al influjo de las corrientes dominantes, el culteranismo y el conceptismo, sobre todo a la férula del gongorismo. **Lope de Vega,** por ejemplo, enemigo personal de Góngora, apologista de la poesía llana, de la cual se consideraba representante, se nos muestra, sin embargo, como un verdadero culteranista en muchas ocasiones, y en otras descubre una soterrada pero patente faceta conceptista; hay muchos pasajes en la obra de Lope, gran lírico ante todo, extraordinariamente bellos y al mismo tiempo nada sencillos, nada fáciles. Para la mayor parte de los críticos y del vulgo, Lope es un dramaturgo de sorprendente capacidad de trabajo, de extraordinaria fertilidad y de gigantesca inspiración; pero al lado del Lope dramaturgo hay un Lope poeta, un Lope lírico, no menos importante; sus composiciones líricas son muy numerosas, reflejan un hondo sentimiento y están expresadas en una manera delicada y sugestiva. La fama habría reservado un sitio de honor para Lope aunque no hubiera escrito una sola comedia; a Lope le bastaría con presentar sus credenciales líricas repletas de espontaneidad y de sinceridad. Bellos pasajes líricos se encuentran también en sus obras en prosa, p. e: en su novela pastoril *La Arcadia* (1598), en la composición religiosa *Los pastores de Belén* y en la narración autobiográfica *La Dorotea*. Menos interesantes para los lectores actuales son otros poemas suyos de gran extensión, como los épicos, los burlescos, los religiosos y los de carácter didáctico e histórico.

Pedro Espinosa (1578-1650), natural de Antequera (Málaga), fue enemigo de los culteranistas en sus años mozos, y hasta compuso poesías en las que se satirizaba la moda gongorina; pero más tarde sufrió la inevitable influencia de la corriente triunfadora, y adoptó un estilo muy elaborado y artificioso, de carácter cultista. Espinosa es conocido, más que nada, como antologista: sus *Flores de poetas ilustres de España* (1605) son una selección de poemas de autores contemporáneos, entre los que se incluye él mismo.

Don Juan de Tassis y Peralta, segundo Conde de Villamediana (1582-1622), famoso por sus gustos delicados, por su prodigalidad, y, sobre todo, por su mordaz lengua, se ha convertido casi en un personaje legendario, del que se han contado las más extrañas cosas. Desde luego, era un fértil y fácil poeta, seguidor de Góngora, y algunos de sus versos satíricos "dedicados" a contemporáneos suyos, todos personajes muy conocidos en la Corte, se hicieron famosos, corriendo de boca en boca, y han llegado hasta nuestros días. Dos veces fue desterrado de la Corte (Madrid), y, por fin, murió asesinado por sicarios a sueldo de algún enemigo suyo (se pensó en el propio Rey). A la muerte del Conde de Villamediana escribieron epitafios satíricos algunos coetáneos suyos, entre ellos Juan Ruiz de Alarcón.

Otro poeta gongorino, aunque teóricamente opuesto al genio cordobés, fue **Salvador Jacinto Polo de Medina** (1603-1676). Publicó en 1637 sus poemas festivos y satíricos bajo el título *El buen humor de las Musas*. **Francisco de Trillo y Figueroa** (muerto hacia 1660) fue un fiel seguidor de Góngora, y también escribió composiciones de carácter festivo así como poemas satíricos extraordinariamente mordaces.

El Conceptismo

Alonso de Ledesma (1562-1623), **Alonso de Bonilla y Miguel Toledano** están considerados como los iniciadores de la corriente conceptista; todos ellos escribieron poemas religiosos en los primeros tiempos del siglo XVII.

Don Francisco de Quevedo y Villegas (1580-1645) el más típico representante del conceptismo, escribió numerosas obras en prosa pero al mismo tiempo es uno de los más altos y más prolíficos poetas españoles. Las poesías de Quevedo se publicaron agrupadas bajo los nombres de cada una de las nueve musas, lo que significa que Quevedo cultivó todos los posibles géneros poéticos; pero Quevedo, como poeta, es particularmente admirable cuando utiliza la sátira, una sátira punzante, aguda, con la que ridiculiza a muchos de sus contemporáneos, o que, en otras ocasiones, le sirve para censurar acremente defectos nacionales y pecados comunes. La sátira de Quevedo es extraordinariamente incisiva. Quevedo, por otra parte, era un verdadero patriota, interesado por todas las cosas de su país, e intransigente con la injusticia y la inmoralidad; su indignación y su desprecio por el mal gobierno los expresó apasionadamente en el famoso memorial entregado a Felipe IV, y en la *Epístola satírica y censoria contra las costumbres presentes de los castellanos...*, dirigida al omnipotente privado de Felipe IV, el Conde-Duque de Olivares.

Poetas eclécticos

Los poemas del famoso "predicador del Rey y Rey de los predicadores" **Fray Hortensio Félix Paravicino** (1580-1633) presentan más carácter gongorino que aspecto conceptista, pero en el lector producen idénticos efectos. Hay una gran distancia entre Paravicino y la refinada sencillez de Fray Luis de León, muy superior como poeta al orador sagrado de Felipe IV.

POESÍA NARRATIVA

Era natural y esperado que los poetas españoles intentaran escribir grandes poemas épicos siguiendo el ejemplo de Homero, Virgilio, y Ariosto. El empeño era difícil, y sólo un poeta, Ercilla, logró en España alcanzar verdadero éxito. No se puede decir lo mismo de Portugal, cuya mayor gloria literaria es la epopeya de **Luis de Camões** (1524?-1580) *Os Lusíadas*. Es conveniente recordar que Camões escribió también gran cantidad de bellos poemas cortos en lengua castellana, siguiendo principalmente la dirección marcada por Boscán y Garcilaso de la Vega. También fue autor de cierto número de obras dramáticas asimismo redactadas en castellano.

Entre los poetas españoles que escribieron largos y ambiciosas composiciones épicas, deben ser mencionados **Alonso Hernández**, autor de la Historia Parthenopea (1516), narración poética de la vida y hazañas de Gonzalo Fernández de Córdoba, «el gran Capitán»; **Luis Zapata** (1526-1595) escribió la epopeya del Emperador Carlos con el título de *Carlo famoso*, obra más valiosa como documento histórico que como pieza literaria; **Luis Barahona de Soto** (1548-1595) compuso, imitando a Ariosto, las *Lágrimas de Angélica o Primera parte de la Angélica*, poema escrito al estilo de la épica italiana, que fue muy estimado por Cervantes; **Juan Rufo** (1547?- 1620) escribió *La Austríada* (1584) en honor de Don Juan de Austria, el vencedor de Lepanto; **Cristóbal de Virués** publicó en 1587 su *Montserrate* (reelaborado más tarde bajo el título de *Montserrate segundo*) sobre el tema de la fundación del famoso monasterio catalán de Montserrat.

Alonso de Ercilla y Zúñiga (1533-1594) es el autor de *La Araucana* que para la mayor parte de los críticos constituye la mejor epopeya española de los siglos de oro. *La Araucana* se publicó en tres partes (1569-78-89); la primera narra la conquista por los españoles de las tierras araucanas, en Chile, donde vivía un pueblo guerrero y valiente. La segunda y la tercera partes tratan de acontecimientos de la historia española desarrollados en Europa, como por ejemplo la batalla de Lepanto, y son menos interesantes, más flojas y con menos aliento poético que la parte primera.

Romances

El ROMANCE, que originalmente es una composición épico-narrativa corta, tiene una intención mucho menos ambiciosa que las epopeyas que acabamos de mencionar, pero, sin embargo, los romances continuaron siendo leídos y compilados, y siguieron apareciendo romances constantemente, en todas las épocas, hasta llegar a la actual. Han sido mencionados ya algunos autores cultivados que escribieron romances. Una gran cantidad de romances, precisamente de romances moriscos, encontramos en las *Guerras civiles de Granada*, de **Pérez de Hita,** obra que iba a tener una gran difusión y popularidad no solamente en España sino también en los demás países europeos. Unos sagaces editores compilaron a principios del XVII los romances más conocidos, y los publicaron con el título de *Romancero general*, cuya primera edición (1600) contenía más de 800 composiciones, y la de 1604, que consta de 13 partes, sobre 1.100 romances. A lo largo del siglo XVII aparecieron, publicadas, bastantes más compilaciones de romances.

LA NOVELA

La Novela pastoril

Al tiempo que declinaba la popularidad de los libros de caballerías crecía el interés de los españoles por la novela pastoril. Los temas bucólicos habían estado en boga en el Mundo Antiguo y los *Idilios sicilianos* de Teócrito (siglo III a. de C.) constituyen una de las grandes creaciones de la Literatura universal. También el gran Virgilio cultivó los temas pastoriles. En Italia tuvo mucha popularidad el *Ameto* de Boccaccio, que fue muy conocido por los escritores españoles del Renacimiento y por los de otros países europeos. *La Arcadia* (1502), de Jacobo Sannazaro, influyó grandemente en todos los escritores renacentistas interesados por los temas pastoriles. En España, ya a finales del XV, Juan del Encina había utilizado temas y ambientes pastoriles, y Garcilaso de la Vega contribuyó mucho con sus églogas a la moda de la literatura convencionalmente pastoril. *El Coloquio pastoril* de **Antonio de Torquemada** fue un anticipo de la literatura bucólica. Cervantes considera las composiciones pastoriles como "obras poéticas" fundándose en que todas ellas incluyen una gran cantidad de composiciones métricas.

Jorge de Montemayor (1520?-1561) es el auténtico responsable del impulso tomado en España por la novela pastoril; hacia 1559 acabó de componer su *Diana*, la más famosa de las obras de este género. Montemayor, poeta y músico, era portugués y había vivido en el bello marco rústico del río Mondego, en los alrededores de Coimbra. El argumento de la *Diana* es muy simple: el pastor Sireno pretende los favores de Diana, en los prados leoneses bañados por el Esla; pero Diana lo desdeña, prefiriendo a otro pastor, llamado Delio, con el cual se casa. El ambiente poético es típicamente bucólico; así, la naturaleza está vista sólo en sus mejores y más bellos aspectos, sin ninguna de sus desagradables realidades. Los caracteres correspondían a los de ciertos importantes personajes de la Corte, por lo que los lectores podían identificarlos fácilmente; se trata, por lo tanto, de una de las numerosas NOVELAS DE CLAVE. Muy bien escrita, tanto los pasajes en prosa como los versificados, la *Diana* debe ser considerada como una muestra de la literatura de evasión, que permitía a los lectores hacerse la ilusión de vivir en los países de la Arcadia que todo el mundo había soñado. Además, poseía la *Diana* una serie de características que la convertían en una obra muy atractiva para las gentes del siglo XVI: elementos misteriosos y sobrenaturales, fuentes mágicas, la música de gaita de los pastores, el ambiente bucólico y la atmósfera sentimentalizada.

Gaspar Gil Polo (muerto en 1591), a quien alabó Cervantes con un juego de palabras (*Polo-Apolo*), escribió una continuación de la obra de Montemayor, la tituló *Diana enamorada* y dio a la historia un final feliz, cosa que el portugués no había hecho. El argumento de la novela de Gil Polo no está bien desarrollado, pero esta deficiencia, queda compensada, en gran parte, por el bello estilo de su prosa y el auténtico valor poético de sus pasajes versificados.

Luis Gálvez de Montalvo es autor de una novela pastoril más, *El pastor de Fílida* (1582), otra obra "de clave," en la cual, bajo los imaginarios nombres de los pastores y pastoras, se esconden personajes reales de aquel tiempo. Escrita con notable fluidez, ilustrada con pasajes en verso, llena de noticias curiosas de toda clase, esta novela entusiasmó a sus lectores, y mereció el aplauso de Cervantes y Lope de Vega.

Durante el siglo XVII la novela pastoril continuó siendo popular; cultivaron este género grandes literatos entre ellos Cervantes y Lope, de cuyas obras pastoriles hablaremos más adelante.

La Novela MORISCA

La primera novela de esta clase es la *Historia del Abencerraje y la hermosa Jarifa*, más conocida por el nombre de *El Abencerraje*. Apareció en una época en la cual los moros, que antes habían sido despreciados y odiados, eran tenidos como representantes de un pueblo de carácter romántico e idealista, que debía ser admirado. Esta es también la significación de los romances moriscos. La historia del galante mozo Abencerraje, de su dulce amada, la hermosa Jarifa, y de Rodrigo de Narváez, el magnánimo caballero español, es realmente una hermosa leyenda que, contada de una manera sin adornos, posee bastante valor literario. Se lee esta historia con interés, y ha sido traducida al inglés en varias ocasiones. Esta novela fue incluida en el cuarto libro de la *Diana* a partir de la segunda edición. La mejor versión del Abencerraje se encuentra en el *Inventario* (1565) de Antonio de Villegas.

La Novela picaresca

La novela PICARESCA está considerada, igual que la novela morisca, como una creación indígena, típicamente española; su influencia se ha dejado sentir no sólo en España sino también en el extranjero. Obras realistas han existido siempre; en la Antigüedad clásica, por ejemplo, *El Asno de Oro*, de Apuleyo (siglo III D. C.) y el *Satyricón*, atribuido a Petronio, siglo I D.C.) La novela picaresca española se ajusta siempre a la misma fórmula: es la autobiografía, real o supuesta, de un "anti-héroe" de humilde origen, que sirve sucesivamente y sin descanso a varios amos, sobre los cuales y sobre toda la vida que les rodea, satiriza el PÍCARO. La sociedad está vista, por lo menos, no desde arriba, sino desde abajo. El pícaro es algo muy diferente de los aristocráticos héroes de los libros de caballerías, y de los almibarados y artificiosos pastores de la literatura bucólica. El pícaro es un pobre jovenzuelo de ínfima extracción social que no aspira a otra cosa que a satisfacer sus hambres, a escapar de la mayor miseria que se puede dar en la vida, del hambre;

este tema es el principal que encontramos en una gran parte de la producción literaria española desde el siglo XVII hasta nuestros días. La novela picaresca es, por lo tanto, una novela de carácter social, de protesta contra las injusticias de la vida.

La Lozana andaluza (1528), del sacerdote **Francisco Delicado,** es una obra que tiene muy poco de literaria, pero interesante por sus elementos extraordinariamente picarescos. La protagonista es una muchacha andaluza que se traslada a Roma para hacer la vida de una prostituta. Esta novela ofrece una pintura muy gráfica de las costumbres de los más bajos estratos del pueblo romano de entonces. El lenguaje usado en la novela está lleno de colorido, es un lenguaje coloquial, picante y procaz; su autor era una especie de pícaro, que parece vanagloriarse de haber vivido la mayor parte de las cosas y anécdotas que cuenta, de haberlas experimentado por sí mismo (escribió también un libro sobre la curación de la sífilis). Se dice que *la Lozana andaluza* es la obra más obscena de toda la Literatura española, afirmación que seguramente es exagerada.

El *Lazarillo de Tormes* (1554), cuyo verdadero título es *Vida de Lazarillo de Tormes y de sus fortunas y adversidades*, puede ser considerada, por muchos motivos, como la más importante de las novelas picarescas. Su estructura responde a la fórmula *standard* de las novelas picarescas: consta de una serie de episodios relativos a la vida de un muchachillo, Lázaro, que, muy niño, fue entregado por su propia madre a un mendigo ciego, para que le sirviera de guía y criado. Después de abandonar el servicio del ciego, Lázaro va pasando de amo en amo, lo que le da ocasión para conocer los más diversos estratos sociales, cuyas grandezas y miserias retrata de una manera realista, pero nunca amarga. El más famoso de los episodios es el tercero; Lázaro está al servicio de un escudero, un hidalgo venido a menos, demasiado orgulloso para ganarse la vida trabajando pero que, sin embargo, no siente escrúpulos al consentir que Lázaro gane el sustento de los dos, mendigando por las casas vecinas. El *Lazarillo de Tormes* es la primera auténtica novela picaresca, por lo que sirve de modelo a las posteriores. De autor desconocido, esta novela es una de las obras clásicas de la literatura castellana.

El *Guzmán de Alfarache* (1599), de **Mateo Alemán** (1547-1614?), cuyo título completo es *Vida de Guzmán de Alfarache, atalaya de la vida humana,* fue escrito por un hombre que conocía a fondo los aspectos desagradables de la vida. Mateo Alemán era hijo de un médico de prisiones que, por su oficio, estaba en íntimo contacto con los criminales y la gente del hampa que pululaban en la España del siglo XVI. En el año 1599 Mateo Alemán publicó la primera parte del *Guzmán de Alfarache* de la que en diecisiete años, hasta 1615, se hicieron nada menos que quince ediciones: tuvo esta obra, por lo tanto, una popularidad inmediata mucho mayor que el propio *Quijote* de Cervantes. La segunda parte apareció en 1604, después que en 1602 se había publicado una segunda parte apócrifa. El protagonista, Guzmán, sirve a varios amos, tanto en España como en Italia, y nos cuenta muy realista y gráficamente la vida y costumbres de diversas ciudades: Roma, Florencia, Milán, Zaragoza, Madrid, Toledo. La impresión que produce la sociedad de aquel tiempo, vista por los ojos del pícaro, no es agradable ni optimista sino amarga y desconsoladora.

Un autor que decía llamarse **Francisco López de Úbeda** (nombre seguramente supuesto) publicó en 1605 *La pícara Justina*. Las aventuras de la heroína son menos interesantes de lo que podían haber sido. Sin duda los pasajes mejores del libro son las descripciones de la comarca leonesa. El estilo es oscuro y complicado.

El gran **Francisco de Quevedo** (1580-1645) escribió su desenfadada novela picaresca en los primeros años del siglo XVI, aunque no la dio a la imprenta hasta 1626. Esta novela es conocida por el título abreviado de *La vida del buscón*, o también por *El gran tacaño*. Quevedo no tenía nada de timorato, por lo que la visión de la humanidad de su tiempo que plasma en su obra es una imagen amarga y hasta cruel. El estilo es hábil y expresivo aunque complicado. El *Buscón* es realmente una de las novelas picarescas más logradas, más vigorosas y más audaces.

El diablo cojuelo (1641) debida a **Luis Vélez de Guevara** (1579-1644) puede considerarse como novela picaresca aunque no se ajuste a la fórmula estructural que tenemos por ortodoxa; la trama es la siguiente: un demonio va levantando los tejados de las casas, sin que los moradores se den cuenta, y observa con toda comodidad lo que ocurre dentro de cada vivienda, circunstancia que da ocasión a Vélez de Guevara para hacer una crítica ingeniosa y satírica de la vida española. Alain-René de Lesage hizo una adaptación francesa de esta obra con el título de *Le Diable boîteux* (1707).

Alonso Jerónimo de Salas Barbadillo (1558-1635) es mucho más famoso por sus novelas picarescas que por sus comedias y otras piezas dramáticas. En 1614 publicó *La ingeniosa Elena*, cuyo protagonista es una dama de vida alegre que, entre otras cosas, pretende nada menos que alcanzar la santidad. *El sutil cordobés, Pedro de Urdemalas* (1620) es la historia de un truhán que tiene la idea de fundar una escuela o academia de hombres galantes. *Don Diego de Noche* (1623) cuenta en forma epistolar una serie de aventuras de carácter picaresco, pero su estructura no tiene nada que ver con la fórmula de la novela picaresca tradicional. Salas Barbadillo escribía en un estilo vivaz y sugestivo.

Alonso de Castillo Solórzano (ca. 1584-1648) también autor teatral, escribió varias novelas picarescas muy interesantes: *Las harpías de Madrid y coche de las estafas* (1631); *La niña de los embustes* (1631), y *La garduña de Sevilla y anzuelo de las bolsas* (1642), su obra mejor, y la más famosa. Su estilo es atrayente y agradable.

CERVANTES

Miguel de Cervantes Saavedra, «Príncipe de los ingenios» españoles, nació en Alcalá de Henares, en 1547; era el cuarto hijo, entre siete, de un médico modesto. Realmente no se sabe nada de los primeros años de la vida de Cervantes. Hacia 1568-1569 estudiaba en Madrid en la escuela del famoso humanista Juan López de Hoyos, donde escribió un par de poemas. En 1569 sale para Italia y en el año 1570 se alistó, en Nápoles, en uno de los tercios españoles, teniendo la gran oportunidad, para su gloria militar, de tomar parte en la batalla de Lepanto, en Grecia, siete de Octubre de 1571, acontecimiento al que Cervantes se referirá siempre con orgullo. En dicha batalla fue herido en el pecho y en el brazo izquierdo, y desde entonces la mano izquierda quedó sin movimiento ni vida, inútil para cualquier menester; de ahí que se le llame «el manco de Lepanto».

Después de recuperarse de sus heridas, Cervantes continuó en el ejército hasta 1574, año en que salió de regreso para España en solicitud de un ascenso en la carrera militar; pero la nave en la que volvía a la patria fue capturada por piratas berberiscos, y él llevado como esclavo a Argel. Durante los cinco años de su cautiverio organizó varios intentos de fuga, y en 1578 fue castigado a 2.000 azotes, pero no desmayó en su idea, y al año siguiente ensayó otra vez la escapada. Por fin, en 1580 fue rescatado por dos frailes trinitarios, y pudo regresar a España. Fijó su residencia en Madrid, desempeñó empleos de poca importancia, y se decidió a escribir. Comenzó por el género dramático, y varias de sus obras llegaron a representarse. Tuvo un enredo amoroso con una mujer llamada Ana Franca de Rojas que trajo al mundo una hija bautizada como Isabel de Saavedra.

En 1584 estaba trabajando en una novela; este mismo año contrajo matrimonio con una muchachita, diecinueve años más joven que él y poseedora de una dote de cierta cuantía. Su primera novela, *La Galatea*, se publicó en 1585.

Pero, como escritor, no ganaba lo suficiente para vivir, y decidió marchar a Sevilla donde tomó parte en negocios de compraventa, actuando como corredor. En 1587 logró entrar al servicio de la administración pública; fue empleado en la percepción de impuestos y en la compra de abastecimientos para la que ya se llamaba la "Armada Invencible"; a pesar de la derrota y destrucción de la Armada (1588), Cervantes continuó en su empleo estatal, teniendo la mala suerte de que quebrara un banco donde había depositado fondos públicos por lo que no pudo atender a los pagos que se le exigían; la consecuencia de todo ello fue que Cervantes estuvo en la cárcel por lo menos dos veces, acusado de estafa y desfalco. El sino de Cervantes estaba claro: ser siempre solemnemente pobre.

Hacia 1603, Cervantes llegó a Valladolid, tomó casa, y vivió con algunos de los suyos, mientras su mujer continuaba, al parecer, en su nativa Esquivias (en la actual provincia de Toledo). Cervantes logró, después de muchas gestiones, la licencia para imprimir un libro en el que había estado trabajando mucho tiempo. La parte I del inmortal *Don Quijote de la Mancha* apareció en Madrid en enero de 1605, y tuvo un inmediato y extraordinario éxito. En nuestros días Cervantes se hubiera hecho rico con los derechos de autor, y con los de cine y televisión. Como era en aquellos tiempos, Cervantes continuó siendo pobre hasta su muerte, lo mismo que antes de su éxito.

Las *Novelas ejemplares* aparecieron en 1613; en 1614 publicó un libro de crítica literaria, en verso, titulado *Viaje del Parnaso*; *Las*

EL INGENIOSO
HIDALGO DON QVI-
XOTE DE LA MANCHA,

*Compuesto por Miguel de Ceruantes
Saauedra.*

DIRIGIDO AL DVQVE DE BEIAR,

Marques de Gibraleon, Conde de Benalcaçar, y Baña-
res, Vizconde de la Puebla de Alcozer, Señor de
las villas de Capilla, Curiel, y
Burguillos

Año,   1605.

CON PRIVILEGIO,
EN MADRID Por Iuan de la Cuesta.

Vendese en casa de Francisco de Robles, librero del Rey nro señor

Portada del *Quijote*

Ocho comedias y ocho entremeses nuevos, nunca representados y la II Parte del *Quijote* vieron la luz en 1615. Cuando murió, en 1616, estaba trabajando en varios nuevos libros; sólo uno de ellos, recién terminado, se publicó después de su muerte: *Los trabajos de Persiles y Sigismunda* (1617).

Uno de los trabajos que tenía entre manos Cervantes cuando le sorprendió la muerte era la II Parte de *La Galatea*. La I Parte, publicada en 1585, es interesante porque en ella aparecen las ideas que Cervantes tenía sobre el amor, la mayor parte de las cuales proceden de los *Dialoghi d'amore* de León Hebreo. Como novela pastoril, *La Galatea* nunca tuvo mucha fama, nada comparable al extraordinario éxito de la *Diana* de Montemayor. En el *Viaje del Parnaso* Cervantes se lamenta de su falta de condiciones y de "gracia" para componer poesías; quizá esto explique, hasta cierto punto, la poca aceptación que tuvo *La Galatea* porque, como novela pastoril, tenía que incluir largos pasajes versificados.

Desgraciadamente, no se han conservado las obras dramáticas escritas por Cervantes en su primera época; su autor dice de ellas que fueron representadas "sin que se les ofreciese ofrenda de pepinos ni de otra cosa arrojadiza." Las *Ocho comedias* (1615) tienen sus méritos. Pero la obra dramática más conocido de Cervantes, aparte los entremeses, es *La Numancia*, tragedia en cuatro actos, cuyo argumento es el sitio de la famosa ciudad celtibérica y su destrucción por los romanos mandados por Escipión Emiliano, el año 133 antes de Jesucristo.

En general, Cervantes componía sus obras dramáticas, más de acuerdo con las reglas clásicas que lo estaban las comedias del libre, original (y mucho más poeta que Cervantes) Lope de Vega, a quien Cervantes acusó de "alzarse con la monarquía cómica." Lo cual era una gran verdad.

Los *Entremeses* (piezas de un sólo acto que se representaban en medio de las obras mayores, como los *pasos* de Lope de Rueda) publicados en el mismo volumen que las comedias nos interesan mucho más; son breves pinturas de género, escenas de la vida diaria, cuadros de costumbres muy realistas y muy vivaces. Siguen la pauta marcada por Lope de Rueda, a quien Cervantes vio representar, nos lo dice él mismo, siendo todavía muy joven. Esta tradición de las piezas dramáticas en un acto, de carácter costumbrista y popular, fue continuada brillantemente por **Luis Quiñones de Benavente** (muerto en 1651), y ya en el siglo XVIII resucitada gracias a los SAINETES de Ramón de la Cruz, antecedente de las obras del mismo tipo debidas a los hermanos Quintero y a otros autores de los siglos XIX y XX, hasta nuestros días.

Cervantes había escrito, en varias ocasiones, narraciones cortas, y por lo menos algunas de las publicadas en 1613 como *Novelas ejemplares* databan de muchos años antes. La palabra NOVELA significa en Cervantes no lo que hoy entendemos por esta denominación, más bien "novela corta, narración breve" al estilo de los cuentos de ciertos autores italianos como Boccaccio, Poggio y Bandello. Es verdad que algunas historias cortas habían aparecido ya impresas en lengua castellana, traducidas o adaptadas del italiano, como, por ejemplo, en las obras de Juan de Timoneda (muerto en 1583; *El Patrañuelo*, 1576) y en las *Noches de invierno* (1609) de **Antonio de Eslava**. Sin embargo, la afirmación que Cervantes hace en el prólogo de las *Novelas ejemplares*, "Yo he sido el primero que he novelado en lengua castellana," es decir, el primero en escribir en español narraciones cortas, es sustancialmente cierta. Nos dice Cervantes que las ha llamado novelas "ejemplares" porque de todas ellas se puede sacar un ejemplo provechoso. Podemos considerar insincera esta explicación de Cervantes, pues más adelante, en el mismo prólogo, sugiere que son "horas de recreación donde el afligido espíritu descanse"; en otras palabras, Cervantes piensa que es lícito escribir con ánimo de entretener, la literatura no va a ser sólo mera instrucción moral, y que sus historias son realmente entretenidas. Aun en aquellas novelas que ofrecen una dinámica acción como principal característica de la trama, se utiliza, de manera un poca enfadosa, la coincidencia de las dos finalidades mientras que se descuida la caracterización: *El amante liberal, La fuerza de la sangre, La señora Cornelia*. Es casi imposible analizar aquí detalladamente las doce novelas cervantinas. Algunas son verdaderos cuadros de costumbres, como, por ejemplo, la maravilla de *Rinconete y Cortadillo*, la más preciada joya de la colección. Con mano maestra caracteriza Cervantes a los dos jóvenes truhanes y a los hampones y mujercillas de la chusma sevillana en cuyo ambiente viven Rinconete y Cortadillo. Se queda grabada para siempre la figura de Monipodio, el jefe de la cuadrilla. *La ilustre fregona* es una bella y realista descripción de la vida toledana. *El celoso extremeño* trata con gravedad y acierto del tema universal del viejo celoso y digno de lástima que ha cometido el error de casarse con una mujer muy joven. Cervantes sería famoso aunque hubiera escrito solamente las *Novelas ejemplares*.

Pero resulta que Cervantes es el autor nada menos que de la novela más conocida en todo el mundo, novela que, al propio tiempo, ha sido la más editada. La Parte I apareció en 1605, y en 1615 se publicó la segunda Parte. Probablemente la segunda parte no se habría terminado nunca de escribir, si un intrigante leguleyo, jugador de ventaja, que escondió su nombre bajo el seudónimo de **Alonso Fernández de Avellaneda** no hubiese dado a la luz una continuación apócrifa del *Quijote*, en Tarragona, año 1614. Cervantes estaba redactando el capítulo 59 de su propia continuación, cuando se enteró de la aparición de la falsa II Parte, y se las ingenió para que los dos grandes tipos creados por él, Don Quijote y Sancho, arremetieran violentamente contra la espúrea novela de Avellaneda.

Quizás lo último que Cervantes podía haber esperado es la casi veneración que fácilmente engendra la admiración hacia el *Quijote*. No hablaba Cervantes más que en broma, cuando dijo haber recibido una misiva del emperador de la China en la que le solicitaba permitiera usar su novela como manual para enseñar la lengua castellana en la corte de Pekín. Sin embargo, la verdad es que el *Quijote* ha sido, en parte, traducido al chino mandarín, y, en su integridad, trasladado a cerca de 50 lenguas de todas las partes de la Tierra. Cuando una obra, como pasa con el *Quijote*, ha sido considerada por muchos críticos como la más genial novela de la literatura universal, es porque tiene una auténtica calidad. Es posible que, teniendo en cuenta la popularidad que han alcanzado las ediciones económicas ya no se pueda decir que el Quijote ha sido, después de la Biblia, la obra que se ha editado más veces, pero sí se puede asegurar que hasta hoy, y durante casi cuatro siglos, ha sido y continúa siendo un éxito editorial, un *best-seller*; ¿de cuántos otros libros se puede decir lo mismo? Y además, y esto es lo que tiene verdadera importancia, el *Quijote* ha influido en el espíritu de muchos de los más famosos novelistas de todo el mundo. Los problemas que El *Quijote* plantea no están muertos ni lo pueden estar jamás, pues son problemas eternos, tan viejos como la misma humanidad. Cada vez que se relee el *Quijote* aparecen nuevas sugestiones y se experimentan nuevas satisfacciones.

Se han escrito miles y miles de páginas sobre la naturaleza y el significado de esta obra maestra, y se han sugerido toda suerte de "interpretaciones." Es obvio indicar que en el *Quijote* encontramos muestras y ejemplos de los más diversos géneros literarios y de las más distintas especies narrativas de las épocas anteriores: diálogos lucianescos, novela pastoril. novela morisca, historias cortas, novela picaresca, literatura costumbrista, crítica literaria, y, sobre todo, libros de caballerías, de los cuales el *Quijote* es, hasta cierto punto, una sátira, una parodia—la más grandiosa parodia que nunca se haya concebido—. Pero la obra, como un todo, es muy superior a la suma de sus partes. Objetivamente considerado, el *Quijote* no es otra cosa que la historia de un cincuentón trastornado que se mete en locas aventuras acompañado por un escudero sencillo e ignorante, pero ladino y sensato, que posee, como dice el mismo Cervantes, "todas las gracias escuderiles." Nos hallamos delante del idealista a ultranza y del realista acomodaticio que se nos presentan no separadamente, cada uno por su lado, sino juntos, haciendo vida en común e influenciándose mutuamente. Los diálogos entre el cultísimo caballero y el campesino iletrado, pero despierto, constituyen una deliciosa confrontación de dos muy distintos puntos de vista. Todo lector de esta gran obra se siente un poco Quijote y un poco Sancho, y es una buena experiencia introspectiva la de buscar cuál de las dos mentalidades domina sobre la otra dentro de cada uno de nosotros.

Aunque Cervantes estaba al tanto de todas las preocupaciones culturales y espirituales del Renacimiento, no intentó, ni mucho menos, componer un manual de filosofía sistemática. Sin embargo, todos y cada uno de los episodios del *Quijote* nos sugieren algo interesante, y cada nueva lectura de la obra inmortal suscita nuevas reflexiones sobre los eternos problemas de la vida humana.

Cervantes utiliza un escenario y unos 700 personajes típicamente españoles, concretamente de la España de su tiempo, pero los trata de manera que los convierte a todos en personajes universales, en prototipos humanos. El *Quijote* es un libro dedicado a la humanidad entera, y el Mundo está en deuda con España por haber creado, a través de Cervantes, esta obra imperecedera.

El último libro de Cervantes, *Los trabajos de Persiles y Sigis-munda* (1617) es una NOVELA BIZANTINA altamente idealista, que el mismo Cervantes calificó de "historia septentrional." Los héroes, supuestamente escandinavos, de esta narración, experimentan toda clase de aventuras antes de poderse unir felizmente en matrimonio, en Roma. Si la concepción de esta novela es mucho menos acertada que la del *Quijote*, sin embargo siguen brillando la imaginación portentosa del autor y su admirable y no superado estilo narrativo. El *Persiles* se inspiró en la historia bizantina *Teágenes y Cariclea* (*Historia etiópica*) de Heliodoro, autor con quien Cervantes, son sus palabras, "se atreve a competir."

LA NARRACIÓN CORTA

La narración corta moderna comienza en España realmente con las *Novelas ejemplares* de Cervantes. Historietas cortas encontramos también en las obras de **Salas Barbadillo** (1581-1635) y de **Castillo Solórzano** (1584-1648?) autores, fundamentalmente, de novelas picarescas. Castillo Solórzano adquirió considerable fama por sus misceláneas *Tardes entretenidas* (1625), *Jornadas alegres* (1626) y *Noches de placer* (1631).

Doña María de Zayas y Sotomayor (1590-1661?) sobre la que sabemos muy poco, publicó dos buenas colecciones de historietas: *Novelas ejemplares y amorosas* (1637) y *Parte segunda del sarao* (1647). Doña María se mostraba en sus narraciones como pro-feminista, y sus historias se reeditaron y tradujeron repetidas veces. El francés Paul Scarron plagió bastantes. El estilo de Doña María es fácil y fluido, y su postura, realista. La obra novelesca de la Zayas ha sido llamada "la novela picaresca de la aristocracia."

El clérigo **Cristóbal Lozano (1609-1667)** compuso poesías tanto religiosas como profanas, pero se le conoce, sobre todo, por sus narraciones en prosa. De sus *Soledades de la vida* (1658) sacaron los escritores posteriores muchos temas y argumentos para sus obras. Así ocurrió también con su *David perseguido* (1652-1661) que, además de narrar la historia del rey bíblico, contiene muchos otros episodios novelescos.

EL TEATRO

La COMEDIA es una verdadera síntesis de la rebosante vida y del espléndido arte de la España de los Siglos de Oro, debiendo ser considerada como una creación altamente representativa de la cultura hispánica. Combina la comedia toda clase de temas y toda suerte de géneros: lo legendario y lo histórico, lo pastoril, lo picaresco, lo morisco, lo fantástico, lo lírico y hasta lo religioso. Pero la comedia española no destaca sólo por el extraordinario número de sus manifestaciones, por su fertilidad; es también importante por su deslumbrante brillantez y por su elevado aliento poético. El teatro español es un teatro para todos y no solamente para una élite, para la minoría culta.

Se llama comedia a toda obra dramática mayor; la comedia está versificada y cada uno de sus tres actos consta de alrededor de 1.000 versos. Se emplean en la comedia todas las fórmulas métricas, y los efectos rítmicos son muy variados, técnica hábilmente lograda por los dramaturgos españoles. Se respetaban muy poco las tradicionales unidades dramáticas, y cada autor establecía sus propias reglas, leyes de su invención. Se mezclaban lo trágico y lo cómico, como se habían mezclado en la *Celestina* y como sucede en la vida real. Los dramaturgos españoles del XVII disfrutaban casi de la misma libertad creadora por la que lucharon los autores románticos, dos siglos más tarde; sólo había dos limitaciones; no se podía atacar ni a la institución monárquica ni al dogma de la iglesia católica. Los artistas españoles del siglo XVII, sin embargo de lo dicho, no parecen haber actuado sujetos a restricciones de ningún tipo; por el contrario, dieron rienda suelta a su genio, con un vigor y una brillantez que no se encuentran en ninguna otra literatura, si exceptuamos el teatro de la Inglaterra isabelina. Francia se caracterizaba por el racionalismo de su literatura y por la corrección estandarizada de sus obras poéticas. Italia había decaído literariamente, y Alemania tenía que esperar hasta el siglo XVIII para que apareciera un genio de la talla de Goethe.

Juan de la Cueva (1543-1610) expone su estética y su técnica teatrales en el *Exemplar poético* escrito en sus últimos años. Insiste en su preceptiva en la conveniencia e importancia de utilizar en el teatro los temas sacados de la leyenda y de la historia españolas: la ingeniosa fábula de España. Recomienda también la violación de la regla dramática de las tres unidades y la mezcla de lo trágico y lo cómico, precisamente dos de las principales características del teatro español a partir de Lope de Vega y hasta nuestros días. Se conocen catorce obras dramáticas de Juan de la Cueva, entre las que se encuentran *Los siete infantes de Lara, El cerco de Zamora, Bernardo del Carpio* (basadas, las tres, en temas legendarios) y *El Infamador* considerada por bastantes críticos, sin razón, como el inmediato antecedente del famoso drama de Tirso de Molina *El Burlador de Sevilla.*

Andrés Rey de Artieda (1549-1613) es menos importante que el anterior, pero merece la pena citarlo porque su drama *Los amantes* introdujo en el teatro español el tema de *Los amantes de Teruel*, que más tarde se haría muy famoso y sería muy utilizado. Rey de Artieda fue más hábil que Juan de la Cueva en el entramado escénico de sus piezas dramáticas. **Cristóbal de Virués** (1550-1609) escribió espeluznantes dramones, entre ellos, como más desorbitado de todos, *Atila furioso*, que ha sido llamado "un museo de horrores." *Elisa Dido*, otro de sus dramas, presenta, sin embargo, algunas escenas muy logradas, y es, en verdad, una obra inteligentemente compuesta. Muchos de los dramas de Virués aparecieron publicados en sus *Obras trágicas y líricas.*

De Cervantes como autor dramático ya hemos hablado más arriba.

Lope de Vega Carpio (1562-1635) fue llamado por Cervantes «el monstruo de la naturaleza», y en verdad que su vida y su obra hacen honor a esta denominación. Lope había nacido en Madrid en el seno de una modesta familia oriunda de la Montaña de Santander. Se dice que comenzó a componer versos aun antes de saber escribir, y es presumible que la misma precocidad mostrase también en los asuntos amorosos; pues ambos hábitos, el de versificar y el de amar, le dominaron a lo largo de los setenta y tres años que duró su vida. Es prácticamente imposible dar aquí cuenta detallada de todos los amores y amoríos de Lope, de todas sus amantes y de todos los hijos, legítimos, ilegítimos y naturales, que tuvo, la mayor parte de los cuales murieron jóvenes. Lope fue un hombre lleno de pasiones que vivió intensamente su vida, de una manera despreocupada y hasta insensata, desordenada y ávidamente. Fue procesado, encarcelado y más tarde desterrado de Madrid, por una aventura amorosa que tuvo

Lope de Vega

antes de cumplir los veinte años, lo que, en ocasiones, le producía remordimientos. Estuvo al servicio de altos personajes, entre ellos el Duque de Alba y el Duque de Sessa. Combatió en la "Armada Invencible," aprovechando el tiempo que estuvo embarcado para escribir un poema épico (*La hermosura de Angélica*). En 1614 fue ordenado sacerdote, después de haber sido nombrado hacía tiempo (1609) "Familiar del Santo Oficio" (Inquisición). Perteneció a cuatro distintas asociaciones religiosas. El Papa Urbano VIII le concedió el título de Doctor en Sagrada Teología y le hizo caballero de la Orden de San Juan (1627); de ahí el título de *Frey*, que a veces antepone a su nombre. Dos años después de haberse ordenado tuvo uno de sus más complicados asuntos pasionales: había conocido a Doña Marta de Nevares, que parece ser fue su último gran amor; tenía entonces Lope cincuenta y cinco años, y su amante sólo veinticinco; la pobre joven perdió la vista, más tarde se volvió loca, y acabó muriendo tres años antes que su viejo amigo. Cuando el poeta murió, en 1635, se había convertido en una figura casi mística, y su sepelio y funeral fueron sonados, dando ocasión para que se manifestara públicamente el pesar nacional y popular por la desaparición del gran escritor. 153 autores, nada menos, escribieron composiciones panegíricas en honor de Lope, que se publicaron en un volumen necrológico aparecido en Madrid. Otro semejante se publicó en Venecia. Había tenido muchos enemigos a lo largo de su ajetreada vida, pero eran mucho más, todavía, sus amigos, sus admiradores y sus discípulos.

Lope de Vega escribió siete u ocho volúmenes de trabajos en prosa, poco en relación con su obra versificada; y, dentro de esta última, sólo una docena de volúmenes que contengan composiciones métricas de carácter narrativo o didáctico; tanto su épica como sus obras didácticas y expositivas están llenas de espíritu, y compuestas con gran habilidad. También es autor Lope de unos cuantos volúmenes de composiciones propiamente líricas. Sin pararnos ahora a analizar el valor poético de sus poemas, muy grande desde luego, adelantemos sólo que Lope es uno de los más grandes líricos de toda la literatura española; la lectura de muchos de sus poemas constituye una verdadera delicia.

Dos docenas de grandes volúmenes constituyen una extensa obra que puede justificar la vida de cualquier autor. Pero Lope no era un autor cualquiera, sino uno de los más prolíficos genios de la literatura universal; el volumen total de su obra es algo verdaderamente sorprendente y abrumador; pero siendo Lope preferentemente un dramaturgo, lo que realmente nos deja estupefactos es saber el número de las obras dramáticas que escribió: su discípulo Juan Pérez de Montalbán afirmó que Lope era autor de 1.800 comedias y de 400 AUTOS SACRAMENTALES (el auto sacramental es una obra dramática en un acto que trata de la eucaristía y se representaba el día del Corpus Christi, generalmente con gran pompa, espectáculo y con muy estudiado montaje). Montalbán exageró, con toda seguridad; probablemente escribió "sólo" de 700 a 800 comedias y un número indeterminado (pero inferior, desde luego, a 400) de obras menores. Hay que tener en cuenta que las comedias lopescas están escritas en verso, no en prosa, y usualmente los versos son extraordinariamente buenos. Lope dijo en una ocasión que muchas de sus comedias (más de cien) las había escrito en menos de un día, "en horas veinticuatro" (por comedia, se entiende). Improvisación, no cabe duda, pero no es exagerado decir que Lope ha sido el más brillante improvisador que en el mundo haya existido. No es sensato lamentarse de que Lope no se haya concentrado en unas cuantas comedias para sacar el máximo de sus excepcionales dotes creadoras, con lo que habría logrado una serie de obras maestras. No es sensato, porque Lope nunca hubiera podido concentrarse. Lope era todo exuberancia, todo efervescencia, incapaz de meditar, de concentrarse, de reflexionar, de pulir. Sin embargo, y a pesar de todo, Lope nos ha dejado muchas comedias admirables, impregnadas de intenso lirismo; la sensibilidad lírica es el principal don concedido por la Providencia a Lope, quien no creó grandes personajes como Don Quijote, Hamlet o Macbeth (¿cuántos escritores han creado personajes semejantes?), pero fue capaz de divertir a los espectadores con sus comedias, todas ellas con un argumento interesante, con una intriga hábilmente dosificada, con una acción rápida de ritmo casi cinematográfico, y llenas de aliento poético, lo mismo que *Romeo y Julieta*. Lope fue un auténtico dictador en la república teatral, y el tipo y la técnica de la comedia española del XVII a él y a nadie más que a él se deben.

Los temas lopescos son del más diverso carácter y de los más distintos orígenes: bíblicos, hagiográficos, históricos, legendarios, españoles y extranjeros, romancescos, italianizantes, costumbristas, fantásticos (de su propia inventiva e imaginación, que eran inagotables). Es digno de notar el uso que hizo Lope del que podemos llamar material folklórico indígena (español), pero no se limitó a presentarlo en bruto sino que lo estilizó muy artísticamente; algo que no se debe nunca olvidar es el buen gusto con que Lope trató siempre todos los temas, aun los más escabrosos. Tratándose de un autor tan prolífico como Lope, es muy difícil, por no decir imposible, seleccionar sus diez (o sus veinte, o sus treinta) mejores comedias. De las de carácter religioso quizá se puedan citar *El nacimiento de Cristo* (en tres actos pero con aire de auto sacramental) y también *Barlán y Josafá*. Entre las mejores comedias de tema histórico y legendario se hallan las siguientes: *Las famosas asturianas, El mejor alcalde el Rey, El bastardo Mudarra* (la leyenda de *Los siete Infantes de Lara), Audiencias del Rey don Pedro* (nos presenta a Pedro I no como «el cruel», sino como «el justiciero»), *Las almenas de Toro* (la única comedia de Lope donde aparece la figura del Cid), *Las paces de los reyes y judía de Toledo, Peribáñez, Los Tellos de Meneses, El Caballero de Olmedo, Porfiar hasta morir* (sobre la leyenda de Macías el enamorado), *El remedio en la desdicha* (la encantadora historia de Jarifa y el Abencerraje), *Fuenteovejuna*. La última citada es una notabilísima comedia cuyo protagonista es un pueblo entero que se rebela contra su cruel señor, al que termina dando muerte; Fernando, el Rey Católico, justificará la acción y la conducta de los habitantes de Fuenteovejuna. Comedias de intriga o de costumbres de su tiempo (de capa y espada), son las siguientes: *El perro del hortelano* ('The Dog in the Manger'), *El acero de Madrid, Amar sin saber a quién, La dama boba, El anzuelo de Fenisa, La moza de cántaro, La hermosa fea, Las bizarrías de Belisa*. En todas ellas hallamos un certero análisis del alma femenina; aparecen también los típicos y divertidos graciosos del teatro español; Lope convirtió al GRACIOSO (primeramente sólo un payaso o un bufón) en un personaje indispensable de la comedia, cuyo quehacer amoroso solía ser paralelo a la acción erótica desarrollada por el protagonista serio. El gracioso sirve al protagonista (su amo) como criado, ayuda de cámara y confidente; y además se revela como un agudo observador de la vida.

En el tiempo que nosotros, simples mortales, tardamos en redactar unas cuantas páginas sobre él, Lope habría sido capaz de escribir varias comedias en tres actos y en verso.

Una de las comedias más famosas de toda la edad de oro es *La Estrella de Sevilla* (1623) atribuida durante mucho tiempo a Lope de Vega, aunque es casi seguro que no fuera escrita por el monstruo de la naturaleza. El argumento de esta interesante pero depresiva comedia, gira alrededor de la ciega lealtad que al Rey (Sancho IV) muestra uno de sus súbditos, el sevillano Sancho Ortiz de las Roelas, a pesar de la conducta indigna y humillante del Monarca. Está admirablemente analizado el carácter del protagonista auténtico de la comedia, del leal Sancho Ortiz.

Fray Gabriel Téllez, más conocido por el seudónimo de **Tirso de Molina** (1584?-1648), estudió en Alcalá, ingresando, en seguida, en la Orden Mercedaria, dentro de la cual alcanzó altos puestos. Discípulo, seguidor y apologista de Lope, Tirso de Molina fue, sin embargo, mucho menos prolífico que su maestro; "sólo" escribió alrededor de cuatrocientas comedias y algunos libros de obras en prosa. Hay que tener en cuenta, para disculpar su relativa infertilidad literaria, que a partir de los cuarenta años de su vida, no se le permitió escribir más comedias, alegando sus superiores, como pretexto para la prohibición, que sus obras, por ser creación de un religioso, podían constituir motivo de escándalo.

Tirso escribió también dos obras misceláneas (*Los cigarrales de Toledo*, 1624, *Deleitar aprovechado*, 1635) que incluyen tanto comedias como historietas, recitados y toda clase de diversiones honestas, representadas, narradas y practicadas por un grupo de damas y caballeros refinados que buscan así hacer menos tediosa la estancia de una temporada en las fincas de recreo llamadas cigarrales (por cierto, todavía hoy existen) que salpican los pintorescos alrededores de la vieja ciudad de Toledo. Entre las comedias aparecidas en estas misceláneas se halla *El vergonzoso en Palacio*, una de las más notables y famosas COMEDIAS PALACIEGAS de Tirso; el protagonista de esta comedia, tímido y retraído al principio, cuando vive sin educación ni aleccionamientos previos en el Palacio Real, termina por adaptarse estupendamente a la nueva situación y se comporta como un consumado cortesano.

Tirso compuso también comedias de asunto religioso, y otros de tema bíblico. *La mejor espigadera* trata de la historia de Ruth y Boaz. *La venganza de Tamar* presenta, cosa muy rara en el siglo XVII, un tema incestuoso.

Tirso tenía una especial habilidad para pergeñar comedias costumbristas, las llamadas comedias de capa y espada, en las que ocurren curiosas intrigas de amor, lo que da ocasión a Tirso para dibujar encantadores tipos femeninos, y para hacer intervenir en la trama a unos graciosos, particularmente bufos y ocurrentes, que hablan un lenguaje y dan unas bromas de carácter verdaderamente licencioso y picante.

Claro que los bergantes que ocupaban el patio no iban a poner objeciones a las comedias de Tirso por ser demasiado atrevidas; ellos, por el contrario, tan contentos, que para eso estaban horas y horas aguantando, de pie, en aquellos CORRALES, convertidos, por arte de birlibirloque, en los primitivos teatros madrileños. Las mujeres veían la representación sentadas en la parte del corral llamada la cazuela, detrás de una reja, por lo que los energúmenos del patio no podían observar sus reacciones. Entre las más divertidas comedias de intriga escritas por Tirso, debemos mencionar: *Don Gil de las calzas verdes, El amor médico, Por el sótano y el torno, Desde Toledo a Madrid, Los balcones de Madrid, La villana de Vallecas, La gallega Mari Hernández.* Una costumbrista, y al mismo tiempo intencionada, comedia de Tirso es *Marta la piadosa*, historia de una damisela que presume de religiosidad y de bondad, todo ello ficticio, para así lograr sus fines y encontrar un buen marido.

La más famosa comedia histórica de Tirso es *La prudencia en la mujer*, magnífico tratamiento dramático del tema de la regencia de Doña María de Molina, la viuda de Sancho IV el Bravo, durante la menor edad de su hijo, el futuro Fernando IV.

Algunos críticos están convencidos de que el mejor drama teológico del teatro universal es *El condenado por desconfiado*, comedia atribuida tradicionalmente a Fray Gabriel Téllez: un desalmado bandido, convicto y confeso de horrorosos crímenes, tiene, poco antes de ser ajusticiado, un momento de lucidez, de remordimiento; se arrepiente sinceramente y se salva; mientras que, por el contrario, un piadoso ermitaño, que ha vivido a lo largo de muchos años una vida ejemplar, llena de renunciamientos y de penitencias, poco antes de morir comienza a dudar de su salvación; y por esa desconfianza en la infinita misericordia de Dios, se condena para la eternidad.

Cervantes fue el creador de la figura de Don Quijote, y Tirso dio al mundo el tipo de Don Juan que, con leves modificaciones en su carácter, ha fascinado a la humanidad desde entonces: Molière, Mozart, Byron, Merimée, Dumas, Zorrilla, Shaw, Pushkin, Pérez de Ayala y otros muchos autores han recreado el tipo de Don Juan. El primer Don Juan Tenorio aparece en la comedia de Tirso *El burlador de Sevilla y convidado de piedra*. El Don Juan de Tirso es un bravucón libertino que, sin embargo, representa algo más que un hedonista seductor de doncellas; cierto desequilibrio mental, producido por una insatisfacción, le impele, sin que pueda evitarlo, a conquistar y poseer a las mujeres, y a abandonarlas después empleando toda clase de estratagemas, como si lo único que pretendiese fuera tomar cumplida venganza del sexo femenino; no es este Don Juan de Tirso, sin embargo, antirreligioso: cuando su criado Catalinón insistentemente le recuerda la existencia del Juicio Final, contesta siempre a la admonición de su sirviente "cuán largo me lo fiáis." Es este Don Juan extraordinariamente valiente y osado; no siente miedo ni siquiera cuando tiene que vérselas con poderes sobrenaturales, como, por ejemplo, al enfrentarse con la estatua del Comendador a quien había mandado a mejor vida. Invita a cenar a la estatua y se compromete a aceptar la invitación de la estatua, en reciprocidad. La efigie en piedra del Comendador estrecha la mano de Don Juan, inflamándolo con el fuego del Infierno. Don Juan, que ve llegar la hora de su muerte, pide a gritos la confesión, pero la estatua replica: "Demasiado tarde"; y Don Juan se precipita, sin remedio en los dominios de Satanás. La moraleja teológica de la comedia es la siguiente: Don Juan habría podido salvarse si hubiera atendido los buenos consejos de su criado, pero como no lo hizo se condena, porque la gracia de Dios no opera cuando el alma, que dispone del libre albedrío, no usa de él rectamente, teniendo infinitas oportunidades para hacerlo; el buen ladrón se salvó porque su arrepentimiento fue sincero y aprovechó la primera oportunidad que tuvo de arrepentirse; Don Juan había tenido muchas y no las había aprovechado; su arrepentimiento tardío no es válido.

Los sentimentales románticos del XIX, Zorrilla entre ellos, hacen que Don Juan se salve gracias a la intervención de la mujer amada, que logra alcanzar el arrepentimiento de Don Juan, aun después de muerto. Esta heterodoxa interpretación del arrepentimiento de Don Juan, gracias a la fuerza del amor, habría sido inconcebible e inaceptable para Tirso.

Juan Ruiz de Alarcón (1581?-1639), un desgraciado pero orgulloso jorobado, nacido en México, está considerado por la crítica universal como uno de los más grandes dramaturgos españoles de la Edad de Oro; Ruiz de Alarcón, que había recibido una excelente educación, tenía un temperamento crítico que se refleja en sus obras: no dulcificó su crítica ni su sátira a pesar de las rechiflas de que le hacían objeto, a causa de su deformidad física, sus enemigos del mismo gremio, es decir, otros dramaturgos; por el contrario, Ruiz de Alarcón respondía a las burlas con la más amarga y punzante sátira. Llegó a referirse a ellos, hablando a su público teatral, considerándolos bestias feroces; y bestias fieras les llamaba en sus cartas, dirigidas a los propios enemigos. Su teatro tiene mucho más carácter de crítica moral y social que el teatro de ninguno de sus contemporáneos; hombre metódico, cuidadoso y lleno de escrúpulos estéticos, no fue prolífico; su producción se limita a dos docenas de comedias; dejó de escribir en cuanto logró ingresar en la burocracia estatal.

Alarcón escribió algún drama folletinesco, como *El tejedor de Segovia*, y alguna comedia de intriga (*El semejante a sí mismo*), pero donde tiene un puesto de honor es en el teatro psicológico, que le permite poner en la picota los defectos de la sociedad en que vive, que son defectos universales. *Mudarse por mejorarse* es una crítica de la inconstancia en el amor. *Los favores del mundo* constituye una apología de la firmeza y serenidad con que el hombre debe sobrellevar las vicisitudes desagradables de su vida. *La prueba de las promesas*, comedia basada en una de las historietas de Don Juan Manuel, debe ser considerada como una excelente disección del tema de la ingratitud. *Las paredes oyen* nos muestra lo peligroso que resulta murmurar y calumniar. La más famosa y acabada comedia de Alarcón, *La verdad sospechosa*, es la historia, con su moraleja, de un impenitente embustero que, para su desgracia, cae víctima de la red tejida con sus propias mentiras. Pierre Corneille, el gran dramaturgo francés, que aprovecharía el material en bruto suministrado por las comedias de Guillén de Castro para componer *Le Cid*, cuando se dispone a escribir la primera gran obra dramática francesa de ambiente mundano, *Le Menteur*, utiliza no sólo los materiales que encuentra en *La verdad sospechosa* sino también su espíritu y su significación: Corneille fue un gran admirador de esta comedia española; y no importa que Corneille durante cierto tiempo creyera que la obra admirada e imitada era original de Lope de Vega. La manera como Alarcón hace terminar su comedia, con la desventura del embustero, parece más acertada y oportuna que la cómoda solución imaginada por Corneille. *La verdad sospechosa* es una comedia muy entonada y muy hábilmente estructurada, que ha contribuido mucho a la gloria literaria de su autor, por su perfección técnica y el mensaje de honestidad y seriedad que contiene.

Antonio Mira de Amescua (1574?-1644), discípulo de Lope como dramaturgo, sintió también la influencia de Góngora y adornó sus comedias con las galas culteranas. Utilizó en su teatro, como la mayor parte de los dramaturgos de su época, temas muy conocidos; sin embargo, tenía la suficiente personalidad para tratarlos de una manera verdaderamente nueva y original: *La desdichada Raquel* es una comedia en la que trata muy habilidosamente el tema tradicional de la historia de Raquel, asunto que llevaron al teatro, también, Lope de Vega y otros dramaturgos españoles. La más famosa de todas sus comedias es *El esclavo del demonio*, tratamiento dramático del tema de Fausto, es decir, de la venta al diablo de la propia alma.

Luis Vélez de Guevara (1579-1644), compuso varios tipos de obras dramáticas: entremeses (*La burla más sazonada*); dramas bíblicos (*Santa Susana*); comedias basadas en temas de la historia de España (*Más pesa el rey que la sangre*), sobre la heroica actitud de Guzmán el Bueno, y la más famosa de todas, *Reinar después de morir*, la historia de la desdichada portuguesa Inés de Castro); comedias históricas de tema exótico (*El gran tamorlán de Persia*). *El diablo cojuelo*, la novela picaresca de Vélez de Guevara, ha sido estudiada en el lugar correspondiente.

Luis Quiñones de Benavente (muerto en 1651), amigo y discípulo de Lope de Vega, es el único autor de entremeses que se acerca a la maestría lograda en este género por Cervantes. La representación de sus obras constituía siempre un gran éxito por la habilidad que poseía para hacer reir al público con sus entremeses, llenos de gracia y de ironía, que son gráficos cuadros de costumbres donde se analiza sutilmente la psicología popular. Entre sus entremeses destacan *El borracho* y *El marido flemático*.

Juan Pérez de Montalbán (1602-1638), fue el discípulo favorito de Lope de Vega, fiel imitador del monstruo de la naturaleza, es el primer biógrafo del gran dramaturgo. Perdió la razón y murió muy joven; sin embargo se conservan 58 comedias suyas; entre ellas las hay de todos los tipos; la más conocida es *Los amantes de Teruel*, escenificación de una antigua y muy popular leyenda que han utilizado, también, otros muchos autores españoles desde el siglo XVI al XIX.

Francisco de Rojas Zorrilla (1607-1648), al contrario que la mayor parte de sus contemporáneos, se mostró defensor de los derechos de la mujer. Es autor de una serie de comedias de carácter trágico escritas en los estilos más dispares, desde el sencillo y natural hasta el de tipo extremadamente gongorino. Es posible que sus COMEDIAS DE GRACIOSO sugiriesen a Molière algunos de sus tipos; los criados, que en ciertas obras de Rojas Zorrilla son los verdaderos protagonistas de la comedia, nos hacen pensar en el tipo de Fígaro. La más impresionante comedia de Rojas Zorrilla es *Del rey abajo ninguno*, con seguridad uno de los dramas de la gran época española más frecuentemente representados a lo largo de los siglos XVII y XVII, y primera mitad del XIX. El título completo de esta famosa comedia es *Del rey abajo ninguno o el labrador más honrado García del Castañar*; el asunto del drama es un desarrollo de lo contenido, en síntesis, en el largo título: la persona del rey es sagrada e inviolable, pero todas las demás, altas o bajas, nobles o villanas, están al mismo nivel ante la justicia y el honor; por eso el individuo ofendido tiene perfecto derecho, y además estricto deber moral, de vengarse, rehabilitando su honra, sea cual fuere el rango del culpable.

Guillén de Castro y Bellvís (1569-1631), poeta lírico aceptable, fue, sobre todo, dramaturgo, y dramaturgo de mucho éxito. Debe su fama, principalmente, a las dos comedias que escribió sobre tema cidiano; de ellas se serviría Corneille para componer su famoso *Le Cid*, la piedra angular del teatro francés clásico. Las fuentes utilizadas por Guillén de Castro son los numerosos romances que narran la vida y hazañas del gran héroe castellano, y no el *Poema de mio Cid*, desconocido para los hombres de los siglos XVI y XVII. Gran parte de las vicisitudes amorosas del Cid y de Jimena que se dramatizan en las comedias de Guillén de Castro, no aparecen en los romances; se deben a la propia imaginación del autor. La primera de estas dos comedias, *Las mocedades del Cid*, tienen como asunto los amores de los adolescentes Rodrigo Díaz de Vivar y Jimena Lozano, el duelo caballeresco entre Rodrigo y el Conde Lozano, padre de Jimena, que termina con la muerte del Conde, y los acontecimientos que siguen a la tragedia. La otra comedia, *Las hazañas del Cid*, trata del famoso y legendario tema del cerco de Zamora por Sancho II y de la muerte del Rey a manos del traicionero Bellido Dolfos.

La producción dramática de **Agustín Moreto** (1618-1669), ha sido llamada "serie de honestos hurtos"; efectivamente, Moreto entró a saco en las obras de los dramaturgos anteriores, aunque no fue el primero ni el único en hacer tal cosa. Si es verdad que Moreto estaba poco dotado para la invención y para la fantasía, también es cierto que poseía gran sentido dramático y mucha habilidad técnica, por lo que sus comedias suelen ser muy superiores a las obras en las que se inspiraron. Le atraían a Moreto muy poco los temas heroicos y sublimes; en cambio, gustaba de componer comedias de intriga, de costumbres, y comedias psicológicas, logrando algunas en verdad excelentes, entre ellas *El parecido en la Corte, La confusión de un jardín, Trampa adelante*. Moreto escribió también comedias más ambiciosas, por su tema y su contenido, y siempre con mucho decoro formal y mucha facilidad técnica: *No puede ser guardar una mujer, El poder de la amistad; El lindo Don Diego* es una admirable caracterización del petimetre insustancial. En *El desdén con el desdén*, Moreto nos da una lección de táctica amatoria; cuando la amada se muestra desdeñosa, la mejor manera de atraerla y conquistarla es fingir el mismo desdén e idéntica displicencia, pero sin pasarse de la raya.

Pedro Calderón de la Barca (1600-1681), conocido usualmente por Calderón, a secas, es el último de los grandes dramaturgos españoles de la edad de oro. Cuando Calderón comienza su carrera literaria, en los primeros tiempos del reinado de su mecenas, Felipe IV, el poder político de España había comenzado ya a debilitarse, pero, en cambio, se hallaba en su apogeo el genio artístico y literario de los españoles. Al morir Calderón, también había comenzado a decaer la fuerza creadora de España, y puede decirse que cuando Calderón termina sus días, termina también la época áurea de la literatura española. La última comedia de Calderón, *Hado y divisa de Leonido y Marfisa*, está fechada en 1680; estaba Calderón escribiendo otra comedia que no pudo terminar; antes le sorprendió la

Un corral de Madrid, *ca.* 1642

muerte. En 1681, el mismo año en que muere, atendiendo a una petición del Duque de Veragua, Calderón le envía una lista completa de sus obras; hay en ella 110 títulos. Pero la verdad es que Calderón había escrito más que esas 110.

Procedía Calderón de una familia hidalga del norte, concretamente de la montaña de Santander, lo mismo que la de Lope y la de Quevedo. Muy joven todavía, estudia Calderón con los jesuitas y luego lo hace en las Universidades de Alcalá y de Salamanca. Dejó los estudios de Derecho Canónico por la labor de escritor dramático y, durante largos años, va a proveer de numerosas comedias a los teatros públicos y a la misma Corte real. Al mediar el siglo, Calderón es ordenado sacerdote, y desde entonces escribe AUTOS SACRAMENTALES, género en el que Calderón no admitirá rival, y más comedias y más dramas musicales que serán representados en el teatro de la Corte. La recompensa material que como escritor tuvo Calderón, fue mucho mayor que la modesta o ridícula obtenida por Lope o Cervantes y por muchos otros de sus contemporáneos. Y, además, gozaba del aprecio y del favor reales.

La inteligencia y el don poético, que Calderón poseía a manos llenas, le convirtieron en el más grande autor de autos sacramentales; conservamos unos 80 autos sacramentales suyos; estas obras dramáticas, de carácter religioso, como sabemos, tienen todas un elevado aliento poético. Calderón tuvo la habilidad de convertir los temas de la mitología pagana en temas de la ortodoxia católica; por ejemplo: *Los encantos de la Culpa* (Ulises y Circe) y *El divino Orfeo* (Orfeo y Eunridice). Los más conocidos autos de Calderón son: *La vida es sueño, La cena de Baltasar, El gran teatro del mundo*. La popularidad de los autos sacramentales es una consecuencia, y al mismo tiempo un síntoma, de la ferviente religiosidad, patrimonio del siglo XVII español. Los gustos del pueblo cambiaron mucho durante el siglo XVIII y, por varias razones que no es del caso explicar ahora, en 1765 se prohibió por real decreto la representación de autos sacramentales.

Calderón compuso bastantes comedias de carácter bíblico o religioso, además de sus 80 autos; entre ellas, destacan *Los cabellos de Absalón, El José de las mujeres, La devoción de la Cruz. El mágico prodigioso* (el tema fáustico del pacto de San Cipriano con el demonio), *El Purgatorio de San Patricio*.

Muchas de las mejores comedias calderonianas son de carácter histórico o legendario (sobre todo de tema hispánico). *El príncipe constante* es una exaltación de la figura del Príncipe Don Fernando de Portugal, que, prisionero de los moros de Ceuta, prefiere morir en prisión haciendo alarde de fe católica antes que lograr la libertad a cambio de mancillar el honor de Portugal. *La niña de Gómez Arias* es la historia dramática de una doncella ultrajada, en cuya ayuda y venganza actúa la reina Isabel la Católica. *El sitio de Breda* trata del asedio y toma por los españoles de la ciudad neerlandesa de Breda, acontecimiento inmortalizado por Velázquez en el cuadro conocido vulgarmente por «Las lanzas». *Amar después de la muerte* es una sugestiva caracterización de un noble morisco. *El cisma de Ingalaterra* da ocasión a Calderón para ensayar un interpretación personal de los caracteres de Catalina de Aragón, de Ana Bolena y del "teológico y sensual" Enrique VIII de Inglaterra. Cierto carácter histórico, aunque muy desvaído, tiene una de las comedias de Calderón, basada en un drama anterior de Lope que lleva el mismo título, y que es inferior a la reelaboración calderoniana: *El alcalde de Zalamea*. Pedro Crespo, alcalde del pueblo, ultrajado en la persona de su hija por un capitán cuya compañía ha acampado durante unos días en la villa de Zalamea, hace prender y ejecutar al aristocrático oficial, violador de su hija; el rey Felipe II, que pasa por Zalamea poco después de haber sido ejecutado el capitán, aprueba la sentencia dictada por el alcalde. Al terminar la representación de este drama se descorría una cortina, y ante el público aparecía el cadáver del capitán, todavía con el garrote aplicado a su garganta; esto habría sido inconcebible en el teatro francés, pero el espectador español tenía una concepción mucho más realista del arte escénico. Esta comedia de Calderón se representó más adelante con el título de *El garrote más bien dado*. Los españoles no se escandalizaban lo más mínimo de escenas terroríficas de este tipo, que hoy harían temblar hasta a los lectores de ciertas novelas policíacas y de otras obras de intriga, y a los espectadores de las representaciones de *suspense* ofrecidas por la televisión.

Calderón tuvo, también, una habilidad especial para escribir encantadoras comedias de CAPA Y ESPADA, ligeras, entretenidas y con una acción centelleante y rápida; estas comedias de intriga tienen carácter costumbrista, aunque un poco convencional; todo suele terminar bien, generalmente en boda, como las novelas rosas, después de una serie de graciosas aventuras entre las jóvenes y sus pretendientes; comedias de este tipo son: *Casa con dos puertas mala es de guardar, El escondido y la tapada, La dama duende, Mañanas de abril y mayo, Los empeños de un acaso.*

Es muy probable que las famosas tragedias calderonianas que giran alrededor del tema del "honor" puedan ser más ecuánimemente juzgadas por competentes psiquiatras que por los críticos racionalistas de nuestra época que, sin duda, las condenarán por su aparente brutalidad y por la mentalidad retrógrada de que parecen ser reflejo. Si a muchos de nosotros nos parece monstruoso que una mujer totalmente inocente pueda ser muerta por su marido, a sangre fría, sólo por existir una leve sospecha, no confirmada, de infidelidad, sospecha que implica automáticamente un ultraje a la dignidad del esposo, según la convicción y los prejuicios de la época y del país, si realmente esto nos parece inconcebible, bien, entonces no podemos hacer otra cosa que intentar comprender el código del honor español, y ponernos en el caso de los maridos deshonrados, observando la reacción de nuestra propia violencia emocional que, aunque larvada y entontecida, puede manifestarse bajo el estímulo del deshonor y de la indignidad. Podríamos tener la certeza de llenar todas las páginas de un gran libro con las experiencias sacadas de observar las reacciones de muchos de nosotros al leer el drama de "honor" calderoniano *El médico de su honra.* Del mismo tipo, pero no tan desorbitados como el anterior, son *El pintor de su deshonra, A secreto agravio secreta venganza, El mayor monstruo los celos.* No sabemos si Calderón y los demás dramaturgos españoles que componen dramas de "honor" buscaban con estas tragedias sólo producir situaciones dramáticas muy efectistas y espectaculares o si, por el contrario, pretendían ejemplarizar y educar al público, reaccionando estéticamente lo mismo que lo harían en la realidad si se encontraran ante idéntico dilema con el que sus personajes se tienen que enfrentar.

Seguramente, la comedia de Calderón *La vida es sueño* (1635), es la obra dramática española más conocida en el extranjero; con frecuencia se la califica de drama "filosófico." Es posible que el genio creador de Calderón y sus grandes dotes poéticas hayan tenido, en este caso concreto, la virtud de engañar a muchos públicos, y aun a muchos críticos, haciéndoles creer que al ver el extraordinario drama estaban, al mismo tiempo, elaborando o reelaborando profundos pensamientos. *La vida es sueño*, adaptada también por Calderón al género de los autos sacramentales, conservando el mismo título, es, efectivamente, tanto por su argumento como por su estilo, una obra dramática de extraordinario y cautivador atractivo: ¿qué es lo que en realidad nos gusta, nuestros sueños o la diaria realidad de nuestra vida y nuestra conducta? ¿cuál es el valor auténtico de nuestra existencia? La vida, como Segismundo, el héroe del drama, nos dice, no es otra cosa que "un frenesí, una ilusión, una sombra, una ficción, y todo bien es pequeño, que toda la vida es sueño y los sueños sueños son." La moraleja calderoniana es la siguiente: debemos actuar con arreglo a nuestra conciencia, en esta vida ficticia, para que nuestro despertar en la otra vida, en la vida eterna, sea un despertar feliz. A los incrédulos, esta moraleja piadosa les puede sonar a música celestial, pero ¿quién es el guapo que, oyendo o leyendo los sonoros versos del drama, se atreve a despreciar o menospreciar la forma extraordinariamente poética y cautivadora con que Calderón adornó y expresó sus conceptos? Calderón nos transporta desde el dominio de la fría lógica racional al reino de la fantasía poética, y nos deja revolotear allí, como felices e irresponsables mariposas, mientras no volvemos a la realidad.

Calderón es la quintaesencia del barroco. Limitándonos sólo a un aspecto, el aspecto formal, el estilo calderoniano es de una extremada riqueza decorativa, está lleno de arabescos verbales y de juegos de conceptos, presenta un virtuosismo técnico y conceptual que lo convierte en el estilo más alejado y distante de la sencillez, de la naturalidad. Calderón, tan gran poeta como es, marca, sin embargo, el final de una época; su estilo y su técnica son el prototipo de unas formas expresivas que han dado de sí todo lo que tenían dentro, y se han agotado en el esfuerzo. El exagerado virtuosismo resulta artificioso y marca realmente el principio de la decadencia. Los discípulos de Calderón intentaron reavivar el rescoldo del fuego calderoniano, pero no lograron inflamar la esplendente antorcha que el maestro logró conservar siempre encendida.

Durante el siglo XVII hubo en España, todavía, otros muchos dramaturgos de valía, sobre los que aquí no podemos decir nada, ni siquiera citar sus nombres; todos ellos son autores de gran número de comedias y otras piezas dramáticas que gustaron al público de entonces, y que hoy todavía son dignas por lo menos de ser leídas. En la segunda mitad del siglo XVII y en los primeros cincuenta años del XVIII es extraordinario el número de dramaturgos conocido; muchos de ellos escribieron comedias de gran éxito que fueron, además, no sólo aplaudidas por los autores franceses e ingleses, sino también utilizadas por ellos como la inagotable fuente de inspiración, temas, argumentos, para sus propias obras. La comedia española como totalidad, como género, es una de las grandes creaciones de la literatura universal, independiente de la valía concreta de alguno de sus títulos; la comedia española causa, verdaderamente, una fuerte impresión.

HISTORIA

Una época tan importante históricamente como es el siglo XVI, tenía que reflejarse en gran número de valiosas obras historiográficas, como así sucedió; también aparecieron bastantes estudios históricos de segundo orden. El descubrimiento del Nuevo Mundo, su conquista y su colonización, habían suministrado ricos materiales historiables, como los proporcionaba también la agitada vida de Europa, por el importante y activo papel desempeñado por España en los acontecimientos políticos europeos de la época. **Jerónimo de Zurita** (1512-1580), escribió los *Anales de la corona de Aragón*; **Ambrosio de Morales y Oliva** (1513-1591) es autor de las *Antigüedades de las ciudades de España*, y es muy conocido **Florián de Ocampo,** a quien se debe la deficiente *Crónica general de España* (1543), utilizada por muchos dramaturgos como inagotable filón de argumentos para sus comedias. **Pero Mexía** fue también un celebrado historiador.

Historiadores de Indias

El **Padre Bartolomé de las Casas** (1474-1566) escribió una *Historia de las Indias* y la transcendental *Brevísima relación de la destrucción de las Indias* enviada por el autor al Emperador Carlos V en 1542. El Padre Las Casas estaba convencido de que los indígenas estaban dotados de toda clase de elementales virtudes, no obstante lo cual habían sido, y eran, tratados con crueldad por los conquistadores y colonos españoles. De esta obra del Padre Las Casas arranca la «leyenda negra» que tanto daño ha hecho a España, y de la que tanto tiempo ha tardado en desembarazarse. Verdaderamente, Las Casas no era un fidedigno historiador.

El Inca Garcilaso (Garcilaso de la Vega, 1540-1615), emparentado con el gran poeta del mismo nombre, ocupa un importante lugar en la historia de la literatura española, por sus famosos *Comentarios reales que tratan del origen de los incas*, obra escrita en 1609, es decir, en el siglo XVII, por lo que la estudiaremos en este capítulo. Garcilaso era hijo de un conquistador español, de familia noble, y de una princesa indígena, y se crió y educó en el Perú, presenciando los últimos destellos de la cultura y de la civilización incas. Conoció a muchos de sus parientes de la rama materna, con los que convivía, y de ellos aprendió una gran cantidad de interesantes leyendas, historias y tradiciones indígenas. Todo este caudal de noticias lo incluyó en sus *Comentarios*, obra que redactó y publicó cuando era ya un viejo de avanzada edad, y vivía en España después de haber regresado definitivamente del Perú.

Historia de España

El padre jesuita **Juan de Mariana** (1535?-1624), está considerado, todavía, como uno de los más grandes historiadores españoles. Sus obras siguen siendo consultadas hoy, y los historiadores modernos, en algunas ocasiones, no pueden hacer otra cosa que seguir la versión de Mariana. Primero, escribió y publicó su famosa historia, en lengua latina (1592); luego, en 1601, apareció la versión española. Narra toda la historia española desde los tiempos más antiguos hasta la muerte de Fernando e Isabel. Se dice que lo que movió a Mariana a escribir su obra fue, solamente, el deseo de poner en orden lo que muchos otros historiadores habían embrollado, pero lo cierto es que Mariana fue mucho más allá de sus originales propósitos y escribió una obra verdaderamente interesante, personal y de gran valor literario. Su principal obra lleva, simplemente, el título de *Historia general de España*.

Otras obras en prosa

Literatura didactica

Francisco de Quevedo y Villegas (1580-1645), fue un verdadero polígrafo, y basta leer unas pocas líneas de cada una de sus obras para encontrar enseguida auténticos tesoros de todo orden. Como sabemos, Quevedo fue también un prolífico poeta y un extraordinario novelista, autor de esa amarga historia. *El buscón*, modelo de novela picaresca. Escribió también algunas obras dramáticas, especialmente entremeses, y numerosas obras en prosa y en verso de todo género: religiosas, filosóficas, políticas, críticas, satíricas. Es algo realmente fascinante gozar de los juegos de ingenio y de la extraordinaria vena humorística de Quevedo.

Para muchos, lo mejor de la obra quevedesca son los ocho ensayos de carácter satírico-moral que Quevedo tituló *Sueños*, comenzados a escribir en 1609, pero no publicados hasta 1627. No importa que la técnica temática de los *Sueños*, la libre imaginación que da el salto al infierno, Quevedo la tomara de Luciano y de Cicerón. Quevedo satiriza violentamente a todas las clases sociales y a todas las profesiones. Es difícil decir quién sale más malparado de la mordaz crítica de Quevedo. Entre las profesiones, quizás los médicos y sus ayudantes. Sobre las mujeres, Quevedo echa pestes siempre; podemos suponer que, al contrario de Lope de Vega, Quevedo no conoció nunca la delicia del amor femenino, y quizá tampoco sintió las caricias de ninguna otra clase de amor. Su asco por los pecados y los vicios de la humanidad se convirtió en Quevedo en obsesión, obsesión traducida en sus obras literarias con una violencia agresiva rayana en lo patológico. La sincera severidad moral de Quevedo es digna de admiración, pero en vano buscaríamos en él la ancha humanidad de Cervantes. Quevedo atacó las exageraciones de Góngora con su habitual virulencia, pero sus propias obras están compuestas en un estilo lleno de imágenes conceptuosas y de sutilezas de pensamiento que podemos considerar tan reprobables como las exquisiteces gongorinas. Quevedo es un típico representante del más exacerbado barroco.

Baltasar Gracián y Morales (1601-1658), era un padre jesuita experimentado, agudo y amargado; es una de las glorias españolas de la Compañía. La primera obra que publicó, fue *El héroe*, un ensayo anti-Maquiavelo, en el cual Gracián describe las veinte cualidades que debe poseer todo el que aspire a ostentar el título de héroe. Aunque parezca extraño, su tipo de héroe es el Rey Felipe IV. *El político Fernando* (1640), es una apología de su paisano Fernando el Católico. *El discreto* (1646), es un manual del perfecto caballero, analiza Gracián en esta obrita las veinticinco cualidades (realces) que considera indispensables para ser un caballero discreto, y pone un ejemplo histórico como ilustración de cada una de ellas. *El oráculo manual y arte de prudencia* (1647), es una colección de 300 máximas (aforismos); en ellas se inspiraron La Rochefoucauld y La Bruyère.

La obra gracianesca que más influyó sobre sus contemporáneos fue el *Arte de ingenio* (1642), reelaborado y publicado más tarde (1648) con el título de *Agudeza y arte de ingenio*. Describe y comenta favorablemente los procedimientos estilísticos de culteranos y conceptistas, poniendo abundantes ejemplos. Se convirtió Gracián, por lo tanto, en el definidor, preceptista y teórico del más avanzado estilo barroco. *La Agudeza* debe ser considerada como la poética del Barroco.

La obra maestra de Gracián es *El Criticón* (en tres partes, 1651-1657); se trata de una especie de novela filosófica que recorre todas las edades de la vida: la juventud corresponde a la primera parte (Parte I); al otoño, la edad madura (Parte II); el invierno se identifica con la vejez (Parte III). Critilo, símbolo del hombre cultivado y reflexivo, naufraga en las costas de la isla de Santa Elena, y, llegando a tierra, encuentra al ignorante y primitivo Andrenio, símbolo del hombre natural, espontáneo, instintivo. Juntos ambos, se encaminan a España, donde tienen ocasión de observar el egoísmo y la conducta antisocial de los hombres y la falsedad de las mujeres. Siguen su viaje y llegan a Roma, donde se dan cuenta de la fragilidad de la vida humana, y, por último, tienen la suerte de arribar a la Isla de la Inmortalidad, premio concedido a sus virtudes y a su valer. El retrato que de la humanidad hace Gracián, es agrio y desconsolador. El estilo gracianesco es verdaderamente complicado y esotérico, y para entender bien sus obras, sobre todo *El Criticón*, hay que leer despacio y con mucho cuidado.

Don Diego de Saavedra Fajardo (1584-1648) desempeñó importantes cargos políticos y diplomáticos. Su gran experiencia queda fielmente reflejada en su obra más famosa, las *Empresas políticas* o *Ideas de un príncipe político-cristiano*. Por EMPRESA entiende Saavedra Fajardo una especie de emblema con dibujo jeroglífico; a la cabeza de cada capítulo va una empresa. Las fuentes en las que se inspira Saavedra Fajardo son principalmente Santo Tomás, la Biblia, Tácito; es evidente, en la obra del diplomático español, el propósito de refutar las ideas de Maquiavelo. A pesar de su estilo, algo oscuro. la obra fue extraordinariamente popular.

Es autor, también, Saavedra Fajardo, de la *República literaria*, publicada siete años después de su muerte; este ensayo, cuyo estilo es mucho más natural y elegante que el de las *Empresas*, es una obra de crítica literaria donde se pasa revista tanto a los escritores españoles como a los extranjeros, no limitándose a los literatos sino incluyendo también a los artistas y a los hombres de ciencia. Al hombre de nuestra época le sorprende mucho que Saavedra Fajardo se olvide de la *Celestina*, de Cervantes y de todo el teatro español. Se explica esta actitud, porque a Saavedra el teatro le parecía algo reprobable, por inmoral; afortunadamente, el pueblo español no estaba de acuerdo con él.

Sebastián de Covarrubias y Orozco (muerto en 1613), es autor del mejor diccionario del siglo XVII, titulado *Tesoro de la lengua castellana* (1611). Se trata de una notabilísima obra filológica; no obstante sus lagunas y omisiones, es el mejor documento del lenguaje de la época. Da las etimologías que en el siglo XVII se consideran acertadas, y en un esfuerzo para explicar las significaciones de cada palabra, con frecuencia ilustra las acepciones y definiciones con útiles descripciones de las costumbres y de las más extrañas creencias populares; de vez en cuando busca apoyo en la antigüedad y hace abundantes acotaciones y referencias a pasajes de los clásicos griegos y latinos.

Vicente Espinel (1550-1624), fue un hombre de vida intensa y variada. Nacido en Ronda, estudió en Salamanca, viajó por España e Italia, sentó plaza de soldado y, seguramente, estuvo cautivo, como Cervantes, en Argel. Poeta, músico y novelista, se ordenó sacerdote en la última época de su vida. Lo que más nombradía le dio, en su tiempo, fueron sus actividades como músico y poeta; la mayor parte de sus composiciones métricas originales fueron publicadas en 1591 con el título de *Rimas*. Pero la posterioridad le recuerda, más que nada, por su novela, semiautobiográfica, semipicaresca, titulada *Vida del escudero Marcos de Obregón* (1618). Los episodios y aventuras de esta novela son bastante interesantes, así como también lo son las historietas intercaladas, las anécdotas que se narran y los comentarios que hace Espinel.

El siglo XVIII

CRÍTICA

Erudición:

B. J. Feijoo (1676-1764)
I. de Luzán (1702-1754)

OBRAS EN VERSO

Fray Diego González
  (1732-1794)
N. Fernández de Moratín
  (1737-1790)
José Cadalso (1741-1782)
J. Meléndez Valdés
  (1754-1817)
G. M. de Jovellanos
  (1744-1811)
M. J. Quintana (1772-1857)
Blanco White 1755-1841)
F. M. Samaniego
  (1745-1801)
Tomas de Iriarte (1750-1791)

TEATRO

V. García de la Huerta
  (1734-1787)
Ramón de la Cruz
  (1731-1794)
L. Fernández de Moratín
  (1760-1828)

NOVELA/AUTOBIOGRAFÍA

Don Diego de Torres
  Villaroel (1693?-1770)
J. F. de Isla (1703-1781)

8
El siglo XVIII

Reinados de: Felipe V, 1700-1746 (Luis I, 17243; Fernando VI, 1746-1759;
 Carlos III, 1759-1788; (Carlos IV, 1788-1808; Fernando VII, 1808-1833
 (con el interregno napoleónico).

 SPAÑA HABÍA CAÍDO en barrena durante el desgraciado reinado de Carlos II (1665-1700). La entronización de la Casa de Borbón con Felipe V, nieto de Luis XIV de Francia marcó el comienzo de una gradual mejora de las condiciones de la vida española, realidad que se hizo más patente al mediar la centuria y, sobre todo, durante el reinado del gran monarca que fue Carlos III. Sus sucesores, menos dotados, lucharon en vano por mantener a España al margen de las consecuencias de la Revolución Francesa. Las tropas de Napoleón fueron arrojadas de España, por fin, en el año 1814, pero, no mucho más tarde, España perdió la mayor parte de sus posesiones de Ultramar. El período de la historia de España que va desde 1700 hasta 1833 no fue, desde luego, una de las épocas más felices de la Península, ni material ni culturalmente.

El llamado «Siglo de Oro» (sería más apropiada la denominación «Edad de Oro»), comprende bastante más que un siglo; el siglo XVIII se prolonga, desde el punto de vista cultural, hasta el año 1833, fecha de la muerte de Fernando VII. Esta época dieciochesca produjo muchos más eruditos y críticos, que verdaderos creadores y artistas. Como era de prever, la dinastía borbónica hizo todo lo posible por introducir en España las ideas francesas de todo orden, incluyendo las ideas literarias y artísticas, muchas de las cuales no compaginaban bien con el genio y el temperamento hispánicos, preferentemente individualistas. Pero, a pesar de todo, y gracias al tesón de los gobernantes, el nivel cultural de España subió gradualmente. Y hasta las ideas enciclopedistas y rousseaunianas, no obstante estar consideradas como revolucionarias, subversivas y heterodoxas, comenzaron a difundirse en los últimos tiempos del siglo XVIII.

CRÍTICA

Padre Feijoo

El erudito monje benedictino **Benito Jerónimo Feijoo** (1676-1764) pasó la mayor parte de su vida en Oviedo, como profesor de teología y filosofía en aquella Universidad. Su cultura e información eran lo suficientemente amplias para hacerle comprender el bajo nivel de los conocimientos en la España de su tiempo, si se tenía en cuenta el estado cultural de otros países europeos, y, aunque nunca traspasó los límites de la ortodoxia, luchó todo lo que pudo contra la ignorancia, la rutina, los prejuicios, la falsa tradición y la superchería. En el siglo XVIII todavía no se conocía la auténtica especialización, por lo que Feijoo trabajó en todos los campos culturales, como lo demuestra en su más conocida obra de carácter enciclopédico, el *Teatro crítico universal* (8 volúmenes, 1726-1739), complementada, más tarde, con los cinco nuevos tomos, publicados de 1742 a 1760 con el título de *Cartas eruditas*. Las afirmaciones y tesis de Feijoo no pasaron desapercibidas, y se vio envuelto en varias de las controversias filosóficas y literarias, y de las polémicas, que tan corrientes fueron durante el siglo XVIII, época de esplendor para toda clase de discusiones y debates. En el dominio literario, Feijoo, aun reconociendo que las leyes y los preceptos podían ser útiles y hasta necesarios para corregir o coartar los extravagantes abusos consecuencia de toda excesiva libertad, encuentra como nota característica del arte y de la poesía la existencia de un no sé qué íntimamente relacionado con la personalidad y subjetividad de cada autor, este no sé qué es lo que hoy llamamos «inspiración» o «genio».

El más famoso preceptista del siglo XVIII, considerado como el más típico representante de la poética neoclásica en España, fue **Ignacio de Luzán** (1702-1754), diplomático, erudito y crítico. Su *Poética* (1737) estaba inspirada no sólo en las ideas estrictamente neoclásicas del francés Boileau, sino también en las interpretaciones italianas de Aristóteles y de Horacio. Estudia exclusivamente las composiciones en verso, porque para él la novela no era una manifestación lícita ni válida del arte literaria. Los esfuerzos de Luzán y de sus simpatizantes eran dignos de alabanza, pues intentaban corregir lo que consideraban como desenfrenadas libertad y licencia literarias, que, en manos de los vulgares continuadores de Lope y de Calderón, amenazaban con la destrucción y agotamiento del Teatro español. Luzán no se cansa de repetir que la imaginación debe ser modelada por la razón, que deben respetarse las tradicionales y clásicas UNIDADES DRAMÁTICAS (*tiempo, lugar, acción*), que es necesario mantener una cierta verosimilitud. Luzán no se contenta con teorizar y legislar, sino que hace críticas concretas de muchas de las grandes obras dramáticas de la Edad de Oro, críticas que se hicieron más severas en la segunda edición, aparecida en 1789, después de la muerte del gran preceptista aragonés. Pero a Luzán no le duelen prendas, por lo que siempre reconoció el talento y la genialidad de los grandes dramaturgos españoles. Lo único que verdaderamente les reprocha es no haber conocido y observado mejor las reglas dramáticas. Se muestra mucho más severo con el marmóreo Góngora y el conceptuoso Gracián. Otros críticos del XVIII fueron todavía más duros que Luzán. Pero todavía quedaban algunos, que seguían viviendo espiritualmente en el siglo XVII, partidarios a ultranza de la libertad absoluta del genio, que tiene potestad para actuar según sus íntimas convicciones; es decir, barrocos rezagados que, al mediar el siglo XVIII, mantienen el mismo punto de vista que los románticos sostendrán teóricamente y llevarán a la práctica en el primer tercio del siglo XIX en Europa, y en España a partir de 1833.

OBRAS EN VERSO

Fray Diego Tadeo González (1732-1794) es considerado generalmente como el fundador de la escuela poética salmantina del siglo
XVIII. Los poetas de este grupo giraban alrededor de la órbita de la
famosa ciudad universitaria de Salamanca, e intentaron, con muchos
esfuerzos y poco provecho, revivir las glorias universitarias y
literarias de la ciudad donde Fray Luis de León (agustino como Fray
Diego González) había compuesto sus encantadoras poesías. Fray
Diego escribió dulces y graciosos versos, quizá dedicados o dirigidos
platónicamete a distintas encantadoras y angelicales damas salman-
tinas. Su poema más conocido, *El murciélago alevoso*, es una
ingeniosa aunque pesada invectiva contra el pequeño y repugnante
animalejo que había tenido la osadía de asustar y descomponer a la
frágil y delicada Marta, la dama de Delio (nombre poético del propio
autor).

El coronel de caballería **José Cadalso** (1741-1782), hombre de
gran cultura y de mucho mundo, viajero infatigable cuando se lo
permitían sus deberes militares, murió heroicamente luchando
contra los ingleses en el sitio de Gibraltar. Se repite, tópicamente,
que Cadalso escribe como un clásico pero vivió como un verdadero
romántico. Para autorizar esta opinión se recuerda siempre que
Cadalso se enamoró perdidamente, durante una estancia en Madrid,
de la actriz María Ignacia Ibáñez, y fue tan grande su dolor al morir
su amada que, con locura pasional muy romántica, intentó robar su
cadáver. Desterrado de Madrid por orden real, se fue a vivir a
Salamanca, donde ejerció considerable influencia, sobre algunos de
los poetas de aquel grupo. Sus poemas, aunque muy correctos desde
el punto de vista formal, no tienen fuerza expresiva ni emoción
realmente lírica. Como otros muchos de los poetas de su siglo,
Cadalso intentó, sin éxito, escribir tragedias de corte neoclásico.

Más importancia y más interés ofrecen sus obras en prosa. *Los
eruditos a la violeta* es una aguda sátira contra los escritores
pedantes. Sus *Cartas marruecas*, sugeridas por las *Lettres persanes*
de Montesquieu, son muy personales y nos presentan una fiel
imagen, satíricamente elaborada, de las condiciones de la vida en la
España de su época. *Las Noches lúgubres* expresan los sentimientos
del poeta por la trágica muerte de su amada; redactadas en prosa

dialogada, son un ejemplo típico y literal del "romanticismo de los cementerios."

El más dulce de los poetas del grupo salmantino fue **Juan Meléndez Valdés** (1754-1817), que escogió el nombre poético de «Batilo». Sus sentimientos, aunque profundos y sinceros, no igualan la gracia y pulcritud de su estilo, pero sus poemas anacreónticos, sus églogas, sus romances, se dejan leer placenteramente, todavía hoy. Al final de su vida se dedicó a escribir sobre temas más serios, así, por ejemplo, sobre temas filosóficos y sociales. Muestra en toda su obra un cierto sentimentalismo que puede considerarse como un anticipo del cercano romanticismo.

Manuel José Quintana (1772-1857), exaltado patriota y severo poeta, se nos muestra más vigoroso y profundo que los anteriores. Permaneció fiel al espíritu y a la técnica poética del XVIII, a pesar de que la mayor parte de su larga vida discurre en el siglo XIX y de que conoció el triunfo del romanticismo. Fue ardiente defensor de Fernando VII en contra de Napoleón, y más tarde enemigo del régimen tiránico y desgraciado del mismo Fernando; fue encarcelado y desterrado por esta causa, aunque gracias a la subida al trono de Isabel II, recuperó el favor real y llegó a ser coronado por la Reina como el más grande poeta de la época, el poeta por antonomasia. Escribió obras dramáticas, una de ellas, *El Duque de Viseo* (1801), basada en el estilo del "Monje" Lewis ('The Gothic "Monk" Lewis'), aunque aparentemente respeta los cánones clásicos. *El Pelayo* es un drama de carácter patriótico, y patrióticos son algunos poemas suyos, como, por ejemplo, *A la expedición española para propagar la vacuna en América, Al armamento de las provincias españolas contra los franceses*, y otros, escritos con motivo del levantamiento español contra las tropas napoleónicas en 1808.

El movimiento popular que estalló en Madrid en mayo de este mismo año, 1808, dio ocasión a un discípulo de Quintana, **Juan Nicasio Gallego** (1777-1853), para escribir un inspirado pero violento poema patriótico, *Al Dos de Mayo*. Es una magnífica ilustración poética del espeluznante cuadro de Goya *Los fusilamientos del Dos de Mayo*.

Gaspar Melchor de Jovellanos (1744-1811), elegante poeta neoclásico, fue un gran patriota y un consciente ciudadano. Sus obras dramáticas son poco leídas hoy día; entre ellas se encuentran la tragedia *Pelayo* y el drama sentimental *El delincuente honrado* que tiene cierto carácter social y al mismo tiempo recuerda la comédie larmoyante francesa. También son poco conocidas sus composiciones versificadas firmadas con el nombre poético de Jovino, y sus poemas serios, de intención moralizadora o política, como, por ejemplo, las sátiras y las epístolas. En su tiempo destacó, sobre todo, como hombre de estado, como patriota, como sociólogo, y también como jurista, economista y reformador; sus obras en prosa tratan de temas relacionados con todos estos aspectos. Fue un hombre verdaderamente admirable.

Las majas al balcón de Goya

Las ideas francesas habían influido mucho sobre él, pero al invadir Napoleón la península, Jovellanos reaccionó patrióticamente y se puso al lado de los partidarios de la resistencia; murió en Asturias, su patria, donde había organizado la rebelión contra los franceses, cuando era perseguido por las tropas napoleónicas.

Durante los siglos XVI y XVII había habido en el sur de España, sobre todo en Sevilla, varias importantes y nutridas escuelas poéticas. En el siglo XVIII se puede hablar también de una escuela poética sevillana, aunque no alcanzara la categoría artística de sus predecesoras. A esta escuela perteneció, en un principio, **José Maria Blanco y Crespo** (1775- 1841) el más conocido del grupo para los eruditos y estudiosos de habla inglesa: sacerdote sevillano, canónigo de Cádiz, Blanco huyó a Inglaterra durante la invasión napoleónica; allí apostató, convirtiéndose a la religión anglicana y más tarde a la unitaria, y cambió su nombre por el de «Blanco White»; logró una pensión concedida por el gobierno británico. Además de sus obras y de sus composiciones en prosa escritas en castellano, todas ellas de cierto valor, Blanco White escribió, en lengua inglesa, un admirable soneto titulado *Mysterious Night*, preferido por los redactores de antologías.

Los eruditos españoles se contaron entre los primeros que, en el siglo XVIII, volvieron los ojos a su poesía medieval, para estudiarla y editarla. **Tomás Antonio Sánchez** publicó (1779-1790) la meritoria *Colección de poesías castellanas anteriores al siglo XV*, en cuatro tomos; en esta publicación se editaron, por vez primera, *El Poema del Cid*, las obras de Berceo, el *Libro de Alexandre* y el *Libro de buen amor*. **Juan José López de Sedano** prestó un servicio similar con la publicación (1768-1778) de su *Parnaso español*, en nueve volúmenes.

FABULISTAS

La Fontaine encontró un estimable imitador en el riojano **Félix María de Samaniego** (1745-1801) autor de unas *Fábulas morales* que se publicaron a partir de 1781. Como mejor fabulista está considerado **Tomás de Iriarte** (1750-1791) uno de los escritores españoles que con más constancia y ahínco intervinieron en las numerosas polémicas literarias que tan enconadamente se desarrollaron a todo lo largo del XVIII y principios del siglo XIX. Escribió Iriarte un largo poema didáctico sobre la música, innumerables ensayos polémicos y dos finas comedias de carácter social; pero, sobre todo, es conocido por sus *Fábulas literarias* (1782). Muchas de ellas son concisas y enérgicas, como epigramas, y todavía hoy se las cita y aprecia con frecuencia.

El TEATRO

Los poetas serios del XVIII, quizá influidos por las teorías de Luzán y de otros preceptistas, pensaron componer tragedias de corte neoclásico; muchos llegaron a escribirlas y a representarlas, pero el éxito les fue negado, y sus esfuerzos baldíos. El público seguía prefiriendo las comedias de la edad de oro, tanto en su versión original como en las abundantes adaptaciones que se hacen, sobre todo en la segunda mitad del siglo, con el nombre de refundiciones. **Cándido María Trigueros** (1736-1801) convirtió *La estrella de Sevilla* en la obra en cinco actos *Sancho Ortiz de las Roelas*, y lo mismo hizo con varias comedias de Lope. **Dionisio Solís** (1774-1834) adaptó numerosas comedias clásicas, muchas de ellas pensando en el lucimiento del gran actor Isidoro Máiquez. El público español pedía, como siempre, vida y acción, y antes que las, para ellos, insípidas y discursivas tragedias neoclásicas, los espectadores preferían comedias de corte antiguo aunque fueran tan malas como las escritas por **Luciano Francisco Comella** (1751-1812).

La única tragedia neoclásica española que tuvo cierto éxito y logró sobrevivir fue *Raquel* (1778) de **Vicente García de la Huerta** (1734-1787); se basa esta tragedia en un episodio histórico convertido en legendario, el amor de Alfonso VIII de Castilla hacia una judía toledana, tema ya tratado por Lope de Vega en *La judía de Toledo*. La tragedia de García de la Huerta consta de tres actos, no de cinco, está escrita en versos asonantados de once sílabas, rasgo que la diferencia de las comedias de la edad de oro caracterizadas por la libertad y variedad de las fórmulas métricas, pero, a pesar de ello, fue fácilmente aceptada y aplaudida aun por aquellos que no podían soportar las tragedias neoclásicas.

Nicolás Fernández de Moratín (1737-1780) escribió tres tragedias que no tuvieron ningún éxito, pero, en cambio, logró uno de los más atractivos poemas de todo el XVIII, la composición en quintillas *La fiesta de toros en Madrid*, que tiene un brío y un color verdaderamente románticos.

Como dramaturgo, fue mucho mejor, y más famoso, su hijo Leandro Fernández de Moratín (1760-1828). De formación neoclásica, hizo, sin embargo, una aceptable traducción del *Hamlet*, aunque no aprobara la estética shakespeariana. Tradujo también a Molière, en cuyas obras el joven Moratín encontró el principal modelo para sus cinco comedias. Tenía Moratín instinto dramático y su *La comedia nueva o el café* (1792) constituye una encantadora y fina sátira de los deleznables dramones que se escribían en aquel tiempo, como, por ejemplo, los de **Francisco Comella** (1751-1812). Para muchos críticos *La comedia nueva* tiene más categoría que la obra dramática más famosa de Moratín, *El sí de las niñas* (1806), comedia a la que el paso del tiempo le ha sentado muy mal. En esta obra Moratín nos enseña, de una manera relativamente fina y entretenida, que los padres y los familiares no deben hacer mal uso de su autoridad para arreglar los noviazgos y casamientos de los jóvenes en contra de sus deseos y sentimientos. El diálogo es muy real y gráfico, y el carácter de la madre, de Doña Irene, está dibujado de mano maestra, resultando muy cómico pero no grotesco. Es autor Moratín, también, de un ensayo de historia del arte dramático, titulado *Los orígenes del teatro español*, que se puede consultar con provecho todavía hoy. Lo que menos vale de toda la producción moratiniana son sus poemas líricos.

Ramón de la Cruz (1731-1794) es, por el carácter realista de sus obras y por su fecundidad literaria, un típico escritor español: es autor de sesenta y nueve tragedias, comedias y dramas musicales, incluyendo las traducciones, y de 473 sainetes, obras menores dramáticas, en un acto, auténticos «pedazos de la vida» que poseen una gracia verdaderamente cómica. Estos sainetes continúan la tradición de los pasos de Lope de Rueda, y de los entremeses de Cervantes y de Quiñones de Benavente, y nos ofrecen una imagen verídica y piadosamente satírica de la vida española del siglo XVIII en todos los niveles sociales: alto, medio y bajo. La manera de acentuar el color local es un anticipo del cercano romanticismo, y podemos establecer un paralelismo entre los cuadros de costumbres debidos a Ramón de la Cruz y los brillantes bocetos caricaturescos de Goya. Estos dos artistas, Ramón de la Cruz y Goya, destacan mucho en un siglo que en España se mostró más académico que creador. Los más típicos sainetes de Ramón de la Cruz llevan estos títulos: *La Plaza Mayor por Navidad, Las castañeras picadas, El petimetre, El Rastro por la mañana, El Prado por la noche, Las tertulias de Madrid, La presumida burlada, La comedia casera, El teatro por dentro, El sainete interrumpido.*

Novela y autobiografía

Los serios autores del siglo XVIII no se rebajaron a escribir novelas, género que les parecería poco digno, y se extinguió, prácticamente, la antigua y brillante tradición de la picaresca y de otras formas novelísticas. El padre jesuita **José Francisco de Isla** (1703-1781) constituye una leve excepción a la regla. Su *Historia del famoso predicador Fray Gerundio de Campazas, alias Zotes*, es una larga y no demasiado realista sátira de los rimbombantes predicadores y de los recursos utilizados por ello para impresionar a su ingenuo público. El Padre Isla tradujo el *Gil Blas de Santillana* de Alain-René Lesage; Isla acusa a Lesage de plagio o de traducción fraudulenta (robada a los españoles, según dice textualmente) y se precia de devolver a la novela su primitiva redacción castellana; pero esta denuncia de Isla no está justificada, si la tomamos al pie de la letra; lo estaría si hablara sólo de imitación y hasta de refundición; porque, efectivamente, Lesage, además de traducir al francés varias novelas picarescas, había utilizado otras como materia prima para su propio *Gil Blas*; pero esta novela puede considerarse creación suya aunque casi no hiciera más que hilvanar historietas y trozos de novelas picarescas españolas, algunas de ellas desconocidas hoy en su presunta forma original. La traducción del *Gil Blas* está muy hábilmente hecha; es una traslación coloquial, libre, gráfica; gracias a ella podemos afirmar que el traductor, es decir, el Padre Isla, era capaz de escribir muy bien, en una prosa castellana natural y castiza que todavía hoy resulta agradable, amena y fácil de leer.

Diego de Torres Villarroel (1693-1770) llegó a ser catedrático de la Universidad de Salamanca; pero no era un profesor al estilo de los demás, ni su vida fue la corriente de un hombre de estudio; antes de ser catedrático llevó una vida errante y pintoresca: cantó y bailó en las plazas públicas, fue torero, vagabundo, falso ermitaño, soldado, curandero, violador de cerraduras, poeta, clérigo y filántropo. Fue un tipo bastante anárquico e inquieto, pero también un verdadero reformador que se dio cuenta de la necesidad de una reforma en España, no por medio de estudios, lecturas y reflexiones, sino gracias a su contacto directo con muchos de los aspectos (algunos de ellos desconocidos totalmente para los eruditos y políticos de aquel tiempo) de la vida española. La más importante de sus numerosas obras es su *Vida* (1743). Es posible que Torres Villarroel sea bastante embustero en ocasiones, pero su autobiografía resulta verdaderamente interesante y, desde luego, no es nada pesada ni lánguida. Desde el punto de vista del estilo, Torres Villarroel parece ser un fiel seguidor de Quevedo; en realidad, la *Vida* podría considerarse como una manifestación más de la novela picaresca.

El Romanticismo

POESÍA	TEATRO	NOVELA	COSTUMBRISMO (CRÍTICA)
Duque de Rivas (1791-1865)	F. Martínez de la Rosa (1787-1862)	Traducciones e imitaciones de Walter Scott	R. Mesonero Romanos (1803-1882)
Juan de Arolas (1805-1849)	Duque de Rivas (1791-1865)	El doncel, de Larra (1834)	S. Estébanez Calderón (1799-1867)
José de Espronceda (1808-1842)	M. J. de Larra (1809-1837)	Sancho Saldaña de Espronceda (1834)	M. José de Larra (1809-1837)
N. Pastor Díaz (1811-1863)	J. E. Harkenbusch (1806-1880)	El Señor de Bembibre (1844) de Gil y Carrasco	
G. Gómez de Avellaneda (1814-1873)	A. García Gutiérrez (1813-1884)	M. Fernández y González (1821-1888)	
José Zorrilla (1817-1893)	José Zorrilla (1817-1893)	E. Pérez Escrich (1829-1897)	
G. A. Béequer (1836-1870)	M. Bretón de los Herreros (1796-1873)		
Rosalía de Castro (1837-1885)			
E. Gil y Carrasco (1815-1846)			

9

El romanticismo

Reinado de Isabel II (1833-1868).

 UANDO EN 1833 MUERE Fernando VII, la herede-
ra del trono, su hija Isabel, era sólo una niña; el
país fue gobernado durante su menor edad por
la viuda de Fernando VII, Doña María Cristina,
como regente del reino; ayudada por el Gobierno, María Cristina adoptó una actitud más
liberal que la mantenida por su marido, y tuvo
que enfrentarse con los partidarios de su cuña-
do, el Infante Don Carlos, de ideas conservadoras y tradicionalistas;
así comenzó la primera guerra carlista que no termina hasta 1837;
los resultados de la precaria paz fueron nulos y el país no progresa
ni política ni económicamente. España se había convertido en una
potencia de segundo orden que no contaba para nada en la política
internacional.

Los escritores románticos ofrecen en España las mismas
características que en todas partes: subjetividad, individualismo,
libertad frente a las reglas, preceptos y normas, interés grande por la
naturaleza, búsqueda de todo lo pintoresco y popular, predominio de
la emoción y del sentimiento sobre la razón, entusiasmo por
resucitar la edad media, empeño en encontrar y expresar las
peculiaridades locales, lo característico de cada pueblo o comarca.
Las influencias extranjeras son muy importantes en este período de
la historia literaria española: influye Italia, influye Alemania, influye
Inglaterra, pero, sobre todo, es patente la influencia de Francia. Las
traducciones de obras literarias europeas inundan el país. Hay una
serie de obras, difundidas y conocidas por toda España, que contribuyen a crear una concepción sentimental de la vida, antes inexistente,
y una nueva actitud, muy respetuosa, frente a la Naturaleza; estas

obras son, entre otras, los *Night Thoughts* de Young, *The Seasons* de Thompson, los poemas en prosa, de carácter ossiánico, compuestos por MacPherson. Se leían ávidamente las novelas y narraciones de Sir Walter Scott, imitadas en seguida. Los españoles admiraban a Lord Byron. Se estaba al corriente de la creación literaria francesa, y autores como Rousseau, Châteaubriand, Victor Hugo y Alejandro Dumas (el padre) eran más conocidos que los escritores españoles clásicos. Los dos últimamente citados, y E. Scribe tenían casi acaparada la escena española. El *Werther* de Goethe, traducido por vez primera en 1803, tuvo mucha culpa de los frecuentes casos de locura y aún de suicidio que afectaron a muchos jóvenes románticos españoles. Por principio, había que presumir de ser emotivos y sentimentales. Muchos jóvenes españoles, exilados a causa de la opresión ominosa del desdichado Fernando VII, vivían y trabajaban en el extranjero, especialmente en Inglaterra y Francia, y allí se familiarizaron con las modas literarias dominantes en estos países. Hay que tener siempre en cuenta que durante la Edad de Oro de la cultura española existió siempre un grado discreto de libertad. Por eso los españoles consideraban que el romanticismo no era otra cosa que el retorno a la tradición autóctona.

Es conveniente fechar en 1833 el comienzo del romanticismo español; en ese año murió Fernando VII y los exilados liberales pueden regresar a España, trayendo con ellos las nuevas ideas y las nuevas concepciones literarias. El romanticismo dura en España hasta los primeros años de la segunda mitad del siglo XIX.

POESÍA

Uno de los liberales repatriados fue **Ángel de Saavedra** (1791-1865) más tarde Duque de Rivas. El futuro Duque había nacido en Córdoba, y su educación, así como las obras de su juventud que publicó, de poco valor por cierto, fueron típicamente neoclásicas. Ángel de Saavedra era noble, rico, de ideas liberales, y había luchado contra las tropas de Napoleón, como buen patriota. Desterrado por Fernando VII en 1823, pasó cinco años en la isla de Malta donde tuvo ocasión de conocer al culto John Hookham Frere quien le inició en la literatura inglesa, poniéndole en contacto incluso con obras de Walter Scott y Lord Byron. En 1828 Ángel de Saavedra escribió un poema ya decididamente romántico, *El faro de Malta*. Pasó, después, varios años en Francia, hasta que regresa a España en 1834.

Siendo ya Duque, publica, poco después de su vuelta a la patria, un poema épico, de carácter romántico, basado en la antigua leyenda castellana de *Los Infantes de Lara*; este poema lleva el título de *El moro expósito o Córdoba y Burgos en el siglo X*. Este poema apareció precedido de un prólogo de Alcalá Galiano que constituye una especie de manifiesto romántico. La narración es poco movida pero el Duque de Rivas tenía grandes dotes descriptivas, y muchos de los pasajes de la leyenda son auténticos retratos de gran brillantez. Los *Romances históricos* publicados todos juntos en 1841, se caracterizan por las mismas cualidades coloristas y descriptivas exhibidas en *El moro expósito* pero, además, ofrecen una forma narrativa más lograda.

Del violento drama *Don Álvaro* (1835) hablaremos más adelante, en el lugar correspondiente.

El Duque de Rivas se fue haciendo cada vez más conservador, con el paso de los años, y ocupó importantes cargos políticos y diplomáticos.

El poeta **José Zorrilla** (1817-1893), pequeño de estatura pero ambicioso en su expresión poética, ha sido considerado frecuentemente el «niño mimado» del romanticismo español. Muy pronto comenzó a producir versos, y así continuó a lo largo de toda su vida derramando cataratas de sonoras estrofas que entusiasmaron casi a tres generaciones. Su único ensayo de poesía épica fue el inacabado poema *Granada*. Sus *Leyendas*, en verso, son mucho mejores, logrando dar forma definitiva a más de una tradición legendaria española. En todas sus composiciones dominan, sobre las demás, estas dos ideas: la de su patria y la de su religión. Escribió innumerables poemas de todos los tipos puestos de moda por el romanticismo en todo el mundo: *Orientales*, fuertemente influidas por Víctor Hugo, cantos a la luna, a los grises días sin sol, a las mujeres hermosas, etc. Sus pensamientos son poco profundos, pues era el menos intelectual de los poetas, pero, en cambio, sus imágenes, aunque no muy originales, y su riqueza descriptiva son muy de tener en cuenta y dignas de ser valoradas. Por lo que principalmente destacan sus versos es por su extraordinaria musicalidad. Quizá Zorrilla no diga muchas cosas ni muy importantes pero las dice siempre de una manera brillante y sonora, con una melodía verdaderamente cantarina y embriagadora.

Estas cualidades se encuentran también generosamente esparcidas por todas sus numerosas obras dramáticas, que gozaron del favor apasionado del público; sobre este aspecto de Zorrilla hablaremos más adelante.

A **José de Espronceda** (1808-1842) se le llama con frecuencia, quizá no muy acertadamente, el «Lord Byron español». Su tormentosa vida estuvo llena de violentas actividades políticas comenzadas antes de cumplir los veinte años, de luchas callejeras (se batió en las barricadas de París), de escándalos (raptó a su amada Teresa Mancha, a pesar de ser una mujer casada, y vivió con ella apasionada y atormentadamente, con riñas continuas y continuas reconciliaciones) y de vicisitudes típicamente románticas (Teresa Mancha murió tuberculosa como una heroína de la época).

Espronceda, como muchos otros de sus coetáneos y camaradas, había sido discípulo del neoclásico y moderado Alberto Lista, y sus primeros poemas, de escaso valor por cierto, tienen corte clásico. Durante su corta vida, Espronceda compuso algunos de los poemas más intensamente románticos de la literatura española; generalmente, todos ellos se caracterizan por ser la expresión de la tristeza, de la desilusión, de la displicencia, y frecuentemente, constituyen también, la amarga y sardónica protesta contra las instituciones y convencionalismos sociales. El erudito y crítico Adolfo Bonilla ha resumido la filosofía de Espronceda con estos breves rasgos: el principal principio de la vida, la duda; la realidad dominante, la pena; la única solución, la muerte. Uno de los más característicos poemas cortos de Espronceda es *A Jarifa en una orgía*, composición amarga, cínica, desilusionada, en la que se sugiere que la vida humana termina "en un letargo estúpido y sin fin." Espronceda gustaba de retratar tipos antisociales: *El verdugo, El mendigo, El reo de muerte, El canto del Cosaco*, El grandioso *Himno al sol* es de inspiración verdaderamente ossiánica. Espronceda, como Zorrilla, es un versificador extraordinariamente hábil y fácil; su famosa *Canción del pirata* es un auténtico *tour de force* métrico. La variedad y riqueza de las fórmulas versificatorias que encontramos también, en *El estudiante de Salamanca* (composición larga, al estilo de las leyendas) nos dejan literalmente estupefactos. Este poema trata el tema de un joven libertino y de vida disoluta que presencia su propio entierro sin inmutarse, y es capaz de dejarse acariciar por el esqueleto de su antigua amada con la misma fanfarronería romántica que había derrochado en vida.

El diablo mundo (1841) es un ambicioso ensayo de epopeya de la humanidad. El héroe, un Adán rejuvenecido, encuentra nuevas razones para desilusionarse al convivir con todas las clases sociales. El segundo de los seis cantos (se trata de un poema inacabado) es una sentida y profunda descripción lírica de las experiencias eróticas del poeta con su amada Teresa. Cuando Espronceda prescinde de la farfolla romántica aparece en su poesía un sentimiento lírico verdaderamente inspirado y una técnica expresiva natural y sincera.

La patética vida del sacerdote valenciano **Juan Arolas** (1805-1849) terminó en la demencia. Escribió una gran cantidad de trabajos literarios de ocasión (aparecidos la mayor parte en periódicos), y publicó algunos buenos libros de versos, sobre todo el titulado *Poesías* (1840-1843); bastante después de su muerte fueron compiladas y editadas todas sus composiciones en verso, con el título de *Poesías religiosas, caballerescas, amatorias y orientales*, 1860 (tres volúmenes). Sus poemas religiosos parecen sinceros y fervientes, pero sus *Orientales* y sus composiciones amorosas dan la impresión de ser la válvula de escape de un hombre que se había ordenado y había profesado en una orden religiosa (San José de Calasanz) sin poseer verdadera vocación. En los poemas de Arolas se descubren fácilmente influencias de Byron, Víctor Hugo, Lamartine, Duque de Rivas, Zorrilla y de algunos otros poetas.

Enrique Gil y Carrasco (1815-1846) que murió, tuberculoso, en Berlín, probablemente es más conocido como autor de una famosa novela histórica, *El Señor de Bembibre*, que como poeta lírico. Su composición poética más alabada es *La violeta*, poemita dulce, melancólico y amable, lo mismo que su autor.

Nicomedes Pastor Diaz (1811-1863) fue un gallego sentimental, dedicado a la política durante la mayor parte de su vida. Sin embargo era también poeta, y sus *Poesías* (1840), delicadas, melancólicas y sentimentales, presentan las características típicas de la literatura y del alma de Galicia y Portugal.

Gertrudis Gómez de Avellaneda (1814-1873), cubana de nacimiento, llegó a España en 1836. En sus poemas y en sus dramas se muestra mucho más vigorosa que los anteriores. Un contemporáneo suyo dijo, refiriéndose a ella: "Es mucho hombre esta mujer." Sus composiciones religiosas y eróticas son de mucho aliento y fuerza, y realmente sinceras. Está reconocida como una verdadera maestra en la técnica de componer poemas en versos largos, de más de dieciséis sílabas. Escribió, también, dramas y novelas. Su obra dramática *Baltasar* (1858), basada en el *Libro de Daniel*, tiene gran fuerza, y tuvo mucho éxito. La novela *Sab* (1841), antiesclavista, ha merecido ser llamada «La Cabaña del Tío Tom española», aunque la comparación no sea completamente exacta.

Dos poetas románticos tardíos, no demasiado estimados en su tiempo, han sido reivindicados bastante por la crítica moderna, mientras que, paralelamente pero a la inversa, parecen oscurecerse las glorias del extraordinariamente popular Zorrilla y del posterior Campoamor. Uno de ellos es la poetisa gallega **Rosalía de Castro** (1837-1885): hija de un sacerdote, la ilegitimidad de su nacimiento y, quizá también, su matrimonio con un hombre pobre y bastante ajetreado, el historiador Manuel Murguía, unido todo ello a la muerte del más joven de sus hijos, hicieron de Rosalía una mujer amargada y triste; sus poemas, tanto los redactados en castellano como los escritos en gallego, su idioma materno, son extremadamente melancólicos. La tristeza y pesimismo de la poesía de la dama gallega son sinceros y reales, no tienen nada que ver con las exigencias de la artificiosa poética romántica. Los versos de Rosalía de Castro son muy musicales. En gallego publicó los *Cantares gallegos* (1863) y las *Follas novas* (1880), utilizó el castellano, en cambio, para su poema más conocido, *En las orillas del Sar* (1884). El deseo manifestado por la poetisa, en sus últimas horas, de que se procediera a la destrucción de sus manuscritos inéditos, fue cumplido literalmente por sus hijas, auxiliadas por un sacerdote. La poesía de Rosalía de Castro es más estimada actualmente que lo fuera nunca durante su vida, y algunos críticos la tienen por el más grande poeta español de todo el siglo XIX.

Gustavo Adolfo Bécquer (1836-1870) natural de la alegre y soleada Sevilla es, paradójicamente, un poeta triste y apesadumbrado; no resplandece en sus obras la luminosidad andaluza. Su corta vida fue, toda ella, una constante lucha contra la pobreza, la incomprensión y su poca salud. Murió, lo mismo que su idolatrado hermano Valeriano, víctima de la tuberculosis, azote del siglo,

Gustavo Adolfo Bécquer

enfermedad típicamente romántica. Su matrimonio resultó desgraciado por la infidelidad de su esposa; y la mujer de sus sueños nunca correspondió a su amor.

Bécquer, era, por naturaleza, soñador y sentimental; tenía una marcada inclinación a lo misterioso, lo fantástico, lo irreal, lo mismo que el romántico alemán Hoffmann. Estas características de su alma se muestran claramente en sus *Leyendas*, que narradas en prosa, son más poéticas que las *Leyendas* de Zorrilla, a pesar de estar éstas últimas narradas en verso. Bécquer es famoso y popular, principalmente por sus *Rimas*, un pequeño libro de poemas publicado el año siguiente a la muerte del poeta. En la *Rima* I, Bécquer expresa el deseo de escribir "un himno gigante y extraño... del hombre domando el rebelde mezquino idioma, con palabras que fuesen a un tiempo suspiros y risas, colores y notas," y él casi logra cumplir su ideal —muchos suspiros más que risas. Es Bécquer uno de esos pocos y privilegiados poetas que tienen la virtud de gustar tanto a la minoría culta y exigente como al vulgo impresionable. Las Rimas constituyen una melancólica historia de la vida sentimental del poeta, expresadas con sencillez pero delicada y finamente elaboradas. Muchos de los poemitas de Bécquer son tan populares que hay pocos españoles que no se los sepan de memoria; esto pasa, por ejemplo, con *Volverán las oscuras golondrinas*, *Cerraron sus ojos*, *De salón en el ángulo oscuro*, y con otras *Rimas*. Su sentimentalidad melancólica es sincera y consciente, y en su expresión poética Bécquer se mostró un verdadero artista, un maestro de la forma literaria.

Durante el romanticismo, igual que a lo largo de todas las épocas de la historia española, hubo numerosísimos poetas de segunda fila.

LA NOVELA

En las décadas 1830-1850, fueron muy pocas las novelas "originales" aparecidas en España. En principio se puede decir que todos los novelistas de este período o no hicieron otra cosa que traducir a Walter Scott o se limitaron a seguirle e imitarle, aunque, es verdad, estos españoles derramaron por todas sus páginas grandes cantidades de lóbrega tristeza a la que tan ajeno era el vigoroso y realista escocés. Una de las novelas menos malas es *El doncel de don Enrique el Doliente* (1834). Su protagonista es el trovador gallego Macías, y el autor **Mariano José de Larra** (1809-1837) mucho mejor crítico que novelista. Poca gloria añadió a su autor la francamente mala *Sancho Saldaña* (1834), escrita por Espronceda. Para muchos críticos la mejor novela histórica española de este período es *El Señor de Bembibre* (1844), de **Enrique Gil y Carrasco**. Es pintoresca y presenta ciertas dotes descriptivas, pero resulta muy lánguida; su acción se desarrolla en los últimos tiempos de la presencia en España de los caballeros de la Orden Templaria.

Manuel Fernández y González (1821-1888) está considerado, como el «Alejandro Dumas español», más que por las características de su obra por haber escrito nada menos que 500 volúmenes de novelas. (Dumas presumía de haber compuesto 1.200). El novelista español utilizaba principalmente temas procedentes de la historia y de leyendas españolas. Fernández y González demuestra cómo la fecundidad puede no ser una bendición del cielo.

Otro cultivador del folletín fue **Enrique Pérez Escrich** (1829-1897) novelista muy popular. Sus narraciones altamente moralizadoras y ejemplares nos lo muestran como un decidido apologista de la Fe, la Esperanza y la Caridad.

EL TEATRO

La comedia de la Edad de Oro fue, realmente, mucho más romántica que clásica, pero las obras melodramáticas producidas y representadas en España desde 1830 a 1850 se basaban en un batiburrillo de ideas que habría horrorizado y escandalizado a Lope y a Calderón. Víctor Hugo y Dumas padre eran los principales modelos. Sus obras se tradujeron y fueron sistemáticamente imitadas. Las obras dramáticas "originales" de la primera mitad del

XIX estaban escritas en español pero su acento procedía de Dumas. También fueron imitados, pero menos frecuentemente, otros melodramáticos autores franceses, como Ducange, Caigniez, Pixerécourt, Delavigne, y, por lo que respecta al teatro cómico, Scribe.

Francisco Martínez de la Rosa (1787-1862) que vivió exilado en Francia después de 1823, se convirtió al romanticismo. En París compuso un drama levemente romántico, *La révolte des Maures sous Philippe II* (1830), que sería representado por vez primera en Madrid en 1836, con el título de *Aben Humeya*. A su regreso a España, se estrenó en Madrid el primer drama romántico español, *La conjuración de Venecia*, lleno de color local, con la aparición en escena de un cementerio, con unos pasajes dedicados al carnaval veneciano, con el Consejo de los Diez, con conspiraciones, con un brillante héroe, de desconocido origen, que termina siendo condenado a muerte precisamente por su padre, a quien reconoce repentina e inesperadamente, y, en fin, con una esbelta y cimbreante heroína que pierde la razón cuando su amante pasa a mejor vida. El drama está escrito en prosa.

El mismo año se representó también el drama *Macías*, adaptación teatral, hecha por el propio autor, de la novela de Larra, *El doncel*; el drama está escrito en verso.

En 1835 se estrena el drama del Duque de Rivas, *Don Álvaro o la fuerza del sino*, con trozos en prosa y trozos en verso. Los amantes de la ópera conocen la obra de Verdi *La Forza del Destino*, adaptación del drama español; *Don Álvaro* es una obra desorbitadamente romántica, la culminación de la locura y la anarquía del teatro de esta época; es casi una caricatura del propio drama. En la obra del Duque de Rivas hay de todo menos sentido común y moderación. El sino o hado consiste en una serie de accidentes y de coincidencias completamente inverosímiles. Hay mucho color local y pintoresquismo en las escenas populares, y la tragedia y el humor se cuecen juntos, en la misma olla, la inocente heroína del drama es muerta por su propio vengativo hermano que, a su vez, perece a manos de Don Álvaro quien, desesperado, se quita de este mundo arrojándose a un precipicio al tiempo que exclama: "¡Húndase el cielo, perezca la raza humana; exterminio, destrucción!" mientras las campanas doblan a muerto, deslumbran los relámpagos y los truenos retumban; si uno está de buen humor el espectáculo puede resultar hasta delicioso.

Il Trovatore, otra ópera de Verdi, es también adaptación de un drama romántico español: *El trovador*, de Antonio García Gutiérrez (1813-1884). Lo mismo que el *Don Álvaro* tiene trozos en prosa y trozos en verso. La heroína, llamada Leonor como tantas otras heroínas románticas, aunque todavía una doncella dulce, como las anteriores, presenta caracteres más vigorosos, resulta un tipo menos convencional. Manrique, el bravo protagonista, vive creyendo que es un auténtico gitano pero, ¿cómo no? es en realidad hermano del "malo," de Don Nuño (había sido secuestrado poco después de nacer, por la familia gitana con la que vive) quien desea casarse con Leonor; Don Nuño conoce la identidad de su hermano inmediatamente después de haber ordenado al verdugo la ejecución de Manrique, cuya cabeza rueda en aquellos momentos por el tablado. Leonor mientras tanto, se había envenenado. García Gutiérrez escribió más de 60 obras dramáticas. *Simón Bocanegra*, una de ellas, también fue utilizada por Verdi como argumento de otra de sus óperas. Con *Venganza catalana* García Gutiérrez se anotó un nuevo gran triunfo, en la tardía fecha de 1864.

Juan Eugenio Hartzenbusch (1806-1880), hijo de un ebanista alemán establecido en Madrid, sintió desde muy joven una invencible inclinación por el estudio y la creación literaria, y terminó sus días siendo director de la Biblioteca Nacional, después de haber desarrollado una gran labor erudita y literaria; escribió gran número de obras dramáticas de toda clase. El más conocido y más interesante de sus dramas, estrenado en Madrid en 1837, lleva por título *Los amantes de Teruel*. Su tema es la supuesta leyenda española que había dado origen a muchas composiciones literarias, entre ellas las comedias de Rey de Artieda y de Pérez de Montalbán, y que, en el fondo, no es más que la españolización de la historieta sobre Girolamo y Salvestra que se encuentra en el *Decamerón*. *Los Amantes de Teruel* es un drama típicamente romántico, escrito en verso. El protagonista, al volver de una larga ausencia, se encuentra con que su prometida ha contraído matrimonio con el "malo" de turno; no puede sobrellevar su desconsuelo y muere de amor; la amada, Isabel, sufre la misma suerte, expirando ante el cadáver, todavía caliente, de su antiguo novio.

José Zorrilla

El más popular de los dramaturgos románticos españoles fue **José Zorrilla**. Alcanzó su primer éxito teatral en 1840, cuando se representó *El zapatero y el rey*, drama basado en una leyenda referente al rey Don Pedro el Cruel (monarca que durante la edad de oro y aún más tarde, a lo largo de la primera mitad del XVIII, había sido considerado por los escritores y dramaturgos como el Rey Justiciero). Otro drama de Zorrilla es *El puñal del Godo*, interpretación teatral bastante afortunada, de la leyenda de Don Rodrigo, el último de los monarcas visigodos. En 1844 Zorrilla escribió y estrenó la obra dramática más popular de la literatura española, que todavía hoy se sigue representando en todos los países de habla castellana, principalmente alrededor del Día de los Difuntos. Se trata de *Don Juan Tenorio*, drama escrito todo él en sonoros y rotundos versos, que constituye una de las más poéticas elaboraciones del tema y de la leyenda de Don Juan. La heroína de Zorrilla, Doña Inés, de la cual el poeta se sentía muy orgulloso, es, en realidad, sólo una bella e ingenua adolescente de dieciséis primaveras, y su Don Juan, un joven empecatado y pendenciero que presume de, en un año escaso, haber vencido y muerto en duelo a treinta y dos varones, y seducido a setenta y dos doncellas, y apuesta a que nadie es capaz de exhibir un "récord" semejante, presentando, como acta notarial, una lista autorizada y certificada de sus "hazañas." El mejor de los versos del drama es el que Zorrilla pone en boca de Don Luis, el protagonista de su Don Juan: "¡Es increíble, Don Juan!" Sin embargo esta obra es, desde el punto de vista teatral, enormemente interesante, inspirada y movida; tiene verdadera fuerza dramática, y, además, sus versos son tan musicales y expresivos que hacen olvidar sus evidentes defectos. Un romántico, como Zorrilla, no podía tolerar que su bravo y bizarro héroe fuera despeñado en los abismos del infierno, como con sus Don Juanes habían hecho Tirso de Molina, Molière y Mozart. Esta vez Don Juan se salva, ya muerto, gracias al amor y a la intercesión de su víctima, Doña Inés, y las almas bienaventuradas de los dos amantes, liberándose de sus mortales cuerpos a través de la boca, ascienden, en presencia del atónito público, y, remontándose, vuelan hacia el cielo, su morada definitiva.

Zorrilla escribió otros muchos dramas, el mejor de todos los cuales es *Traidor, inconfeso y mártir* (1849), sobre la leyenda de Don Sebastián, el desgraciado monarca portugués vencido y muerto por los moros en Alcazarquivir (1578), por quien su pueblo siguió esperando mucho tiempo, lo que dio lugar a la aparición de muchos farsantes impostores, muchos suplantadores de su personalidad, nuevos Mesías portugueses.

En la época romántica proliferaron los dramaturgos, se escribieron y representaron obras teatrales de todo tipo: de ninguna manera hay que pensar que durante este período, que solemos llamar romántico, sólo se estrenaron dramas concordes con la moda dominante.

Una prueba de ello es el éxito que alcanzaron las obras teatrales de **Manuel Bretón de los Herreros** (1796-1873). Este literato riojano, combatiente en la Guerra de la Independencia a pesar de su corta edad, probó suerte como dramaturgo romántico, pero pronto desistió de su empeño para dedicarse a cultivar el teatro de tipo realista y satírico, escribiendo una serie de comedias costumbristas donde campean su humor de buena ley, sus perspicaces y agudas dotes observadoras, su benévola comprensión de los inevitables defectos del alma humana. Su teatro es de corte moratiniano, como se ve patentemente en su primera obra, *A la vejez viruelas* (1824). La más conocida y quizá la mejor, de sus comedias es *Marcela ¿o cuál de los tres?*; aparece en esta obra una viuda joven y rica que rechaza con mucho donaire, a sus tres pretendientes; los tipos de los tres presuntos maridos de Marcela están admirablemente dibujados, con una encantadora ironía que a veces se convierte en punzante (pero siempre amable y optimista) sátira de la burguesía de su época.

COSTUMBRISMO. CRÍTICA

Los cuadros de costumbres de corta extensión ('sketches') constituyeron una de las fórmulas de la literatura española del XVIII. *Rinconete y Cortadillo*, la famosa novela ejemplar de Cervantes, puede ser considerada como un típico ejemplo de este género. Los españoles del XIX conocían muy bien el *Spectator* de Addison y el *Tattler* de Addison y Steele, y las obras francesas de Étienne Jouy y de L. S. Mercier. Por el colorismo local que presentan los cuadros de costumbres, esta modalidad literaria gozó del favor del romanticismo, tan interesado siempre por rehabilitar todo lo castizo, espontáneo y popular. Los cuadros de género comenzaron a aparecer, ordinariamente, en periódicos y revistas, y los autores recibieron el nombre de costumbristas. El más caracterizado y conocido de estos escritores fue **Don Ramón de Mesonero Romanos** (1803-1882) un acomodado y orondo *bon bourgeois* con un ojo muy observador y un concepto humorístico y amable de la vida. Mesonero Romanos publicó sus numerosos y excelentes cuadros de costumbres en varios periódicos madrileños como, por ejemplo, en *Cartas Españolas*, en *El Español*, y en *El Semanario Pintoresco Español*. Más tarde, reuniendo los artículos dispersos, Mesonero Romanos editó los volúmenes titulados *Panorama Matritense, Escenas Matritenses, Tipos y Caracteres*. Su querida ciudad natal es también la protagonista del ensayo titulado *El antiguo Madrid*; ya anciano, Mesonero Romanos dio a la estampa sus recuerdos de la villa, y los suyos propios, en las *Memorias de un setentón, natural y vecino de Madrid*. Todos los escritos de Mesonero Romanos conservan, todavía hoy, su gracia, su vitalidad, su encanto; los podemos leer en nuestros días con más placer y más facilidad que leemos las absurdas y depresivas novelas románticas. Mesonero Romanos utilizaba el seudónimo literario de *El Curioso Parlante*.

Serafín Estébanez Calderón (1799-1867), «El Solitario», fue un escritor andaluz que dio auténtica fe de su tierra natal, describiendo las pintorescas costumbres y la vida diaria de la sonriente Andalucía, sobre todo de su querida ciudad de Málaga. Desgraciadamente, Estébanez utilizaba en sus narraciones un estilo algo trasnochado y difícil; a pesar de todo, sus descripciones están muy logradas y tienen un auténtico sabor andaluz. Su principal y más conocida obra es el libro que con el título de *Escenas andaluzas* compiló y dio a la imprenta en 1847.

Mariano José de Larra, «Fígaro» (1809-1837), fue educado en Francia. Al regresar a la patria se dedica al periodismo, y en seguida logra ser el articulista mejor pagado de toda España. Víctima del insoluble conflicto entre su corazón (español) y su cabeza (europea) Larra, cuando sólo tenía veintiocho años, desengañado de la vida por un desgraciado asunto amoroso, decide poner punto final a sus dificultades, y se suicida.

Aunque Larra escribió artículos agudos y deliciosamente satíricos sobre las costumbres y maneras de vivir de su época sería un grave error considerarlo solamente como un acertado costumbrista. Fue, ante todo, uno de los más finos y perspicaces críticos de la vida y de la literatura que han existido en España. Su ingenio era mordaz, y ejercía su labor crítica sin reservas de ninguna clase, sin importarle nada la personalidad o importancia de sus víctimas y conocía perfectamente los defectos individuales y colectivos de los españoles y de la España de su tiempo: el bajo nivel cultural, las sucias actividades políticas, la falta de ideales, el desorden y anarquía, la indiferencia ante todas las decisiones verdaderamente vitales, la malicia y la general estupidez del pueblo. Como crítico literario Larra es extraordinariamente perspicaz; sus artículos de toda clase calan profundamente en las cuestiones analizadas y en el alma del lector; se fueron haciendo cada vez más agrios y pesimistas, a medida que aumentaba el estado de depresión y descorazonamiento del propio escritor. Muchos consideran el estilo de su prosa como el mejor que se puede encontrar en la literatura castellana si exceptuamos la prosa magistral de Cervantes.

Fueron legión los españoles que escribieron artículos costumbristas. Un emprendedor editor logró que todos o casi todos los escritores españoles de cierto prestigio contribuyeran a publicar el libro, verdadera enciclopedia del costumbrismo español, titulado *Los españoles pintados por sí mismos* (1843), al que siguió, pronto, como era de esperar, el volumen que llevó por título *Las españolas pintadas por sí mismas*.

Estos artículos y cuadros de costumbres constituyeron la base de la novela realista posterior. Las novelas llamadas históricas que, en número relativamente grande, aparecieron en España durante el romanticismo, fueron pálidas imitaciones de las narraciones de Sir

Walter Scott. Sus autores son mucho más famosos por haber cultivado, con superior acierto, otros géneros literarios; hemos citado ya, como ejemplos: *El Doncel de Don Enrique el Doliente* (1834) de Larra; *Sancho Saldaña* (1834) de Espronceda; y *El Señor de Bembibre* (1844), de Gil y Carrasco.

El siglo XIX: su segunda mitad

NOVELA

Fernán Caballero (1796-1877
Juan Valera (1827-1905)
P. A de Alarcón (1833-1891)
J. Mª de Pereda (1833-1906)
Emilia Pardo Bazán
  (1852-1921)
«Clarín» (1852-1901)
A. Palacio Valdés
  (1853-1938)
B. Pérez Galdós (1843-1920)
V. Blasco Ibáñez (1867-1928)

POESÍA VERSIFICADA

R. de Campoamor
  (1817-1901)
G. Núñez de Arce
  (1834-1903)

TEATRO

A. López de Ayala
  (1828-1879)
J. Echegaray (1832-1916)
M. Tarmyo y Baus
  (1829-1898)
B. Pérez Galdós (1843-1920)
J. Dicenta (1836-1917)

**ORATORIA, HISTORIA,
ERUDICIÓN**

E. Castetar (1832-1899)
J. Costa (1846-1911)
P. de Gayangos (1809-1897)
M. Menéndez y Pelayo
  (1856-1912)

10
El siglo XIX:
su segunda mitad

Isabel Il, 1833-1868. Gobierno Provisional, 1868-1870. Amadeo I de Saboya,
1870-1873. La Primera República, 1873-1874. La Restauración, Alfonso
XII, 1874-1885. Alfonso XIII, 1886-1931.

 SPAÑA PARTICIPÓ MUY poco de los beneficios de
la Revolución Industrial, y durante el siglo XIX
su progreso económico no fue grande. Desde el
punto de vista político, aunque teóricamente la
Monarquía era constitucional, en la práctica las
normas constitucionales no se cumplían. El
Gobierno estuvo controlado por una serie de
enérgicos caudillos militares. La reina Isabel II
cuya conducta privada era bastante irregular, fue destronada por la
Revolución de Septiembre de 1868. Amadeo de Saboya, llamado al
Trono de España en 1870, coronado en 1871, se vio obligado a
abdicar dos años después. La Primera República, 1873-1874, fracasó
rotundamente, y a finales de 1874 fue proclamado Rey el joven hijo
de Isabel II, Alfonso XII. La segunda guerra carlista terminó en 1876,
y se proclamó una nueva Constitución. Las dificultades políticas
continuaron durante la menor edad de Alfonso XIII (nacido en 1886),
y la situación empeoró a lo largo de su reinado, hasta que en 1931
fue proclamada la Segunda República. Algunos escritores dotados de
gran sentido de la realidad, y observadores perspicaces de la vida en
torno, entre ellos Galdós, tenían perfecta conciencia de muchos de
los difíciles problemas latentes que España no había sido capaz de
resolver satisfactoriamente.

EL REALISMO

El sentimentalismo romántico es algo que todos nosotros llevamos dentro en mayor o menor grado y que ha existido y existirá siempre; pero, el romanticismo como movimiento cultural y vital consciente de sí mismo, caracterizado por una conducta literaria y personal extremosa y desorbitada, tuvo en España, como en el resto del mundo, una duración efímera. Al mediar el siglo XIX se manifestaron otras tendencias, y sobre todo una fuerte inclinación al REALISMO literario. Hemos observado ya que los períodos literarios se superponen y no presentan límites cronológicos definidos.

Las descripciones realistas, ordinariamente de corta extensión (la extensión normal de un artículo periodístico) se fueron haciendo cada vez más largas, para terminar convirtiéndose en los llamados cuadros de costumbres cuyos autores les daban mayor importancia y significado que a los anteriores artículos satíricos y populacheros. Para que apareciera la novela realista lo único que hacía falta era imaginar un argumento que se superpusiera al magnífico telón de fondo constituido por el material realista de los cuadros de costumbres; y esto, precisamente, es lo que se hizo al mediar la centuria decimonónica.

LA NOVELA REGIONAL DE CARÁCTER REALISTA

Cecilia Böhl von Faber (Böhl de Faber), 1796-1877, era hija de Juan Nikolas Böhl von Faber, cónsul de Hamburgo en Cádiz, y un gran entusiasta, apologista y erudito de la literatura española. Nacida en Suiza, educada en Alemania, gran conocedora de la lengua francesa, Cecilia, siendo todavía muy joven, llega a Cádiz, la tierra de su madre, y en seguida, siente un enorme interés y entusiasmo por el carácter y las costumbres de sus amigos y vecinos andaluces. Cecilia dio pruebas de este interés en la primera novela regional española del siglo XIX, *La gaviota* (1849), que había sido redactada originalmente en francés. Temiendo que el público despreciara las obras literarias escritas por la pluma de una mujer, doña Cecilia Böhl de Faber adoptó el seudónimo de "Fernán Caballero," nombre de un pueblecito de la Mancha; por el seudónimo se la ha conocido siempre y se la sigue conociendo hoy.

Ni el argumento ni la caracterización psicológica ni el estilo literario de *La gaviota* tienen nada de particular; pero "Fernán Caballero" logró un estupendo y atractivo retrato de las costumbres y modos de vida andaluces sobre todo en la primera parte. "Fernán Caballero" es sentimental, espontánea, sin artificio de ninguna clase; desde el punto de vista ideológico, archiconservadora; pues, a pesar de todo, es la verdadera precursora del nutrido grupo de novelistas, mucho mejores que ella, que escribieron a lo largo de la segunda mitad del siglo, siguiendo la directriz marcada por doña Cecilia Böhl de Faber.

Se casó "Fernán Caballero" tres veces, y las tres el matrimonio resultó mal; nunca fue feliz; pero, a despecho de todo, todavía encontró tiempo para escribir numerosas novelas, todas ellas costumbristas, en las que se refleja el auténtico interés que tenía por el pueblo andaluz, por su pueblo. Entre las más populares se encuentran *La familia de Alvareda, Clemencia, Lágrimas, Un servilón y un liberalito.* "Fernán Caballero" intentó hacer por España lo que en Francia George Sand había logrado hacer por las gentes de Nohant.

Don Juan Valera (1827-1905), aristócrata cordobés, reunía las mejores cualidades de cosmopolitismo, educación, cortesía y cultura que se podían encontrar en la España de su época. Como diplomático, viajó mucho, incluso hizo una visita a Washington en calidad de ministro plenipotenciario, pero encontró tiempo para escribir profusamente, cultivando muy distintos géneros y distinguiéndose, también, como cultísimo crítico literario; su instinto crítico era extraordinario, y su interpretación de la obra literaria, penetrante; pero adolecía de excesiva benevolencia, hija de su buen corazón y de su exquisita educación. Hoy ya no nos acordamos de sus poemas ni de sus obras dramáticas; pero todos están de acuerdo en considerarlo como uno de los más importantes entre los grandes novelistas que comenzaron a publicar sus obras en la década 1870-1880.

Valera, realmente, no presenta en su obra semejanzas con "Fernán Caballero"; lo único que tienen de común es ser ambos andaluces y presentar, en sus más importantes obras, la riente y soleada Andalucía como marco de la narración. La primera novela de Valera, que habría de ser también la mejor de todas las suyas, fue *Pepita Jiménez* (1874): es la historia de la evolución sentimental de un joven seminarista que en las vísperas de su ordenación como sacerdote, hace un viaje a su pueblo natal, un poblachón de la campiña andaluza, donde tiene ocasión de coincidir con Pepita, una encantadora viudita joven. Pepita, ayudada por el ambiente embriagador de la exultante primavera andaluza, convence al seminarista de que su vocación no es auténtica, de que su misticismo es falso y vacío, y, resultado esperado, Pepita y el seminarista se casan y fundan un hogar donde se respira un ambiente patriarcal y se vive una vida tranquila, apacible y fácil. Los encantos y alicientes de la vida del pueblo eran para Valera iguales a las virtudes de su heroína; la descripción de estos encantos y virtudes, en la novela de Valera, es una descripción realista, sin rebasar nunca los límites del buen gusto. El estilo de Valera es muy elegante y natural, y su valor se acrecienta por el fino escepticismo de buen tono que Valera hace campear por toda la novela. Valera había expuesto lo que él consideraba como el tipo ideal de novela "bonita" y, efectivamente, *Pepita Jiménez* es como un bucólico cuadro de Watteau y no tiene nada que ver con la violencia de un *capricho* de Goya.

De ambiente andaluz son también otras novelas de Valera, como *El Comendador Mendoza* (1877), *Pasarse de listo* (1878), *Doña Luz* (1879), *Juanita la larga* (1895), *Las ilusiones del doctor Faustino* (1875) es una ingeniosa actualización del tema de Fausto, y *Morsamor* (1899) presenta carácter fantástico.

El pulido estilo de Valera ha resistido el paso del tiempo mejor que el de cualquiera de sus contemporáneos.

Andaluz también, pero mucho menos culto, elegante y educado que Valera, es **Pedro Antonio de Alarcón** (1833-1891), de cuyas exuberantes novelas, sólo una ha podido conservar su lozanía hasta hoy. A los dieciocho años había escrito ya su primera novela, melodramática y espeluznante, *El final de Norma*, pero no mostraba particulares síntomas de precocidad. Escribió bastantes cuentos e historietas que, en general, todavía se pueden leer con agrado hoy día. El telón de fondo de la mayor parte de sus obras es su Andalucía nativa; de tema andaluz es, efectivamente, su mejor novela, más bien un cuento largo que una auténtica novela, *El sombrero de tres picos* (1874). Es una reelaboración en la que se han suavizado un poco las tintas, de la leyenda que encontramos en los romances sobre *El molinero de Arcos*; esta historia la presenta Alarcón en un humor de buena ley, posee gracia, está contada en un estilo vivaz y gráfico y, en conjunto, resulta una agradable y jovial caricatura que no extrema la sátira ni recarga las tintas. El gran músico español Manuel de Falla utilizó este cuento de Alarcón como tema de un delicioso ballet, que lleva el mismo título (*El sombrero de tres picos*). Otras novelas de Alarcón, malogradas a causa de lo artificioso de su inventiva, del exceso de incidentes melodramáticos y de la empalagosa verborrea que en ellas domina, son *El escándalo* (1875), *El niño de la bola* (1880) y *La pródiga* (1881). Alarcón escribió también algunos excelentes libros de viajes y un relato de la *Guerra de África* (1860) que vivió como soldado voluntario. Alarcón era un narrador nato, pero le faltaban delicadeza y auténtico sentido de la proporción.

José Maria de Pereda (1833-1906) nació el mismo año en que había venido al mundo Alarcón, pero en el otro extremo de España: en la provincia norteña de Santander. Esta ciudad, el mar que la baña y las montañas que la circundan, son los escenarios de la mayor parte de las novelas de Pereda, viejo y noble hidalgo de LA MONTAÑA, es decir, de la Castilla cantábrica. Los españoles llaman a esta comarca, que coincide casi exactamente con la actual provincia de Santander, La Montaña, y Pereda es el principal cantor y cronista de esta antigua región. Renunció Pereda a su carrera militar (era oficial de Artillería), regresó a su amada tierra y se dedicó a escribir, con pasión comarcal, primero narraciones cortas y luego novelas hechas y derechas, generalmente de ambiente montañés, santanderino. Las ideas de Pereda fueron siempre ultraconservadoras y en sus obras se muestra esforzado campeón de las virtuosas costumbres antiguas, y de las concepciones tradicionales respecto a la Iglesia, a la Política y a la conducta personal. Su primera novela, *El buey suelto...* (1878) la escribió para demostrar que era errónea la tesis que Balzac sostiene en la *Physiologie du mariage* y en las *Petites misères de la vie conjugale*. Esta novela de Pereda no es, desde luego, una gran novela. Mejor es *Pedro Sánchez* (1833), en la que muestra la deshonestidad de un venal político y la corrompida atmósfera moral de las ciudades donde las malas artes triunfan siempre sobre la virtud inocente. *Sotileza* (1885) está considerada, generalmente, como la obra maestra de Pereda: es una especie de epopeya en prosa cuyos protagonistas son la ciudad de Santander y todos sus habitantes, los potentados, los acomodados y los humildes. Las descripciones que encontramos en esta novela son excelentes, los caracteres analizados, auténticos, por lo que calan muy hondo en el lector. El relato que Pereda hace, en esta novela, de la galerna cantábrica en la que pierde la vida uno de los tres pretendientes de la heroína de *Sotileza*, es verdaderamente acertada e impresionante; puede ser considerado como un trozo de antología, digno de compararse con los mejores de su género. *Peñas arriba* (1893) es una novela de ambiente campesino, que se desarrolla en una aldea de la montaña; el personaje principal, alrededor del que gira toda la trama del relato, es don Celso, un hidalgo rural que encarna todas las virtudes tradicionales, adoradas por el autor. Las costumbres aldeanas son descritas con todo detalle, de una manera vigorosa y pintoresca. Pereda no era un escritor que cerrara los ojos ante la realidad; presenta las cosas buenas y las cosas malas de la sociedad y la vida de su tiempo, pero siempre convencido de que lo único sensato era dejar que en España siguieran disponiendo y mandando los señores rurales que, con su benévola dictadura, guiarían sabiamente los destinos de los dóciles y resignados colonos. Aunque las ideas sociales de Pereda han periclitado y ya no son válidas en nuestros días, hay que reconocer y admirar su bienintencionada y sincera actitud y su vigorosa maestría literaria. Para muchos críticos, Pereda es el más grande de los novelistas españoles que cultivan el género regional.

Emilia Pardo Bazán, Condesa de Pardo Bazán (1852-1921) alma viril en cuerpo femenino, está considerada como la introductora en España de la novela NATURALISTA, y su principal representante; doña Emilia hizo una briosa apología de este género novelesco en su ensayo polémico *La cuestión palpitante* (1883). La Condesa de Pardo Bazán está de acuerdo con el método naturalista de Zola y de sus congéneres, aunque no cree en el determinismo científico y psicológico. Emilia Pardo Bazán era gallega, y la región galaica aparece como telón de fondo en muchas de sus novelas y en muchos de sus cuentos; las descripciones de Galicia que hace doña Emilia son acertadas, pintorescas y agradables, y dejan traslucir su amor por la tierra que la vio nacer. Todo el que necesite o desee conocer el alma del húmedo y melancólico rincón noroeste de España, tiene, de manera obligada, que leer las obras de la Pardo Bazán. Doña Emilia escribió mucho; sus primeras obras pasaron desapercibidas. Aparte de sus cuentos, algunos excelentes, como *Insolación* (1889) y

Morriña (1889) (MORRIÑA es una palabra gallega que significa "nostalgia"), la obra maestra de la Pardo Bazán es *Los pazos de Ulloa* (1886) (PAZO es también palabra gallega equivalente a las expresiones castellanas casa señorial de campo, palacio rústico), a la que, en la misma dirección, siguió *La madre naturaleza* (1887). La estructura de estas novelas deja mucho que desear, y el argumento, excesivamente divagatorio, no atrae ni intriga al lector. El título de la segunda de las novelas citadas es metafórico e irónico. La bondadosa madre naturaleza, en este caso se convierte en una malvada madrastra

Emilia Pardo Bazán
(Estatua en La Coruña)

que favorece los amores incestuosos del héroe y de la heroína de la fábula. Algunos de los pasajes que hallamos en estas novelas pueden parecer escabrosamente realistas, porque la Pardo Bazán no rehuía las escenas fuertes, pero las descripciones costumbristas de la vida gallega muestran una gran capacidad observadora, una penetrante visión de la realidad social y moral, y una gran compenetración con los temas y los caracteres descritos; además, la autora sublima el prosaico, y a veces desagradable, naturalismo temático, gracias a su capacidad para infundir aliento de belleza y poesía a toda la obra. Los cuarenta y tres volúmenes de las *Obras completas* de la Condesa contienen muchas otras novelas, gran cantidad de cuentos e historias, bastantes estudios literarios, críticos y polémicos, algunas biografías y hasta narraciones de viajes.

Armando Palacio Valdés (1853-1938), nacido en Asturias, utilizó preferentemente su región para ambientar sus numerosas novelas. La primera de ellas fue *El señorito Octavio* (1881), que simboliza el contraste entre la vida y la ficción, la realidad y los sueños. Dos años después se publicó *Marta y María*, novela que algunos consideran como la mejor que salió de la pluma de Palacio Valdés.

La fábula de esta novela se desarrolla en Asturias, en una pequeña villa; el estudio de los caracteres contrapuestos de *Marta y María* es un análisis comparativo diestramente logrado (tiene su origen en el evangilio de San Lucas 10:38-42). De ambiente asturiano es también *El idilio de un enfermo* (1884). *José* (1885), una de las obras más conocidas de Palacio Valdés, es una novela de ambiente marinero. *Riverita* (1886), como su segunda parte, *Maximina* (1887), tienen a Madrid como escenario. En ambas encontramos acertadas descripciones del alma femenina, hechas con mucha delicadeza; en este cometido Palacio Valdés era un verdadero maestro. De carácter relativamente pesimista, estas dos novelas contienen bastantes elementos autobiográficos.

La más popular de las numerosas novelas de Palacio Valdés es *La hermana San Sulpicio* (1889), una interesante interpretación de Sevilla y del alma andaluza; es el carácter andaluz visto por un asturiano. En la novela aparece la Andalucía soñada por los que no son andaluces, con toda su gracia y su pintoresquismo, y anima a todo el que lee esta novela a conocer o volver a visitar la famosa ciudad andaluza, la más importante de toda la España meridional. El ángulo de visión del autor es el mismo de cualquier turista, por lo que no incluye los candentes problemas económicos y sociales que, desgraciadamente, existen en Andalucía. *Los majos de Cádiz* (1896) tiene también a Andalucía como fondo de la narración. De ambiente valenciano es, en cambio, *La alegría del capitán Ribot* (1896). La obra favorita de Palacio Valdés era *Tristán o el pesimismo* (1906); es la historia de un hombre que se convierte en un desgraciado y en un fracasado a consecuencia de su poca fe en la sociedad, de su postura negativa frente a la vida. De carácter autobiográfico son *La novela de un novelista* (1921), su continuación o segunda parte, aparecida póstumamente (1940), *Álbum de un ciego*, y el *Testamento literario* (1929); esta última contiene las ideas estéticas, artísticas y poéticas de Palacio Valdés.

Las obras de Palacio Valdés están fluidamente escritas, son todas ellas interesantes, y su lectura resulta fácil y agradable. Hasta bien entrado el siglo actual, Palacio Valdés ha sido el autor español más traducido a otras lenguas, después de Cervantes.

Leopoldo Alas, «Clarín» (1852-1901), profesor de la facultad de derecho de Oviedo, destacó como gran prosista y excelente crítico.

De ideas liberales, era muy agudo y punzante en sus escritos, y tenía una gran afición a la polémica, para lo que estaba muy bien dotado. Asturiano (natural de Oviedo, la capital de esta región) hace que su ciudad sea la verdadera protagonista de su extensa novela naturalista titulada *La regenta* (*La mujer del juez*) publicada entre 1884 y 1885. Oviedo aparece en su novela con el nombre de Vetusta, aunque la identificación no ofreció dificultades a nadie. Los caracteres de los personajes que intervienen en la ficción están admirablemente dibujados; aparecen todas las clases sociales, las elevadas y las humildes, y destacan las disecciones que hace Clarín de los canónigos y beneficiados del cabildo catedralicio; esta novela es una auténtica epopeya de la antigua y tradicional ciudad de Oviedo. En sus novelas posteriores, mucho peor logradas que *La regenta*, Clarín se muestra más conservador y menos antitradicionalista.

Don Benito Pérez Galdós (1843-1920), nacido en la isla de Gran Canaria, estudió en Madrid donde luego pasaría la mayor parte de su vida. Viajó por toda España y conoció su patria mejor que nadie hasta entonces. Muy pocos son los que niegan a Pérez Galdós el título de más grande novelista español de los tiempos modernos. Su fecundidad literaria es impresionante: 46 volúmenes de *Episodios nacionales* (historia novelada), 34 novelas "sociales" en 42 tomos, 24 obras dramáticas, 15 volúmenes de obras misceláneas.

Pero su mérito no consiste en la cantidad; su mérito es estrictamente literario, a pesar de lo cual no se le concedió el Premio Nobel, que había ganado mejor que otros españoles a los que se les otorgó, y mejor que otros muchos literatos extranjeros que también lo han recibido. Galdós llegó a Madrid con intención de hacer la carrera de derecho, igual que todos los españoles cuya vocación científica o cultural no está bien definida; pero, en seguida, abandonó los estudios jurídicos para dedicarse exclusivamente a la creación literaria. Escribió una serie de obras dramáticas que nunca se llegaron a representar ni siquiera a publicar, hasta que se dio a conocer, comenzando su auténtica carrera literaria, con la novela histórica de ambiente decimonónico (el siglo XIX sería desde entonces su preferido), *La fontana de oro* (1870), a la que siguió, poco después, *El audaz*. Concibió la grandiosa idea de escribir una especie de historia novelada de España desde 1808 en adelante, cuyos imaginarios personajes se movieran entre los sucesos y

acontecimientos reales del siglo
XIX, y en 1873 comenzó la primera de las cinco series de EPISODIOS
NACIONALES, con el volumen
titulado *Trafalgar*. El último de
los *Episodios*, cuyo título es
Cánovas, narra el importante
acontecimiento político de la
restauración monárquica, lograda,
gracias al tesón de Cánovas del
Castillo, en 1874. Las dos primeras series de *Episodios*, que se
publicaron entre 1873-1875 y
1875-1879, son, sin duda, muy
superiores a las tres últimas series. Nada es más diferente a las
novelas "históricas" a la Walter
Scott, que estos veraces relatos
de Galdós. En vez de reconstruir
una falsa edad media, misteriosa
y mal conocida, Galdós revive
escenarios y sucesos de sus días o
muy próximos a ellos, procuran-
do continuamente lograr información de primera mano procedente
de los actores supervivientes de
los acontecimientos que luego él
va a describir de una manera tan
real, gráfica y convincente. Galdós intenta aprehender el espíritu

Benito Pérez Galdós

del tiempo, de la época, descubrir las causas, las circunstancias, la
atmósfera, el clima espiritual y las actividades tanto públicas como
privadas de los personajes históricos que aparecen en sus narraciones. Con sus relatos logró Galdós, reviviendo el pasado inmediato de
España, que los españoles se vieran en el espejo de la historia tal
como eran, por vez primera seguramente. Todo el que desee conocer
bien el siglo XIX español tiene necesariamente que leer y releer los
Episodios hasta familiarizarse con ellos.

La potencia creadora de Galdós se ve mejor en las numerosas novelas suyas que disecan y analizan sagazmente la sociedad española de sus días, especialmente las clases medias. En la novela *Doña Perfecta* (1876) Galdós traza un cuadro pesimista de las consecuencias que el fanatismo religioso puede tener en las pequeñas ciudades españolas con sede episcopal, de ambiente fatalmente tradicionalista y retrógrado. Doña Perfecta, la protagonista, termina ordenando el asesinato de su sobrino porque está convencida de que el joven se halla dominado y corrompido por las escépticas y nefandas ideas modernas. *Gloria* (1877) es la historia trágica de una jovencita perteneciente a una familia tradicionalista y conservadora (un tío suyo es obispo) que se enamora de un judío inglés. La felicidad humana es sacrificada a los prejuicios y la intransigencia de las mentalidades tradicionalistas de las dos familias. *La familia de León Roch* (1879) es otra novela de tesis. Un matrimonio es víctima de la labor insidiosa del confesor de la esposa; la mujer, dominada por el confesor, se distancia cada vez más de su marido; el resultado es que León y su mujer dejan de quererse. *Marianela* (1878) es una novela patética y sentimental: en una región minera del norte de España se desarrolla un tierno idilio entre un ciego y Marianela, la jovencita que le sirve de lazarillo. En esta novela se muestra, una vez más, la constante simpatía que tenía Galdós por los débiles y por los desgraciados. *La desheredada* (1881), *Lo prohibido* (1884), *Tormento* (1884) son auténticos cuadros de costumbres, de carácter naturalista, donde Galdós retrata de mano maestra los tipos de las clases humildes y bajas de Madrid, que él tan admirablemente conocía.

Fortunata y Jacinta (1866-1887) es una larga novela, con cuatro volúmenes, que está considerada, generalmente, como la mejor obra de Galdós. El escenario de la novela es Madrid, y protagonistas principales dos mujeres casadas, cuyos caracteres y cuyas reacciones son estudiadas minuciosa y analíticamente por Galdós, que alcanza el ápice de su maestría descriptiva. La trama es complicada y extensa, pero todas sus partes y aspectos están cuidadosamente tratados. La serie *Torquemada* (1889-1895) consta de cuatro novelas: en ellas se pretende mostrar los perniciosos efectos producidos en el carácter de las personas por la avaricia. *Nazarín* (1895) es el retrato de una especie de Cristo moderno, y, lo mismo que *Halma* (1895), están escritas bajo la influencia de la obra de Tolstoi, admirado por Galdós.

La última gran novela de Galdós es *Misericordia* (1897). La caracterización de la pobre Benigna y de la familia venida a menos a la que sirve, lo mismo que el análisis del carácter del moro ciego llamado Almudena, pobre mendigo, son obras maestras de la descripción psicológica. La novela termina con las palabras que Benigna dirige a su desgraciada ama: "y ahora vete a tu casa y no vuelvas a pecar."

Galdós fue siempre un enamorado del progreso y, políticamente, un liberal, aunque moderado y nada sectario; su influencia sobre España ha sido muy grande.

Vicente Blasco Ibáñez (1867-1928) logró su mayor popularidad ya en el siglo XX, pero su espíritu y su técnica literaria caen de lleno dentro del naturalismo de Zola. Ha sido llamado, no sin justificación, "un ignorante inteligente" y "un atleta de la literatura." Es el novelista, por excelencia, de la región valenciana, su tierra natal, comarca que describe y retrata admirablemente en sus primeras novelas, que son precisamente las mejores de todas sus numerosas narraciones. *La barraca* (1898) es una sombría, pero realista disección de la vida y afanes de los campesinos humildes de la huerta de Valencia. *Cañas y barro* (1902) tiene como escenario las zonas pantanosas de la Albufera valenciana dedicadas al cultivo del arroz; en esta novela Blasco Ibáñez no ahorra al lector ninguno de los detalles trágicos y sórdidos tan frecuentes en la dura vida de los arroceros; no pasa por alto, sino que resalta, la existencia de la codicia, de la lujuria, del estupro, del parricidio. *Cañas y barro* causa una gran impresión en el lector. Blasco Ibáñez, seducido y animado por sus éxitos iniciales, publicó después novelas de ambiente no valenciano en las que encontramos una intención social y política muy marcada, de ideología muy avanzada. *La Catedral* (1903) tiene como tema la vida de Toledo, y es de carácter anticlerical. *El intruso* (1904) se desarrolla en Bilbao; *La bodega* (1905) es una requisitoria contra el alcoholismo, y tiene Jerez como escenario. *Los muertos mandan* (1909) es de ambiente ibicenco (Ibiza es una de las Islas Baleares). *Sangre y arena* (1908) llevada al cine con el título inglés de *Blood and Sand*, es una admirable novela de tema taurino.

Blasco Ibáñez se hizo famoso en todo el mundo, y ganó una

fortuna con su novela *Los cuatro jinetes del Apocalipsis* (1916), escrita bajo la impresión de los estragos que estaba causando la primera Gran Guerra. El vigor descriptivo y las dotes narrativas de Blasco Ibáñez alcanzan en esta novela su más alto nivel. Las novelas posteriores de Blasco Ibáñez tienen mucho menos valor y no añadieron nada a la gloria de su autor. Murió fuera de España, exilado; tuvo que salir de su patria, durante el reinado de Alfonso XIII, a causa de su beligerante republicanismo; no vivió lo suficiente para presenciar el advenimiento de la república.

El estilo de Blasco Ibáñez está lleno de fuerza, es enérgico y turbulento como él mismo. La delicadeza era una palabra y un concepto desconocidos para él. Algunas de sus narraciones cortas son verdaderamente excelentes.

OBRAS EN VERSO

Decimos "obras en verso" y no "poesía" porque durante la segunda mitad del siglo XIX no hay en España verdadera poesía, verdadera lírica.

Ramón de Campoamor (1817-1901) alcanzó en sus días una gran celebridad; pero su gloria ha sido efímera, aunque recientemente su obra ha sido reivindicada por algún crítico contemporáneo. Comenzó Campoamor su labor literaria escribiendo versos románticos (había nacido el mismo año que Zorrilla), pero pronto evolucionó en el sentido de buscar un tipo de verso que "logre su efecto artístico gracias, no a la forma externa, sino al contenido, a la idea." Cada vez sus versos tienden a ser más escépticos e irónicos, una especie de crítica y antítesis de la poesía romántica. Campoamor, que escribió obras de crítica filosófica, estaba convencido de ser un gran pensador. Inventó, además, nueva terminología para tres tipos de composiciones versificadas. La DOLORA es una especie de fábula trascendental en la que se expresan verdades obvias y eternas; la *dolora* es de corta extensión, tiene carácter suavemente irónico, expresa el pensamiento de una manera delicada y pretende resultar educativa o didáctica. Una de las *doloras* de Campoamor ha tenido mejor suerte que todas las demás, y es muy conocida todavía hoy: *¡Quién supiera escribir!*; en esta *dolora* una jovencita iletrada recurre al señor cura de su parroquia para que le escriba una carta a su novio ausente; el párroco comienza a escribir y va adivinando los sentimientos de la muchacha, pero a ésta toda se le hace poco y se lamenta de no saber escribir; si supiera le diría todavía muchas más cosas. *La humorada*, cortísima composición, es un verdadero epigrama; en alguna de ellas, Campoamor logró acertar con la expresión concisa y justa. Los pequeños poemas son composiciones de cierta extensión, más largos que las *doloras*, y pertenecen al mismo tipo de poesía expositiva, con marcada intención filosófica o social.

Gaspar Núñez de Arce (1832-1903), estaba más dotado para la poesía que Campoamor, pero el tono de sus composiciones es generalmente demasiado prosopopéyico, y su estilo tiende a lo retórico y oratorio. Escribió algunas patéticas historietas versificadas bien estructuradas y compuestas; su principal y más característico poema se titula *Gritos del combate* (1873). Núñez de Arce expresa su amargura por las dificultades y decepciones que ofrece la vida, incluyendo entre ellas el conflicto padecido en su propia carne, entre la fe y la razón.

Durante la segunda mitad del siglo XIX hubo otros muchos versificadores, pero ninguno de ellos alcanzó la fama, y en nuestros días son prácticamente desconocidos.

EL TEATRO

Algunos de los dramaturgos románticos que dieron señales de vida en la década 1830-1840 continuaron estrenando sus obras después de la primera mitad del siglo. Otros autores más jóvenes se pasaron al realismo, pero a un realismo más aparente que auténtico; para ellos el realismo consistía en presentar, no temas medievales, sino escenas de la vida contemporánea; pero su actitud estética y vital había cambiado muy poco; seguían siendo en el fondo románticos, el carácter de sus dramas es fundamentalmente sentimentaloide, y su estilo, altisonante y enfático

Manuel Tamayo y Baus (1829-1898), hijo de una famosa actriz, comenzó escribiendo dramas románticos de carácter histórico. Compuso también una tragedia de corte clásico, *Virginia* (1853). *La bola de nieve* constituye una crítica de los celos, mostrando sus malas consecuencias; la acción se desarrolla en sus días. *Lo positivo* (1862) quiere prevenirnos de los perniciosos efectos de la codicia; el amor desmedido al dinero es, para Tamayo, la raíz y causa de todos los peores males. *Lances de honor* (1863) es una condenación del duelo. La más famosa obra dramática de Tamayo resucita a Yorick, el personaje shakesperiano; se titula *Un drama nuevo* (1867); es un ejemplo, muy logrado, de la técnica de introducir un drama dentro de otro drama. El pobre Yorick dudaba de la fidelidad de Alicia, su joven esposa, y en la nueva obra dramática que están representando, Yorick mata de verdad, atravesándolo con su espada, al amante de su mujer, al mismo tiempo que recita los versos en los que se denuncia el adulterio en la obra original. La emoción es intensa, o debe serlo, y los actores tienen que declamar sus versos desgañitándose o sollozando, de acuerdo con la mejor y más exigente tradición melodramática. Tamayo y Baus tenía un perfecto conocimiento de la técnica teatral y un gran instinto dramático.

Adelardo López de Ayala (1828-1879) trata también en su teatro, lo mismo que Tamayo, temas moralizadores, pero es mejor versificador. Antes de cumplir los veintiún años había estrenado ya *Un hombre de estado* (el tema histórico de Rodrigo Calderón, desgraciado valido de Felipe III); a lo largo de su vida, López de Ayala escribió numerosas obras dramáticas, incluyen comedias musicales (ZARZUELAS), género muy cultivado por los dramaturgos de su época. En *El tanto por ciento* (1861) el amor termina triunfando sobre el ansia de dinero, *Consuelo* (1863) dramatiza la historia de una mujer vana y ambiciosa que prefiere la lujuria al verdadero amor, recibiendo el castigo debido a su inmoral conducta. En *El nuevo don Juan* (1863) López de Ayala ridiculiza a un don Juan de vía estrecha mientras que logra rehabilitar y hacer simpática la figura del marido traicionado. El teatro de López de Ayala, a pesar de sus limitaciones, destaca por encima de la mediocridad característica del drama español de su época.

José de Echegaray (1832-1916), relevante profesor de matemáticas e ilustre ingeniero, se dedicó también a la política al mismo tiempo que daba satisfacción a sus inclinaciones literarias. Tuvo grandes éxitos como dramaturgo y el eco de los aplausos llegó hasta Suecia, abriéndole el camino para ser galardonado con el Premio Nobel de literatura, que recibió el año 1904. Sus dramas, unos en prosa y otros versificados, son un reflejo de su mentalidad de romántico rezagado; los tipos y caracteres dibujados por Echegaray son siempre desorbitados y se ven desgarrados y consumidos por el fuego de sus pasiones. Las situaciones dramáticas presentadas por Echegaray en sus obras son casi siempre artificiosas e inverosímiles. La moraleja de *O locura o santidad* (1877) es la siguiente: una persona intachable aparentemente, y honrada por la sociedad como prototipo modelo, en el reducido círculo de familiares y amigos puede ser considerada como un excéntrico, un maniático, un verdadero loco. El más conocido drama de Echegaray, todavía representado en nuestros días de vez en cuando, es *El gran Galeoto* (1881) cuya idea y contenido pueden sintetizarse así: la calumnia, en ocasiones, puede impulsar al calumniado, hasta entonces honorable y decente, a portarse de manera reprobable e inmoral; varios de los personajes de este drama sufren desmayos en escena. *El hijo de don Juan* (1892) es una reelaboración del drama de Ibsen, *Espectros*, pero inferior al original: el héroe es obligado a renunciar al matrimonio, a la gloria, a la felicidad, y muere invocando al sol, lo mismo que en la obra de Ibsen,

La rimbombante retórica de Echegaray produce hoy una sensación verdaderamente grotesca.

Muchos otros dramaturgos, de menor importancia, pulularon en la segunda mitad del XIX. Es el teatro decimonónico, la posteridad salve sólo a las zarzuelas, obras sin pretensiones que todavía siguen teniendo cierta popularidad y aceptación.

Joaquín Dicenta (1863-1917) es, según se afirma generalmente, el primer comediógrafo español que hace pisar las tablas a personajes proletarios, y sus obras constituyen una requisitoria contra la injusticia social. *Juan José* (1895) presenta a un honrado obrero que, a consecuencia de las injusticias y abusos de que le hace víctima su malvado patrón, se convierte, al matarlo, en un criminal. Otros dramas que contribuyen al prestigio de Dicenta son *Daniel* (1907) y *El lobo* (1913). En este último, un encallecido criminal se convierte y se rehabilita gracias al amor (hay bastante todavía en este drama, por lo tanto, de aliento romántico). Dicenta, que no es ni mucho menos, un dramaturgo genial, sin embargo tiene la virtud, muy estimable, de hacer hablar a sus personajes un lenguaje realista y coloquial.

A partir de 1890, Galdós comenzó a hacer adaptaciones teatrales de algunas de sus novelas que, efectivamente, tenían auténtico carácter dramático. La primera fue *Realidad* (1892), cuyo título es suficientemente significativo. Las comedias de Galdós, varias de las cuales no tuvieron ningún éxito al ser representadas, trataban fundamentalmente de temas sociales y lo hacían de una manera muy realista; frente a los dramones espeluznantes y lacrimosos de Echegaray, las comedias de Galdós, fiel reflejo le las costumbres y del habla, constituyen un verdadero paso adelante, un auténtico progreso del teatro español. La más sensacional comedia de Galdós es *Electra* (1901), cuyo tema es el conflicto, real e inevitable, entre el fanatismo tradicional y las modernas actitudes nacionales. A raíz de la representación de esta obra, los círculos conservadores de la nación excomulgaron a Galdós por haber presentado en ella a un padre jesuita que resultaba el "malo" de la trama. En *El abuelo* (1904) sostiene Galdós la siguiente tesis: la verdadera aristocracia es la aristocracia del mérito y del valer y no la aristocracia de la sangre. En esta obra Galdós exageró bastante el carácter histriónico de los personajes. *La de San Quintín* (1894) es una apología del aristócrata arruinado que, gracias a su trabajo y a haber mezclado su sangre con la sangre joven y vigorosa de una familia campesina, se regenera y triunfa. Galdós exaltó siempre, en todas sus obras, la figura del hombre que se ha hecho a sí mismo, que ha triunfado sólo por su trabajo y su inteligencia, sin deber nada a nadie. Galdós desempeñó un gran servicio saneando la escena española y dando al teatro un tono honestamente realista.

ORATORIA, HISTORIA, CRÍTICA

Gran parte de la producción literaria española ha nacido, rodeada del humo del tabaco, en las mesas de los tradicionales cafés. Pero los más ordenados y circunspectos españoles han reservado siempre sus mejores expresiones para el púlpito o la tribuna, por lo que la oratoria ha florecido en todos los períodos de la historia de España, incluyendo el turbulento y agitado siglo XIX.

Emilio Castelar (1832-1899) fácil escritor y famoso político liberal, fue un extraordinario orador. Es el último de los cuatro presidentes que tuvo la efímera primera república española (1873-1874). Los rotundos y sonoros períodos de sus discursos impresionaban grandemente a sus contemporáneos, como conmovieron también al entonces embajador norteamericano John Hay. **Joaquín Costa**

(1846-1911), precursor de la generación del '98, tenía más éxito con sus discursos que con sus meritorios y apasionados escritos de carácter social y económico.

Don Modesto Lafuente (1806-1866) publicó una extensa *Historia de España* (1850-1857), en 30 volúmenes, que no satisface las exigencias de la moderna historiografía. **Don José Amador de los Ríos** (1818-1878) se dedicó a los estudios medievales con gran sentido crítico y de una manera concienzuda. Su obra más conocida y alabada, todavía muy útil en nuestros días, es la *Historia crítica de la literatura española* (1861-1865), que consta de siete volúmenes; comprende sólo hasta los tiempos de Fernando e Isabel.

Martín Fernández de Navarrete (1765-1844) escribió la primera biografía de Cervantes que ofrece garantías de probidad científica, *Vida de Miguel de Cervantes Saavedra* (1819). Es autor también, de una historia de las exploraciones y viajes en el Nuevo Mundo.

Diego Clemencín (1765-1834) es el primer gran comentador del *Quijote*. **Don Pascual de Gayangos** (1809-1897) editó, casi sin aparato crítico, muchos textos españoles antiguos, sobre todo en la Biblioteca de Autores Españoles (70 tomos, más otro de Índices) que comenzó a aparecer en 1846 y duró hasta 1880. En los últimos años han aparecido algunos tomos más. Gayangos prestó un gran servicio al traducir la *History of Spanish Literature*, de George Ticknor.

Manuel Milá y Fontanals (1818-1884) fue un erudito y un crítico mucho más profundo y agudo que Gayangos; estudió principalmente, los orígenes de la épica catalana y castellana, y el problema de los romances.

Marcelino Menéndez y Pelayo (1856-1912) estaba dotado de una memoria prodigiosa y de una extraordinaria capacidad de trabajo; sus investigaciones eruditas y críticas tocaron casi todos los aspectos de la literatura y del pensamiento españoles. Cuando fue nombrado director de la Biblioteca Nacional, se decía que no iba a dirigir la biblioteca sino que se la iba a leer entera. Una lista de algunas, sólo, de sus más importantes obras, nos dará una idea aproximada de la monumental, increíble, labor llevada a cabo por el gran polígrafo en los últimos se han hecho nuevas ediciones de sus obras, y se están publicando, por vez primera, sus auténticas *Obras completas*: *La ciencia española* (1876); *Horacio en España* (1877); *Historia de los heterodoxos españoles* (1880-1882); *Calderón y su teatro* (1881);

Historia de las ideas estéticas en España (1883-1889, 9 tomos); *Obras dramáticas de Lope de Vega* (edición de la Real Academia Española, 13 tomos, 1890-1902; los textos, publicados sin estudio crítico, pero las Introducciones son muy extensas); *Estudios de crítica literaria* (1884 en adelante), *Antología de poetas líricos castellanos* (1890-1908, 13 tomos), *Orígenes de la novela* (1905-1910, 3 tomos de estudio, más los textos). Los prejuicios patrióticos y religiosos de Menéndez Pelayo empequeñecen la universalidad de sus puntos de vista, y, como es perfectamente explicable tratándose de una tan extensa y heterogénea obra, hay en ella bastantes errores de detalle, pero en conjunto la labor de Menéndez Pelayo es extraordinariamente valiosa y meritoria. Fue el maestro y el protector de muchos investigadores que siguieron sus huellas. Algunos de sus contemporáneos hicieron también estudios e investigaciones de interés que enriquecieron la erudición y la crítica españolas de la época.

La Generación del 98

PENSADORES, ENSAYISTAS, CRITICOS	HISTORIADORES Y FILOLOGOS	NOVELISTAS	DRAMATURGOS	POETAS
Precursores: Ángel Ganivet (1865-1898) Joaquín Costa (1846-1911) Miguel de Unamuno (1864-1936) Ramiro de Maeztu (1874-1936) «Azorín» (1874-1967)	Rafael Altamira (1866-1951) Antonio Ballesteros (1880-1949) Ramón Menéndez Pidal (1869-1968) Emilio Cotarelo (1858-1936) Adolfo Bonilla (1875-1926)	Pío Baroja (1872-1956) Ramón María del Valle Inclán (1866-1936) Gabriel Miró (1879-1930) Tradicionalistas: Ricardo León (1877-1943) Concha Espina (1877-1955)	Jacinto Benavente (1866-1954) Gregorio Martínez Sierra (1881-1948) Manuel Linares Rivas (1867-1938) Serafín (1871-1938) y Joaquín (1873-1944) Álvarez Quintero Jacinto Grau 1877-1958) Saineteros: Carlos Arniches (1866-1943) Pedro Muñoz Seca (1881-1936)	Principal precursor: Rubén Darío (1867-1916) Eduardo Marquina (1879-1946) Francisco Villaespesa (1877-1935) Emilio Carrere (1880-1947) Manuel Machado (1874-1947) Antonio Machado (1875-1939) Juan Ramón Jiménez (1881-1958) José María Gabriel y Galán (1870-1905) Vicente Medina (1866-1937)

11
La generación del '98

OCE AÑOS TENÍA Alfonso XIII cuando terminó, con la derrota española, la guerra hispano-norteamericana desarrollada en Cuba y Filipinas. Ni él ni sus consejeros fueron capaces de solucionar los graves problemas que España tenía planteados, pero tuvieron el acierto de mantener a España neutral en la primera Guerra Mundial (1914-1918), neutralidad que fue muy beneficiosa para la economía española. En 1923, el general Primo de Rivera se hizo cargo del poder, implantando la Dictadura, después de que España había sufrido graves reveses en la guerra de Marruecos. Las elecciones municipales de 1931 mostraron la impopularidad del régimen monárquico, y el Rey salió precipitadamente para el exilio, al tiempo que se proclamaba en Madrid la Segunda República española.

Es muy probable que el período comprendido entre 1898 y nuestros días sea, después de la Edad de Oro, la época más gloriosa de la literatura española. Porque el siglo XIX se reduce a un solo aunque preclaro nombre: Galdós.

Los pensadores y filósofos de la cultura de los últimos años del XIX tenían una idea pesimista respecto a los españoles y éstos, los españoles, intentaron explicarse a sí mismos por qué España había decaído tanto después de haber tenido una época gloriosa en todos los aspectos. Los españoles conscientes meditaron constantemente sobre el problema de España, pero, en general, faltaba la energía creadora, y no se pasaba de la teoría a la acción. La derrota infligida a España por los Estados Unidos de Norteamérica en 1898 colmó la copa de la amargura española y resultó el golpe de gracia. España había perdido sus colonias americanas en los primeros tiempos del siglo XIX, y las únicas posesiones que le quedaban en Ultramar, que eran Cuba, Puerto Rico y Filipinas, tuvo que abandonarlas en 1898. Los problemas políticos y económicos de España, siempre graves, aumentaron con la pérdida de las últimas posesiones, y en 1898 las soluciones para los males españoles se veían muy lejanas.

Los escritores que alcanzan la madurez en los últimos años del siglo XIX, son generalmente incluidos en lo que se ha venido a llamar la GENERACIÓN DEL '98; sin embargo, algunos críticos niegan la real existencia de tal grupo, y es verdad que los escritores presuntos componentes de esta generación son muy diferentes unos de otros, por su manera de pensar, por lo que respecta a sus ideas estéticas y artísticas, y también por su técnica literaria. Pero todos ellos tienen una característica común: oponerse, de una o de otra manera, a lo inmediatamente anterior a ellos que consideran anticuado, "lo viejo." Rechazan la retórica florida, lo melodramático y artificioso en el teatro, la versificación enfática, la novela de carácter radical-mente tradicionalista. Uno de los temas favoritos de este grupo es el de la "regeneración," y muchos de los escritores que lo componen afirman que ha llegado el momento de "europeizar" a España. Y, efectivamente, esta generación se pone en contacto con el mundo y conoce bastante bien las tendencias intelectuales y artísticas dominantes en los demás países; la consecuencia de esta actitud fue altamente beneficiosa. Si es verdad que varios de los representantes del grupo adoptaron actitudes negativas y estériles desde el punto de vista vital, todos ellos, en cambio, muestran gran capacidad creadora, y su legado artístico es verdaderamente valioso. Quizás los mayores logros de la generación del '98 se encuentren en la poesía lírica, pero su contribución a los demás géneros no es tampoco despreciable. Dos componentes de este grupo han sido galardonados con el Premio Nobel de literatura: el dramaturgo Benavente en 1922, y el poeta Juan Ramón Jiménez en 1956.

PRECURSORES DE LA «GENERACIÓN DEL '98»

No podemos olvidar nunca los grandes servicios prestados por el novelista Pérez Galdós al revelar y descubrir España a los propios españoles. Galdós valoraba con justicia las auténticas virtudes del alma española, pero no perdió ocasión, al escribir sus voluminosas novelas, de poner en la picota el tradicionalismo ciego, el fanatismo religioso, la vana e inútil aristocracia, las injusticias sociales, la corrupción política y todas las demás lacras de la nación. Los jóvenes aprendieron mucho de Galdós. y también del naturalista Clarín (Leopoldo Alas). Clarín murió en 1901, pero Galdós vivió hasta 1920 y conoció personalmente a la mayor parte de los escritores jóvenes que estaban haciendo sus primeras armas en la literatura.

Joaquín Costa (1846-1911), que no tuvo éxito como político, demostró siempre, tanto en sus escritos como en sus discursos, la gran preocupación que sentía por los problemas de España. Ejerció considerable influencia sobre los jóvenes.

Ángel Ganivet (1865-1898), natural de Granada, fue un gran pensador, y también un original escritor lleno de sentimiento; perdió la razón, y se suicidó precisamente el año 1898, cuando sólo tenía treinta y tres años. Sobre su tierra natal escribió *Granada la bella* (1896), pero su obra más importante y trascendente es su *Idearium español* (1897). En este ensayo, Ganivet medita sobre el carácter español y propone remedios para los males que corroen el ser de su Patria. En la *Conquista del reino de Maya por el último conquistador español Pío Cid* (1897) Ganivet hace una irónica comparación entre la civilización europea y española por una parte, y la cultura de una tribu del África central, sugiere Ganivet que los españoles fueron grandes conquistadores pero que son incapaces de administrar y de conservar sus conquistas. Otra novela suya, *Los trabajos del infatigable creador Pío Cid* (1898) contiene elementos descriptivos y autobiográficos, pero, en el fondo es también una crítica del carácter y de las costumbres de los españoles de su época. Las ideas de Ganivet contribuyeron mucho a la formación espiritual de los hombres de la generación inmediatamente posterior.

Ensayistas y críticos

Miguel de Unamuno (1864-1936), nació en Bilbao, de familia vasca por los cuatro costados. Fue catedrático de griego en la Universidad de Salamanca de la que llegó a ser rector, pero pasó mucho tiempo en Madrid. Escritor y conversador de gran fuerza y agudeza, a Unamuno le gustaba estar siempre en la oposición, por lo que se creó muchos enemigos; pero eran más, todavía, sus amigos y sus discípulos. Fue Unamuno fundamentalmente un pensador, aunque no un filósofo sistemático; su obra, muy voluminosa, contiene ensayos de todo tipo y sobre las más distintas clases de temas. Probablemente la obra de Unamuno más admirada en España y en el extranjero es _Del sentimiento trágico de la vida_ (1913), en la cual explaya, con agónica intensidad, el conflicto sobre la tendencia del hombre a la inmortalidad y su razón, que le dice que no. Las novelas de Unamuno, cuyos personajes son verdaderas abstracciones con nombre de persona, resultan tan diferentes de las novelas tradicionales y al uso que su autor no las llamó novelas sino nívolas; entre ellas citemos: _Paz en la guerra_

Miguel de Unamuno

(1897), _Amor y Pedagogía_ (1902), _Niebla_ (1914), _Abel Sánchez_ (1917). Excelentes narraciones breves se hallan en sus libros _El espejo de la muerte_ (1913) y _Tres novelas ejemplares y un prólogo_ (1920). Con motivo del tricentenario del _Quijote_, Unamuno escribió la _Vida de don Quijote y Sancho, según Cervantes_ (1905), que es una aguda y original interpretación de la obra maestra de la literatura española. Unamuno no tuvo éxito como dramaturgo, pero sus versos son muy valiosos, no por la belleza o armonía formal, sí por la profundidad de la idea y lo intenso del sentimiento: _Poesías_ (1907), _Rosario de sonetos líricos_ (1911). _El Cristo de Velázquez_ (1920), _Romancero del destierro_ (1928, cuando Unamuno había sido desterrado por la dictadura). Unamuno es, no cabe duda, una de las más poderosas personalidades de nuestro siglo. No sabemos si la posteridad será tan apasionada por Unamuno como lo han sido muchos de sus contemporáneos y lo siguen siendo gran parte de los críticos actuales.

Ramiro de Maeztu (1874-1936), hijo de vasco e inglesa, estuvo considerado como uno de «Los Tres» (Maeztu, Baroja y Azorín) que más violentamente se habían rebelado contra la generación precedente. Maeztu se dedicó principalmente al periodismo, y en sus últimos años se convirtió en un católico militante, en un decidido monárquico de ideas conservadoras. Murió, fusilado, en 1936. Desde el punto de vista literario la obra más interesante de Maeztu es el libro de ensayos titulado *Don Quijote, Don Juan y la Celestina* (1926).

José Martínez Ruiz «Azorín» (1872-1967) fue el mejor crítico literario de todos los de su grupo, y también el principal intérprete del espíritu de Castilla (aunque no es castellano sino alicantino). Fue Azorín el que inventó el término «generación del '98». Prescindiendo de una relativamente corta etapa en la que participó activamente en la política (fue cuatro veces diputado a cortes entre 1909 y 1919) Azorín ha dedicado toda su larga vida a la creación literaria, escribiendo innumerables artículos, ensayos y libros, sin descanso ni interrupción. Su estilo es antirretórico y plácido, logrando con extraordinaria maestría extraer o destilar "la poesía de lo trivial." Es grande su conocimiento de España y de la literatura española, y sus interpretaciones críticas siempre nos revelan algún aspecto nuevo e insospechado de la obra o del paisaje analizados. Sus obras completas están todavía en curso de publicación. Las más importantes entre ellas son las siguientes: *El alma castellana, 1600-1800* (1900), *La voluntad* (1902; lo que le faltaba a la generación era precisamente fuerza de voluntad para la acción), *Antonio Azorín* (1903), *Las confesiones de un pequeño filósofo* (1904), *España* (1909), *Castilla* (1912), *El paisaje de España visto por los españoles* (1917) *Una hora de España* (1924), además una serie de obras dramáticas y de ensayos superrealistas que no tuvieron gran éxito; *Pensando en España* (1940), *Memorias inmemoriales* (1946).

Historiadores y filólogos

Rafael Altamira (1866-1951) concibió la historia de España no como una sucesión de dinastías y batallas sino más bien como la evolución política, social y cultural de la Península; la ideología y la postura de Altamira son claramente liberales. Conocidísima es su *Historia de España y de la civilización española* (6 vols. Barcelona, 1900-1930). Un excelente resumen de esta obra apareció redactado en lengua inglesa, en un solo volumen (*History of Spain*, 1949).

Antonio Ballesteros (1880-1949) es autor de una extensa *Historia de España y su influencia en la historia universal* (10 vols.), 1918-1941, que constituye una muy útil obra de consulta.

Don Ramón Menéndez Pidal (1869-1968). Durante mucho tiempo era universalmente reconocido como el maestro y decano de los filólogos españoles y aun mundiales, llenaríamos muchas páginas si quisiéramos dar una lista de sus obras importantes. Es fundamentalmente un medievalista, pero ha contribuido mucho también a conocer mejor muchas de las etapas de la literatura española, de la lengua castellana y de la historia de la península. Menéndez Pidal ha sido y es el maestro y el orientador de los más distinguidos filólogos, lingüistas y críticos literarios españoles de dos generaciones completas. Ha recibido Menéndez Pidal los más altos honores, tanto en España como en el extranjero, y en todas partes está considerado como uno de los más geniales y grandes investigadores del mundo. Su primer estudio importante fue *La Leyenda de los Infantes de Lara* (1896). El *Manual de gramática histórica española* apareció en 1904, y desde entonces se han hecho numerosas ediciones y reimpresiones. Su edición del *Cantar de Mío Cid* (3 vols. 1908-1912), obra maestra de la filología española, consolidó la fama de Don Ramón. En 1914 fundó la desde entonces indispensable *Revista de Filología Española*. En 1924 se publica *Poesía juglaresca y juglares*, que se sigue publicando. Su *Orígenes del español* (1926) es una obra maestra de la lingüística romance. En 1929 aparece *La España del Cid*. Escribió también infinidad de estudios sobre poesía épica, poesía lírica, y, principalmente, sobre los romances, uno de los temas que más le apasionaban. Comenzó a dirigir, y la muerte no le dejó continuar, una monumental *Historia de España*, de la que aún siguen publicándose volúmenes escritos por los mejores especialistas; los prólogos, extraordinarios, son obras de Menéndez Pidal. Entre sus discípulos figuran Américo Castro, Amado Alonso, Dámaso Alonso, Pedro Salinas y Tomás Navarro Tomás.

Emilio Cotarelo y Mori (1858-1936), once años mayor que Menéndez Pidal, se dedicó especialmente al estudio del teatro español de la edad de oro y del siglo XVIII; editó muchos dramas de Tirso de Molina (3 vols.) y parte del teatro de Lope (10 vols.); también dos tomos de Entremeses y los *sainetes* de Ramón de la Cruz.

Adolfo Bonilla y San Martín (1875-1926), el discípulo preferido de Menéndez y Pelayo, siguiendo el ejemplo de su maestro no se limitó al estudio de la literatura, sino que investigó también sobre temas filosóficos y culturales en general. Muy difíciles de superar son las ediciones de textos clásicos que, en colaboración con el hispanista norteamericano Rudolf Schevill, hizo Bonilla (libros de caballerías, novelas picarescas, y, especialmente, las obras completas de Cervantes [1828-1942]). Quizá su mejor ensayo sea el que publicó en 1903 sobre *Luis Vives y la filosofía del Renacimiento.*

NOVELISTAS

Pío Baroja (1872-1956), fue el novelista español más antiacadémico, franco, sincero y original de la primera mitad del siglo XX: también uno de los más prolíficos, escribió alrededor de cien obras. Es Baroja uno de los numerosos médicos españoles que han cultivado la literatura, y sus realistas y normalmente escépticas observaciones de la vida española tienen a veces como un olor a clínica, aunque Baroja no deba ser considerado un naturalista al estilo de Zola. Sus filósofos favoritos eran Nietzsche y Schopenhauer, y sus modelos en el arte novelístico, Poe, Dickens, Balzac, Stendhal y Dostoievski. Su concepción de la vida y de la naturaleza humana es muy pesimista, y manifestó paulatinamente su oposición a valores aceptados tradicionalmente—ejército, Iglesia, Estado, métodos pedagógicos, prácticamente a todo—y lo hizo con energía y sinceridad. Su abrupto estilo a veces parece tosco; no es de extrañar, porque el ideal de Baroja, como él mismo nos dice, consiste en jugar una "retórica de tono menor." Sus frases y párrafos son generalmente muy cortos, y no complica estilísticamente sus argumentos. Sus novelas dan la impresión de ser una serie de fragmentos, pero hay un aire de frescura y espontaneidad en su visión directa de la gente y de la vida. Algunas de sus más importantes novelas son: *Camino de perfección* (1902), *El mayorazgo de Labraz* (1903), la trilogía sobre la vida del pueblo humilde madrileño *La lucha por la vida* (1904), *Paradox rey* (1906), *Zalacaín el aventurero* (1909), *El árbol de la* *ciencia* (1911), *César o nada* (1912), una larga serie de novelas con el título general de *Memorias de un hombre de acción* (entre ellas *El caballero de Erláiz*, 1943). En 1955 aparecieron las muy extensas *Memorias de Baroja*.

Ramón del Valle Inclán (1869-1936) es lo más opuesto a Baroja que se puede imaginar, en casi todos los aspectos: Valle Inclán buscaba constantemente una aristocrática delicadeza, una fórmula esteticista, tanto en su prosa como en su recamado verso. Era Valle Inclán un escritor exquisito que utilizaba para lograr sus fines artísticos toda clase de recursos sensuales, y buscaba siempre la expresión bella en sus rítmicas y melodiosas frases. Su verso sigue generalmente el estilo modernista implantado por Rubén Darío, y su teatro, que no tuvo gran éxito al ser representado, se caracteriza por encerrar más aliento poético que intensidad dramática. Valle Inclán es famoso gracias principalmente a sus novelas, las más conocidas de las cuales son las cuatro estupendas *Sonatas*, una por cada estación del año, que cuentan la historia amorosa del Marqués de Bradomín, un moderno Don Juan "feo, católico y sentimental." Aparecieron de 1902 a 1905. *Flor de santidad* (1904) narra una leyenda muy difundida en la Galicia rústica de donde el autor era natural. En 1908 y 1909 publicó Valle Inclán su famosa trilogía sobre la guerra carlista (*Los cruzados de la causa, El resplandor de la hoguera, Gerifaltes de antaño*) con escenas de bárbara crueldad. Valle Inclán llamó ESPERPENTOS a algunas de sus obras posteriores, en las que se mezclan lo poético, lo popular, lo realista y lo grotesco, bajo una capa de ingeniosa sátira. *Tirano Banderas* (1926), es una sangrante sátira de un dictador hispano-americano. Las novelas de la serie titulada *El ruedo ibérico*, que podrían casi haberse llamado grotescas, utilizan un lenguaje popular al mismo tiempo que estilizado, y resultan una amarga y aguda sátira en contra de los pomposos políticos de la segunda mitad del siglo XIX y de sus ineficaces actividades. Valle Inclán escribió también numerosas narraciones cortas. Para muchos críticos, este autor es el más grande de los estilistas de su generación.

Gabriel Miró (1879-1930) tuvo que luchar con dificultades económicas, pero nunca traicionó sus ideales artísticos. En sus numerosas novelas e historias cortas descubrimos una inigualable maestría para la evocación, y su estilo nos parece como si fuera una combinación armónica de los estilos respectivos de Azorín y de Valle Inclán. Tiene Miró más facilidad y más acierto al hacer descripciones que como narrador. Se debe hacer una mención especial de *La novela de mi amigo* (1908), *Las cerezas del cementerio* (1910), *Figuras de la pasión del Señor* (1916), *El humo dormido* (1919), *Nuestro padre San Daniel* (1921), *El obispo leproso* (1925) y *Años y leguas* (1928).

Ricardo León (1877-1943) no tiene ninguna relación con la generación del '98, cuyas actitudes condenó siempre; abandonó su oficio bancario para dedicarse a escribir, pero nunca dejó de ser un auténtico conservador. Para la mayor parte de los críticos y lectores, su florido estilo, basado en una servil imitación del estilo de los clásicos españoles, es fácil que resulte tan anticuado como sus ideas y concepciones. Tenía Ricardo León bastante facilidad para escudriñar la conducta humana y considerable fuerza en sus novelas. Sus obras tuvieron mucho éxito popular. Algunas de sus novelas: *Casta de hidalgos* (1908), *Alcalá de los Zegríes* (1909), *El amor de los amores* (1910), *Amo; de caridad* (1922), *Los trabajadores de la muerte* (1927), *Jauja* (1928), *Cristo en los infiernos* (1943).

Concha Espina (1877-1955) no fue una gran novelista, pero sus cualidades personales, su sentimentalismo de buena ley, su buena voluntad, la fuerza realista de sus descripciones y su estilo cuidado y elegante llamaron la atención de gran número de lectores. Entre sus muchas novelas deben ser recordadas: *La niña de Luzmela*, (1909), *La esfinge maragata* (1913), *El metal de los muertos* (1921), *Altar mayor* (1926), *Retaguardia* (1937) y *Una novela de amor* (1953).

DRAMATURGOS

Jacinto Benavente (1866-1954) dijo una vez que había enterrado a cuatro generaciones de críticos adversos, y tenía razón. Comenzó a representar sus comedias en 1894 (*El nido ajeno*) y en 1922 obtuvo el Premio Nobel de Literatura. Continuó escribiendo y estrenando hasta su muerte. Su teatro es generalmente satírico pero con elegante ironía más que con sangrienta sátira; en el fondo comenzó siendo una protesta en contra del melodramático teatro de Echegaray. Las comedias de Benavente son muy literarias sin perder su fuerza dramática; de ahí que parezcan tan buenas al ser leídas como al ponerse en escena. El ambiente de las comedias de Benavente es, sobre todo, el de la media y alta burguesía de Madrid, es decir, el mismo ambiente del público que las veía representar y que se divertía viéndose a sí mismos o viendo a sus vecinos satirizados en escena. El estilo es cultivado y suavemente irónico, y el escenario normalmente representa una habitación lujosamente vestida y amueblada. Hay algunas excepciones en el teatro de Benavente; no todas sus obras son del género de la "alta comedia": *La malquerida* (1913), representada en Norteamérica con el título de *The Passion Flower*, es una tragedia rural bastante fuerte, escrita en habla regional; este ejemplo es suficiente para refutar la tesis que sostiene que Benavente escribió solamente comedias sin acción ni pasión. La técnica benaventina es muy hábil y eficaz, y sus diálogos, ingeniosos, agudos y correctos. Su más famosa comedia es, sin discusión, *Los intereses creados* (1907), cuyos personajes, aunque ataviados a la manera de la *commedia dell'arte* italiana y hablando un lenguaje arcaizante, tienen mentalidad moderna y expresan ideas también modernas. Otras comedias dignas de mención son: *Gente conocida* (1896) *La comida de las fieras* (1898), *La noche del sábado* (1903), *Rosas de otoño* (1905), *Señora ama* (1908), *Pepa Doncel* (1928), *Aves y pájaros* (1940), *La infanzona* (1946). Benavente escribió también encantadoras comedias para niños, hacia los que sentía un gran afecto, entre ellas *El príncipe* que todo lo aprendió en los libros (1914).

Gregorio Martínez Sierra (1881-1948) compuso poemas, escribió novelas y ensayos, colaboró en periódicos y revistas, tradujo dramas extranjeros, pero lo que le ha dado nombre han sido sus originales comedias, verdaderamente entretenidas, alegres y sentimentales; el éxito de Martínez Sierra en España fue tan grande que Hollywood lo reclamó. En algunas de las comedias de Martínez Sierra es perceptible la influencia del belga Maeterlinck, y quizá también la participación de su inteligente esposa María de la O Lejárraga. *El amor brujo* es universalmente conocido gracias a la música del ballet de Falla del mismo título. Las obras de Martínez Sierra que tuvieron más éxito son las siguientes: *La sombra del padre* (1909), *El ama de la casa* (1910), *Canción de cuna* (1911, quizá su obra más delicada y más famosa), *Primavera en otoño* (1911), *Mamá* (1912), *El reino de Dios* (1916), *Sueño de una noche de agosto* (1918), *Don Juan de*

España (1921), *Triángulo* (1930).

Manuel Linares Rivas (1867-1938), jurista metido a dramaturgo, demostró poseer una habilidad y un talento dramáticos mucho mayores de lo que bastantes críticos nos han querido hacer creer. Sus contemporáneos lo estimaron lo suficiente para hacerle diputado, juez, senador y académico de la Real de la Lengua; algunos de sus dramas tuvieron gran éxito. Con frecuencia llevó a las tablas problemas de carácter social o legal. Sigue, desde el punto de vista técnico, la misma dirección establecida por Benavente, y participa, también, de la aspiración de los «HOMBRES DEL '98» de renovar España. Sus comedias más importantes, *El abolengo* (1910), *Lady Godiva* (1912), *Como buitres* (1913), *La garra* (favorable al divorcio, 1914), *La fuerza del mal* (1914), *Cobardías* (1919), *Cristobalón* (1920), *La mala ley* (1923), *Mal año de lobos* (1927), *Todo Madrid lo sabía*.

Eduardo Marquina (1879-1946), nacido en Barcelona, murió en Nueva York donde se encontraba desempeñando una misión diplomática. Comenzó siendo un poeta modernista y se pasó al teatro para escribir dramas versificados, siempre teniendo como temas pedazos de la historia y de la tradición españolas, que Marquina presentaba con mucha fuerza y quizá con excesiva grandiosidad. Los títulos de sus obras dramáticas son, a menudo, muy sintomáticos de su contenido y de su tono: *Las hijas del Cid* (1908), *Doña María la Brava* (1909), *En Flandes se ha puesto el sol* (1910, los últimos momentos del dominio español en los Países Bajos, probablemente la mejor obra de Marquina), *Teresa de Jesús* (1933). También escribió alguna comedia costumbrista y sentimental, sin carácter histórico, como, por ejemplo, *Cuando florezcan los rosales* (1914).

Serafín (1871-1938) **y Joaquín** (1873-1944) **Álvarez Quintero** escribieron sus obras siempre en colaboración (hasta la muerte de Serafín); habían nacido en la provincia de Sevilla y nunca perdieron la gracia ni el aire andaluces. No eran muy cultos ninguno de los dos hermanos, ni tampoco poseían especial inventiva dramática, pero escribieron una gran cantidad de comedias sazonadas con toda la gracia, el encanto, el color, la pasión y el ingenio atribuidos tópicamente a la región andaluza. Los hermanos Quintero tuvieron un éxito enorme a pesar de que en su teatro no hay profundidad psicológica ni mensajes trascendentes; pero sus obras son casi siempre extraordinariamente cómicas y el público que asiste a las representaciones no cabe duda que prefiere divertirse antes que ponerse a reflexionar sobre los candentes problemas económicos y sociales del Sur de España. Es posible que el teatro de los Quintero no sobreviva a sus autores, pero hay que reconocer que tiene un encanto especial que ha atraído mucho a toda clase de públicos. Sólo ocasionalmente escribieron los Quintero comedias serias, como *Los Galeotes* (1900, análisis del feo defecto de la ingratitud). Algunas de las comedias de los Quintero son cuadros de costumbres andaluzas y gráficos retratos de tipos meridionales que, aunque bastante tópicos y artificiosos, presentan, sin embargo, un encanto verdaderamente delicioso; como, por ejemplo, *El patio* (1901), *Las flores* (1901). Entre sus numerosas comedias citemos: *El amor que pasa* (1904), *El genio alegre* (1906), *Malvaloca* (1912), *Puebla de las mujeres* (1912), *Doña Clarines* (1909), *La boda de Quinita Flores* (1925).

El dramaturgo **Jacinto Grau** (1877-1958) se mantuvo siempre bastante apartado de su generación, quizá porque la mayor parte de su vida discurrió fuera de España; sin embargo la patria no iba a estar nunca ausente de sus pensamientos. Su teatro es un teatro de minorías, de minorías selectas, como si le repugnara el aplauso del vulgo; sus temas son elevados, su lenguaje aristocrático, su tono elegante, el diálogo dramático poco crispado, si lo es realmente alguna vez. Grau ha sido, y sigue siendo estimado, sólo por una pequeña élite. De entre sus dramas mencionaremos: *Entre llamas* (1905), *El Conde Alarcos* (1917), *El señor de Pigmalión* (1927), *El burlador que no se burla* (1928).

La tradición de las piezas dramáticas de un solo acto había sido siempre muy fuerte en España, desde Lope de Rueda a Don Ramón de la Cruz y los Quintero, pasando por Cervantes y Quiñones de Benavente. En el siglo XX hay dos comediógrafos que cultivan este género con extraordinario éxito: **Carlos Arniches** (1866-1943) hizo las delicias de dos generaciones con sus obras cómicas (sainetes, farsas, también obras mayores) que tratan principalmente de los aspectos pintorescos de la vida en los barrios más humildes de Madrid. Tenía Arniches una fantasía grande y un extraordinario instinto de lo cómico. Él y otros madrileñistas del mismo estilo no se contentaban con presentar la vida callejera de los barrios pobres, sino que inventaban modismos lingüísticos y formas de conducta que causaban gran regocijo entre el público; de tal manera que el pueblo que veía representar sus obras, o que las leía u oía leer, aprendía cómo debería hablar y comportarse si estaba en su ánimo parecer gracioso o pintoresco; y la lección aprendida la recitaba en seguida en su barrio y en su tajo de faena. Entre sus obras populares son *La cara de Dios* (1899) y *Los aparecidos* (1892).

Pedro Muñoz Seca (1881-1936), nacido en la costa más meridional de España, vino muy pronto a Madrid y divirtió largos años al público sencillo con una serie de juguetes cómicos de corta extensión llamados astracanadas. Esta palabra se aplica a las piezas dramáticas cortas llenas de equívocos y de situaciones grotescas con un lenguaje asimismo plagado de retruécanos, de juegos de palabras, de palabras de doble sentido, etc.; Muñoz Seca era un verdadero maestro en este género dramático chabacano y populachero. La mejor obra de Muñoz Seca es una parodia de la rimbombante tragedia romántica, parodia titulada *La venganza de don Mendo*, escrita en graciosísimos e ingeniosos y fáciles versos. Después de 1931 dio a sus obras un carácter polémico y satírico, antirrepublicano. Murió fusilado, en Madrid, en los primeros meses de la guerra civil que comenzó en 1936.

Poetas líricos

Fue muy notable la renovación llevada a cabo en España por la poesía lírica después de los últimos años del siglo XIX; el que quiere escoger entre tantos tan buenos poetas se encuentra en un grave aprieto, pues en los últimos cien años puede decirse que ha tenido lugar una segunda Edad de Oro de la lírica española. El ímpetu renovador llegó desde Nicaragua encarnado en el vigoroso y apasionado **Rubén Darío** (1867-1916) que había encontrado apoyo y estímulo en sus colegas hispano-americanos, muy influidos por los parnasianos y simbolistas franceses, especialmente por Paul Verlaine. Los líricos hispano-americanos—habían asimilado totalmente la influencia foránea y nos encontramos no con serviles imitadores sino con verdaderos e inspirados poetas.

Por el mismo tiempo que Rubén Darío, y aun antes, un poeta español, **Salvador Rueda** (1857-1933), había sentido las mismas influencias e intentado, por su cuenta, la renovación de la poesía española. Rubén Darío representa lo que llamamos MODERNISMO, denominación que se aplica al movimiento literario que aspiraba a lograr la belleza de la expresión formal, a conceder más importancia al aliento poético que al contenido intelectual, el modernismo era también una protesta tanto contra la exuberante subjetividad romántica como contra el depresivo y naturalista prosaísmo de la "poesía" de Campoamor y otros realistas por el estilo. El ideal de los modernistas era la belleza, pero no la belleza a secas sino una belleza escultural, musical, pictórica, en una palabra, sensual. El libro de Rubén Darío *Azul* (escrito parte en prosa y parte en verso) apareció en 1888. El genio poético español lo único que esperaba era la inspiración, y la eclosión lírica que tiene lugar en España a partir de finales del XIX no encuentra paralelo a no ser en la edad de oro. El mismo Rubén Darío se hizo menos francés y más español con la publicación de sus bellas *Prosas profanas* (1896) y los optimistas *Cantos de vida y esperanza* (1905). Ambos libros contienen poemas de extraordinaria sensualidad y musicalidad; marcan la pauta para la renovación de la métrica española.

Marquina y Valle Inclán, quizá más importantes por su contribución a otros géneros literarios, se cuentan, sin embargo, también entre los primeros que experimentaron la refrescante brisa del modernismo. **Francisco Villaespesa** (1877-1936), auténtico bohemio, encontró en el modernismo un clima apropiado, y su poesía es toda ella una cascada de brillantes imágenes, de sonidos melodiosos, de esplendor oriental, aunque su inspiración lírica no fuera nada extraordinaria ni su técnica expresiva cuidadosa. Recuerda bastante a Zorrilla, salvando las distancias entre romanticismo y modernismo. Durante cierto tiempo Villaespesa fue considerado, por muchos aficionados a la poesía versificada, como la cabeza visible del movimiento modernista.

Emilio Carrere (1880-1947) tradujo al español las poesías de Verlaine y su lírica muestra claras influencias del vate francés. Carrere se erigió en cantor de la bohemia madrileña y de los bajos fondos de la capital de España. Sólo ocasionalmente utiliza Carrere sus versos para expresar sus propios sentimientos identificando al autor con el tema.

Manuel Machado (1874-1947) nació en Sevilla, de donde vino a

Madrid. Es patente, en todos sus poemas, el carácter andaluz; y es el mejor de todos los poetas españoles que siguen siendo fieles a Rubén, aunque presentando siempre una nota personal. Al leer cualquiera de sus composiciones encontramos la gracia, el encanto, el humor y la sensualidad de la España del sur, y todo ello acompañado de una expresión poética extraordinariamente musical que, con frecuencia, aparece plasmada en las fórmulas tradicionales y aun populares españolas, como son las coplas, seguidillas (siguiriyas) y otras del mismo orden. A veces sus composiciones están inspiradas en motivos históricos, como por ejemplo, el famoso retrato del rey Felipe IV. Nunca peca Manuel Machado de inelegante, por lo que leer sus poemas es algo verdaderamente delicioso. En colaboración con su hermano Antonio escribió una serie de comedias en verso (el llamado teatro poético, como en el caso de Marquina). Algunas de las obras de Manuel Machado: *Alma* (1900), *Museo* (1910), *Cante hondo* (1912), *Sevilla y otros poemas* (1921), *Horas de oro* (1938); en 1940 aparecieron sus *Obras completas*.

Antonio Machado (1875-1939) se crió, lo mismo que Manuel, en Sevilla y en Madrid, pero es un poeta auténtico, muy superior a su hermano, del que le separa una distinta concepción del mundo y de la poesía. Comenzó también siendo un seguidor de la moda modernista, hacia 1899, pero dejó pronto esta dirección para encaminarse por una senda más austera, más sencilla y menos florida. Los dos hermanos vivieron durante cierto tiempo en París trabajando como traductores. Entre los poemas de su primer período destacan, como más característicos, los contenidos en los volúmenes titulados: *Soledades* (1903) y *Soledades, galerías y otros poemas* (1907), En 1907 fue

Antonio Machado

nombrado catedrático de francés en el instituto de la vieja ciudad castellana de Soria, y el paisaje adusto y el carácter severo de Castilla captaron su ánimo para siempre. En 1909 se casó con una jovencita soriana de 16 años, y el matrimonio fue muy feliz pero por poco tiempo, pues la frágil y enfermiza Leonor murió en su ciudad natal el año 1912. La pérdida de la esposa amada fue un durísimo golpe para el poeta, del que no se repondría jamás. Algunos de sus más logrados y emotivos poemas fueron escritos en los años alegres y tristes de Soria; en *Campos de Castilla* (1912) encontramos la expresión de sus preocupaciones amorosas de su manera de ver el paisaje y el espíritu de Castilla, de su interpretación del ambiente que ha dominado en la historia de España. Incapaz de continuar en Soria después de la muerte de su amada, Antonio Machado pidió el traslado al Instituto de Baeza, provincia de Jaén, en su nativa Andalucía, y alli vivió hasta 1919. En este tercer período, la poesía de Machado no es la de un andaluz enraizado en su tierra, sino más bien la de un castellano que utilizara temas populares andaluces. En 1919 vuelve a Castilla, concretamente a Segovia, donde siguió enseñando francés al mismo tiempo que organizaba la que llegaría a ser prestigiosa *Universidad popular*. En 1931 logró ser trasladado a Madrid. De 1917 en adelante, Machado publica sus poemas, principalmente las *Poesías completas*, que en sucesivas ediciones aparecen cada vez con mayor número de composiciones. En 1925 edita sus *Nuevas canciones*, y en 1937, en plena lucha intestina, aparece su interpretación poética de la contienda, titulada *La Guerra*. En prosa publicó unas meditaciones filosóficas reunidas en el libro *Juan de Mairena* que vio la luz también el año 1937. Los poemas de su último período tienen mucho más carácter intelectual que todos los anteriores, y a veces presentan un marcado carácter epigramático. Las obras dramáticas debidas a la colaboración de los hermanos Machado, todas, menos una, escritas en verso, tratan temas históricos y resultan inferiores a las composiciones líricas.

Antonio Machado sirvió decididamente a la causa republicana durante la Guerra Civil; en enero de 1939, poco antes de terminar la contienda española, se vio obligado a pasar a Francia con su anciana madre; maltrecho de cuerpo y de espíritu, murió en la pequeña ciudad francesa de Collioure, donde, pocos días después, moriría también su madre. Bastantes son los críticos que piensan que Machado es el más hondo, sentido y vigoroso de los líricos españoles de su época.

Juan Ramón Jiménez (1881-1958) recibió el Premio Nobel de Literatura en 1956; su vida estuvo totalmente consagrada a la poesía, concretamente a la poesía lírica. Había nacido en el suroeste de España, en el pueblo de Moguer, pero realmente en sus versos encontramos pocos rasgos que nos suenen a Andalucía, lo que, quizá, se explique por la oriundez castellana de la rama paterna (su padre era castellano). En 1900 llegó a Madrid "con profunda melancolía primaveral" como él mismo dice. Durante gran parte de su vida Juan Ramón ha sido persona semiinválida físicamente y con constantes crisis depresivas, que ha podido sobrevivir sólo gracias a la dulce abnegación de su inteligente esposa, Zenobia Camprubí, que lo cuidó como a un niño hasta

Juan Ramón Jiménez

1956, año de su muerte, precisamente el mismo en que a su marido se le otorgaba el Premio Nobel. De 1900 a 1936, Juan Ramón vivió principalmente en Madrid, con ausencias debidas a sus enfermedades o a sus viajes. Al comenzar la Guerra Civil española, salió de España para marchar a Puerto Rico, y desde allí pasó a los Estados Unidos, luego a Sudamérica y, por fin, de nuevo a Puerto Rico, donde ha permanecido hasta su muerte.

Es posible que haya habido en la España de este siglo poetas superiores a Juan Ramón Jiménez (Juan Ramón se le llama corrientemente) pero ninguno ha influido tanto en los poetas de las nuevas generaciones. Como todos los de su época, Juan Ramón comenzó a versificar bajo la influencia del modernismo de Rubén

Darío, y precisamente a una sugestión de Rubén Darío, se debe el título de uno de sus primeros libros de poemas, *Almas de violeta* (1900), y Valle Inclán sugiere a Juan Ramón otro de sus títulos (*Ninfeas;* la palabra significa "nenúfares," 1900). Villaespesa fue también muy amigo de Juan Ramón.

Pero Juan Ramón no tardó mucho en emanciparse de la tutela modernista, y comienza a liberar a sus versos de inútiles accesorios, a buscar el ideal de belleza absoluta a que ha aspirado constantemente y sin desmayo, pues, para él, la poesía y la vida misma han sido siempre una sola e idéntica cosa. Implora Juan Ramón a sus dioses para que le concedan descubrir y ver la desnuda y exacta esencia de las cosas; su labor ha sido un trabajo de purificación, "la depuración de lo mismo" según dice textualmente.

Juan Ramón procura siempre no poner más que las palabras estrictamente indispensables, y sus versos, todos sus versos, están cepillados y bruñidos al máximo.

En 1917, Juan Ramón que acababa de contraer matrimonio, publicó un libro de poemas, *Diario de un poeta recién casado*, y la famosa obra en prosa, *Platero y yo*, la más conocida de todas las suyas; consiste en la narración de sus imaginarias peregrinaciones con un asnillo, Platero; la prosa es altamente poética y de una delicada fantasía; Platero ha sido traducido dos veces al inglés, y fue y sigue siendo una obrita muy estimada por los catadores de exquisiteces estéticas.

Aun los más apasionados admiradores de Juan Ramón deben admitir que su fertilidad ha sido excesiva, que en su obra encontramos muchos versos y hasta poemas enteros que no aumentan nada la gloria del poeta. Ya en 1920 algunos críticos sugirieron que la poesía juanramoniana ganaría mucho si se seleccionara lo mejor y se publicase como una antología. Juan Ramón aceptó la idea y publicó él mismo su propia *Antolojía* con esta personal ortografía (*ji* y *je* por *gi* y *ge*, el uso de *i* por la conjunción *y*). Ha seguido publicando después nuevas antologías; muy buena, aunque demasiado extensa, es la *Tercera antolojía poética* (1957) donde podemos saborear la esencia de la concepción poética de Juan Ramón. Una lista completa de las publicaciones juanramonianas ocuparía excesivo espacio. Es inútil buscar en Juan Ramón vigor, virilidad, auténtica intención; en vano querríamos encontrar también en su poesía el espíritu lírico y la espontaneidad de Lope o de los poetas isabelinos ingleses. Juan Ramón es sólo un poeta menor comparado con los grandes poetas universales, también es verdad que su producción y su estética tienen un carácter auténticamente poético.

Entre los poetas regionalistas, que forman un mundo aparte muy distinto del mundo de sus contemporáneos del 98, merecen especial mención **José María Gabriel y Galán** (cantor de Castilla y Extremadura, 1870-1905) y **Vicente Medina** (rapsoda de Murcia, 1866-1937).

Post-98. 1927. Desde la Guerra Civil hasta hoy

Ensayistas, pensadores y críticos

Ramón Menéndez Pidal (1869-1968)

José Ortega y Gasset (1883-1955)

Fernando Vela (1888-1960)
Eugenio d'Ors (1883-1954)
Manuel Azaña (1880-1940)
Gregorio Marañón (1887-1960)

Salvador de Madariaga (1886-1978)
José María López Aranguren (1909-)
Claudio Sánchez Albornoz (1893-1984)

Américo Castro (1885-1972)
Francisco Ayala (1906-)
José Gaos (1900-1969)
Jaume Vicens Vives (1910-1950)

Julián Marías (1914-)

Manuel Tuñón de Lara (1915-)
María Zambrano (1907-1991)
José Ferrater Mora (1912-1991)
José Bergamín (1895-1983)
Juan Larrea (1895-1980)
Carlos Castillo del Pino (1922)

Agustín García Calvo (1926)
Fernando Savater (1947-)
Ángel del Río (1901-1962)
Carlos Bousoño (1923-)
Joaquín Casalduero (1903-1990)

Alonso Zamora Vicente (1916-)
José Manuel Blecua (1913-
Ángel Valbuena Prat (1900-1977)

Fernando Lázaro Carreter (1923-)
Francisco Yndurain (1940-)
Guillermo Díaz Plaja (1909-1984)
José F. Montesinos (1896-1972)
José Luis Cano (1912-)

Novelistas

Juan Antonio de Zunzunegui (1901-1982)
Camilo José Cela (1916-)
Carmen Laforet (1921-)
Ignacio Augusti (1913-1974)
Miguel Delibes (1920)
Ana María Matute (1926)
Ignacio Aldecoa (1925-1969)
Jesús Fernández Santos (1926-)

Juan Goytisolo (1931-)

Rafael Sánchez Ferlosio (1927-)
Gonzalo Torrente Ballester (1910-)
Juan García Hortelano (1924-1964)
Luis Martín Santos (1924-1964)
J. M. Caballero Bonald (1926-)

Juan Benet (1927-)
Juan Marsé (1933-)
Luis Goytisolo (1935-)
Germán Sánchez Espeso (1940-)

Jorge Semprún (1923-)
José María Guelbenzu (1944-)
Carmen Riera (1949-)

Novelistas, continuación
En el exilio
Ramón J. Sender (1902-1981)
Max Aub (1903-1972)
Francisco Ayala (1906-)
Manuel Andújar (1913-)

Dramaturgos
«Azorín» (1873-1967)
Miguel de Unamuno (1865-1937)
Pío Baroja (1872-1956)
Ramón María del Valle Inclán (1866-1936)
Federico García Lorca (1898-1936)
Ramón Gómez de la Serna (1888-1963)
Jacinto Benavente (1866-1954)
Serafín Álvarez Quintero (1871-1938)
Joaquín Álvarez Quintero (1873-1944)
Eduardo Marquina (1879-1946)
José María Pemán (1898-1981)

Joaquín Calvo Sotelo (1905-)
Juan Ignacio Luca de Tena (1897-1975)
Enrique Jardiel Poncela (1901-1952)
Miguel Mihura (1905-1977)
Alfonso Paso (1926-1978)
Antonio Buero Vallejo (1916-)
Alfonso Sastre (1926-)
Lauro Olmo (1922-)
José María Rodríguez (1925-)
Antonio Gala (1937-)
José Martín Recuerda (1926)
Fernando Arrabal (1932-)
Ángel Ruibal (1925-)
Francisco Nieva (1929-)
Luis Riaza (1925-)
Antonio Martínez Ballesteros (1929-)

En el exilio
Alejandro Casona (1903-1965)
Rafael Alberti (1902-)
Jacinto Grau (1877-1958)
Max Aub (1903-1972)
Pedro Salinas (1891-1951)
Carlos Arniches (1866-1943)

Poetas
Juan Larrea (1895-1980)
Gerardo Diego (1896-1987)
Dámaso Alonso (1898-1990)
Federico García Lorca (1898-1936)
Vicente Aleixandre (1898-1984)
Miguel Hernández (1910-1942)
Luis Rosales (1910-)
Leopoldo Panero (1909-1962)
Luis Felipe Vivanco (1907-1975)
Gabriel Celaya (1911-)
Blas de Otero (1916-1979)
Ángela Figuera (1902-)
Carlos Bousoño (1923-)
José Manuel Caballero Bonald (1928-)
José María Valverde (1926-)
José Ángel Valente (1929-)
Félix Grande (1937-)
Manuel Vázquez Montalbán (1939-)
José María Álvarez (1942-)
Félix de Azúa (1944-)
Guillermo Carnero (1947-)

José Miguel Ullán (1944-)
Pedro [Pere] Gimferrer (1945-)

En el exilio
Pedro Salinas (1892-1951)
Jorge Guillén (1893-1984)
Rafael Alberti (1902-)
Luis Cernuda (1902-1963)
Manuel Altolaguirre (1905-1959)
José Bergamín (1895-1983)
León Felipe (1884-1968)

12

Los posnoventayochistas. La vanguardia. La generación del '27. La literatura contemporánea desde la guerra civil hasta hoy.

Alfonso XIII (1902-31). Segunda República (1931-1936). La Guerra Civil (1936-1939). El Régimen de Franco (1939-1975). Juan Carlos I. Monarquía Constitucional (1975-).

A INEPTITUD DE LOS distintos gobiernos que se sucedieron durante el reinado de Alfonso XIII para resolver los graves problemas económicos, sociales y políticos que afectaban a España hizo que el establecimiento de la República en 1931 fuera acogido, tanto dentro como fuera de España, con gran jubilo. La Constitución que se proclamó era de contenido democrático y liberal, pero la incapacidad política siguió gobernando y la República constituyó un fracaso. Los gobiernos de derechas y de izquierdas se sucedían unos a otros constantemente, permitiendo la tendencia que estaba en el poder que sus partidarios atacaran brutalmente a los de tendencia contraria. La situación llegó a su clímax cuando en represalia por la muerte de un agente del orden del gobierno izquierdista, fue asesinado por miembros del mismo el líder conservador Calvo Sotelo. Estalló la rebelión organizada por varios jefes militares, de la que poco después, a la muerte del general Sanjurjo, se elegiría jefe al general Francisco Franco. La lucha comenzó en 1936 y después de muchas alternativas, terminó en 1939, con el triunfo de las fuerzas rebeldes. El balance de la Guerra Civil fue enorme: más de un millón de muertos entre ambos bandos y el país totalmente en ruinas. En 1939 comenzó la Segunda Guerra Mundial, pero a pesar de la ayuda militar que había recibido de Alemania y de Italia durante la guerra civil, Franco logró mantener a España neutral durante el conflicto, lo que benefició grandemente la economía española, al poder exportar muchos productos que los países en guerra no podían producir.

Habiendo sido nombrado Jefe del Estado y Generalísimo de los ejércitos de Tierra, Mar y Aire, Francisco Franco ejerció el poder en el país hasta su muerte, el 20 de noviembre de 1975. Inmediatamente después de la muerte de Franco, ocupó el trono de España, como estaba previsto, el príncipe Juan Carlos. Habiendo sido el príncipe designado por Franco como su sucesor, era considerado por muchos una "criatura" del Generalísimo y una garantía de continuidad para el "régimen." Pero desde un principio el joven rey hizo claras sus intenciones de gobernar democráticamente. En 1977 se celebraron las primeras elecciones generales habidas en España desde 1936, y en 1978, después de haber sido aprobada por una gran mayoría en un referéndum nacional, se promulgó la nueva constitución, que estableció en España una "monarquía constitucional parlamentaria," muy semejante a la inglesa. Actualmente España pertenece a las Naciones Unidas, a la UNESCO y a la Comunidad Económica Europea.

Los acontecimientos que tan brutalmente sacuden a España en este siglo, han de pesar considerablemente en la formación de las distintas tendencias literarias que durante estos años y especialmente a partir de la guerra civil, van surgiendo en la literatura española contemporánea.

NOVELISTAS

La novela antes de la guerra civil

A principios de siglo había aparecido un tipo de novela deshumanizada, que no tuvo mucho éxito y a la que algunos críticos se refieren como la novela del "novecentismo." Este intento de novela pura, será seguido por la tendencia llamada de "vanguardia," que se distinguirá sobre todo por la calidad de los poetas que produce. Es la llamada GENERACIÓN DEL '27 o de la DICTADURA.

Los escritores del '27, casi todos de sólida formación universitaria y muy al tanto de las nuevas tendencias culturales europeas, a las que habían de aproximarse, no pueden, en manera alguna, ser considerados imitadores o discípulos de sus antecesores. Admiran a los noventayochistas, pero eso no basta para que con mucha frecuencia muestren actitudes ideológicas y estéticas totalmente opuestas a las de aquellos. Serán los "del '27" los últimos escritores antes de la guerra civil.

Coetáneamente con los escritores novecentistas y del '27, otros escritores, entre ellos algunos del '98, continuarán escribiendo hasta bien avanzado el siglo XX una novela de tipo más convencional. Como ya se apunta en páginas anteriores, en 1915 **Miguel de Unamuno** (1865-1937) publica su mejor novela *Niebla*, continuando con *Abel Sánchez* (1917), *Tres novelas ejemplares y un prólogo* (1920), *La tía Tula* (1921), para terminar en 1933 con *San Manuel Bueno, Mártir, Una historia de amor* y *Un pobre hombre rico*. **José Martínez Ruiz "Azorín"** (1873-1967) publica, *La voluntad* (1902), *Antonio Azorín* (1903), *Las confesiones de un pequeño filósofo* (1904), *Don Juan* (1922), *Doña Inés* (1925), *María Fontán* (1944) y *Salvadora de Olbena* (1945). **Pío Baroja** (1872-1956) publicará *Camino de perfección* (1902), *El Mayorazgo de Labraz* (1904), la trilogía sobre la vida del pueblo humilde madrileño que titula *La lucha por la vida*, integrada por las obras *La busca* (1904), *Mala hierba* (1904) y *Aurora roja* (1905). Siguiendo *Paradox rey* (1906), *Zalacaín el aventurero* (1909), *El arbol de la ciencia* (1911), *César o nada* (1912), *El mundo es ansí* (1912), una larga serie de novelas con el título general *Memorias de un hombre de acción*, entre las cuales figura *El caballero de Erláiz* (1943); *La sensualidad pervertida* (1920), *Las inquietudes de Shanti Andía*. Y por último en 1955 aparecen las muy extensas memorias de Baroja bajo el título *Desde la última vuelta del camino*.

Ramón Pérez de Ayala (1880-1962) ha sido, de acuerdo con la crítica, incuestionablemente el más intelectual de los novelistas de su generación y aún de su época, sin que esto impida que tenga un profundo sentido de la realidad y un fino, y a veces irónico, sentido del humor. Su estilo es flexible y dúctil, tanto en sus narraciones como en sus poemas y ensayos. Pérez de Ayala, hombre extraordinariamente culto, verdadero humanista, podía pasar fácilmente sin que

se notara la transición, de la filosofía de Plotino o de los himnos del
Breviario Romano a las más deleitosas bromas y chanzas de carácter
impúdico. Educado por los jesuitas, arremete violentamente contra
ellos en su novela titulada irónicamente *A.M.D.G.* (1910). *La pata
de la raposa* (1911) y *Troteras y danzaderas* (1913) presentan una
juventud que lucha por dominar las complejidades de la vida
moderna y fracasa en el empeño por su indecisión y falta de coraje
y voluntad. Las tres *Novelas poemáticas* (1916) son de extraordinaria
intensidad. *Bela·mino y Apolonio* (1921) narra la extraña y curiosa
historia de dos zapateros intelectuales, uno de ellos aspirante a
filósofo y el otro a dramaturgo. En 1926 publica *Tigre Juan* y su
continuación *El curandero de su honra*. En ellas el autor pinta un
tipo de hombre muy interesante y muy español, con espíritu de Don
Juan y con una concepción del honor marital típica de la España de
Calderón; el personaje termina dándose cuenta de su error y
curándose de las dos enfermedades que lo afectaban, el DON JUANIS-
MO y el CALDERONIANISMO. Para gustar de estas obras y apreciar su
valor hay que conocer bien la mentalidad y costumbres españolas.
Realmente estas dos obras constituyeron un gran triunfo del autor
y fue verdaderamente lamentable que Pérez de Ayala no volviera a
escribir más novelas.

Ramón Gómez de la Serna (1888-1963) prolífico y deliberadamente excéntrico, era capaz de sentarse a la mesa de trabajo y
escribir un libro sobre cualquier tema: la vida del circo, las corridas
de toros, la muerte, los senos (esta última por cierto, una obra
bastante extensa), Oscar Wilde, una viuda blanca y negra, etc. Ha
escrito Gómez de la Serna docenas de libros y tuvo la virtud de
hacerlos entretenidos e interesantes por las sugerencias que
provocan, aunque no siempre sean inteligibles. Su voluminosa obra
literaria no se deja clasificar fácilmente. Puede describirse y
caracterizarse diciendo que no es otra cosa que una tremenda serie
de metáforas en cuya elaboración puede competir con Góngora o
Quevedo. Gómez de la Serna, o mejor Ramón, como el prefería ser
llamado, ha creado una fórmula expresiva que bautizó de GREGUERÍA,
que según el propio autor, es una actitud humorística que va más
allá de la metáfora y que sugiere y evoca nuevas imágenes y aspectos
de todas las cosas de la vida corriente. Ramón publicó varios
volúmenes de *Greguerías* a partir de 1910. Sus "novelas," que con

poco o ningún argumento tienen muy poco de novela, son a veces tan interesantes como sus originales títulos, *El ruso* (1913), *La viuda blanca y negra* (1917), *El doctor inverosímil* (1922), *El secreto del acueducto* (1922), *El novelista* (1923, posiblemente su mejor obra), *La malicia de las acacias* y *El torero Caracho* escritas en 1926; *Cinelandia* (1927), *El caballero del hongo* (1928), *Policéfalo y señora* (1932), *La Nardo* (1934), *¡Rebeca!* (1936) y *Seis falsas novelas*, que pueden ser llamadas antinovelas. Ramón también escribió biografías, crítica del arte, novelas cortas, libros de impresiones, y obras dialogadas. En conjunto ¡ochenta y nueve títulos! Al terminar la guerra civil se exilió en la Argentina, no dejando de mandar periódicamente, hasta su muerte, nuevas series de greguerías para ser publicadas en diarios de Madrid.

La novela después de la guerra civil

La terminación de la guerra civil en 1939, traerá una división de la literatura española, la que se escribe en España y la que se escribe en el exilio, división que se extenderá hasta la muerte de Franco en 1975. Durante estos años, en España aparecen distintas tendencias literarias, que coincidirán, casi exactamente, con cada decenio y que irán reflejando la situación política que existía durante esos años en el país.

A continuación, haremos una corta reseña de las mismas, citando a los autores y obras que las representan, y después nombraremos a los más importantes autores que durante ese tiempo escriben, fuera de esas tendencias, tanto en España como en el exilio.

Década de los '40

En esta década España se encuentra aislada. Acusado el gobierno de Franco de ser una dictadura, las potencias aliadas retiran a sus embajadores de España en 1945 y se le niega todo tipo de ayuda, incluyendo la del Plan Marshall. Este aislamiento es confirmado por la Organización de las Naciones Unidas (ONU).

Durante estos años habrá una producción literaria bastante numerosa, aunque en general de poco valor. Sin embargo, será entonces cuando publicarán sus primeras novelas algunos autores que por razón de la calidad de lo que seguirán produciendo, llegarán a alcanzar posteriormente un lugar muy destacado entre los mejores escritores del género. Obligados por la estricta censura y por el sistema represivo que existía en el país, los novelistas del momento se lanzarán a la búsqueda de nuevas formas de expresión, apartándose de la narración experimental anterior. El joven **Camilo José Cela** 1916-)—quien cuarenta y siete años después, en 1989, ganará el Premio Nobel de Literatura—publica en 1942 *La familia de Pascual Duarte* en la que, con el recuerdo vivo de las atrocidades de la guerra, arriba a un realismo crudo, que por la violencia y las descripciones tan brutales que contiene, será bautizado con el nombre de TREMENDISMO, término que posteriormente el mismo Cela rechazará, pero que no obstante ello ha quedado para designar esa tendencia. Serán consideradas dentro del tremendismo las obras *Nada* (1944) de **Carmen Laforet** (1921-); *La sombra del ciprés es alargada* (1948) de **Miguel Delibes** (1920-) y *Los Abel* (1948) de **Ana María Matute**, (1926-) aunque ya en esta última se perciben elementos que identificarán la nueva tendencia que predominará en la década de los '50. Paralelamente con los que escriben dentro del tremendismo, hay otros escritores que comenzando entonces, o habiendo comenzado a escribir con anterioridad, se acercan a un realismo más mesurado. Entre los mismos pueden citarse:

En España:

Juan Antonio de Zunzunegui (1901-1982) *El Chiplichandle* (1940) y *¡Ay... estos hijos!* (1943); **Camilo José Cela** *Pabellón de reposo* (1942), y en 1946 presenta a la censura *La colmena*, que siendo rechazada por ésta no será publicada hasta 1954 en la Argentina; **Ignacio Agusti** (1913-1974) *Mariana Rebull* (1944) y *El viudo Rius* (1946); y **Miguel Delibes** *Aún es de día* (1949).

En el exilio:

Ramón J. Sender (1902-1981) *Epitalamio del prieto Trinidad* (1942) y *El rey y la reina* (1947); **Max Aub** (1903-1972) *Campo cerrado* (1939-1943); y **Francisco Ayala** (1906-) *Los usurpadores* y *La cabeza del cordero*, ambas en 1949.

Década de los '50

La situación política comienza a cambiar, importantes eventos van ocurriendo en el mundo que habrán de tener gran repercusión en el futuro de España. Los aliados de ayer se han convertido en los enemigos de hoy, y habiéndose dividido las naciones del mundo en dos grupos, el de las democracias y el de los países comunistas, España, intrínsecamente católica y anti-comunista, situada geográficamente en una posición estratégica vital para la defensa de Europa, ofrece bases aéreas en su suelo a los Estados Unidos y se sitúa junto a ellos en la guerra fría contra la Unión Soviética. En 1950 se firma el primer acuerdo hispano-americano y ese mismo año los embajadores regresan a Madrid. En 1951 se produce el primer préstamo norteamericano a España y al año siguiente, con el apoyo norteamericano, España ingresa como miembro en la Organización de las Naciones Unidas.

Con el reconocimiento de la ONU, el establecimiento de relaciones internacionales y la presencia abundante de turistas, que pronto se convertirá en la primera industria del país, el gobierno de Franco se siente más seguro y la represión gubernamental se va haciendo menos feroz. Es en esta década cuando el REALISMO TREMENDISTA será sustituido por el REALISMO OBJETIVO, tendencia anticipada ya en 1948 por Ana María Matute en *Los Abel*. El realismo objetivo será una literatura comprometida, de tendencia marxista debido principalmente a la influencia del escritor francés Sartre. El autor se concreta a ser testigo objetivo de los problemas sociales que describe, sin expresar ni opinión ni interpretación de los mismos, tratando de eliminar de su obra "la literatura" por considerarla contradictoria a la realidad. Con *El jarama* (1955), **Rafael Sánchez Ferlosio** (1926-) se convierte en líder de esta tendencia, aunque para algunos críticos el "máximo objetivista español" lo es **Juan García Hortelano** (1924-1964) con su obra *Tormenta de verano* (1961). Se destacan también dentro del realismo-social-objetivo *Los Abel*, obra en la que Ana María Matute anticipa la tendencia en 1948, *Central eléctrica* (1957) de Jesús Pacheco y *Las afueras* (1958) de **Luis Goytisolo** (1935-). Coetáneamente aparece un tipo de novela en la que se sigue el ejemplo del neorrealismo italiano, especialmente el cinematográfico.

Autores importantes durante esa década son:

En España

Miguel Delibes (1920-), *El camino* (1950), *Mi idolatrado hijo Sisí* (1953) y *La hoja roja* (1959); Camilo José Cela *La colmena* (1951); Ana María Matute, *Fiesta al noroeste* (1953); Ignacio Aldecoa (1925-1969) *El fulgor y la sangre* (1954); Jesús Fernández Santos (1926-) *Los bravos* (1954); Juan Goytisolo (1931-) *Juegos de manos* (1954), *El circo* (1957), *Fiestas* (1958) y *La resaca* (1958); Gonzalo Torrente Ballester (1910-) *El señor llega* (1957), y Juan García Hortelano (1928-) *Nuevas amistades* (1959).

En el exilio:

Ramón J. Sender *Requiem por un campesino español* (1953), obra llena de un realismo "expontáneo alejado de toda sofisticación estilística o estructural;" Manuel Andújar (1913-) *El destino de Lázaro* (1959); y Francisco Ayala (1906-) *Muerte de perro* (1959).

Década de los '60

En 1959 se implanta en España el plan de estabilización y un año después, en 1960 se llega al superávit en el comercio exterior. Continúa el aumento del turismo. Ya existe más libertad de expresión.

Esta década verá el fin de la novela testimonial o realismo objetivo. Con *Tiempo de silencio* (1962) de Luis Martín Santos (1924-1964) aparece una nueva literatura, también de compromiso social, pero en la que ya no será suficiente describir objetivamente los hechos, sino que el autor hará el análisis crítico de los mismos, denunciando las injusticias sociales, políticas y económicas que los originan. La objetividad anterior se convierte en subjetividad interpretativa y la impersonalidad narrativa se hace muy personal. El propio Martín Santos bautizará esta tendencia con el nombre de REALISMO-SOCIAL-DIALÉCTICO, y la misma se extenderá durante la década de los 60. fuertemente influida por el impacto del BOOM de la novela hispanoamericana de esos años, haciéndose común en estos escritores el uso de nuevas técnicas narrativas tales como el monólogo interior, la multiplicidad de planos en conflicto, el fluir de la conciencia, el doble, los sueños, el laberinto, las combinaciones de las personas gramaticales, etc. Además de *Tiempo de silencio* se consideran dentro del realismo-social-dialéctico, *Dos días de septiembre* (1962) de **J. M. Caballero Bonald** (1926-); *Últimas tardes con Teresa* (1965) de **Juan Marsé** (1933-); y *Tiempo de destrucción*, obra póstuma de **Martín Santos**, tomada de un original incompleto, que organizó y editó J. C. Mainer en 1975. Paralelamente a los que se consagran al realismo dialéctico, otros autores independientes escribirán una literatura más moderada, o representarán nuevas tendencias literarias, entre los cuales pueden citarse,

En España:

Gonzalo Torrente Ballester *Donde da vuelta el aire* (1960) y *La pascua triste* (1962); **Luis Martín Santos** *Tiempo de silencio* (1962); **J. M. Caballero Bonald** *Dos días de septiembre* (1962); **Juan Goytisolo** *Señas de identidad* (1966); **Ignacio Aldecoa** *Parte de una historia* (1967); y **Juan Benet** (1927-) *Volverás a Región* (1968).

En el exilio:

Ramón J. Sender *Crónica del alba* (1966) y *La vida de Morell* (1969); y **Max Aub** *Juego de Cartas* (1964).

Década de los '70 y los años siguientes

La década de los '70 y los años siguientes será de cambios verdaderamente dramáticos y profundos en España. Los efectos de la crisis económica mundial, la muerte de Franco en 1975, después de 36 años de gobierno, el cambio político siguiente, en el que se abren las puertas a los españoles exiliados, la nueva constitución promulgada en 1978, estableciendo un gobierno democrático y posteriormente la integración de España en la Comunidad Europea, serán factores que se reflejarán en la literatura coetánea. Habiendo desaparecido las razones que alimentaran durante las décadas precedentes el deseo de justicia social y política, surgirá una nueva narrativa, que distanciándose de la anterior, experimentará con la estructura de la obra, con el lenguage, y con los procedimientos técnicos formales. Comenzará esta novela experimental a partir de *Señas de identidad* (1966) de **Juan Goytisolo**, obra llena de innovaciones técnicas y lingüísticas. Tres vertientes se observan entre los que escriben literatura experimentalista, a) los que experimentan con la estructura de la obra, b) los que experimentan con el lenguaje y c) los que experimentan con los procedimientos técnicos:

a) Entre los autores que experimentan con la estructura de la obra pueden ser citados: **Gonzalo Torrente Ballester** *Fragmentos de Apocalípsis* (1977); **Luis Goytisolo** (1935-) *Los verde de mayo hasta el mar* (1977); y **Germán Sánchez Espeso** *Narciso* (1978).

b) Entre los que experimentan con el lenguage tenemos a **Miguel Delibes** *Parábola del náufrago* (1969); **Camilo José Cela** *San Camilo, 1926* (1969), *Oficio de Tinieblas* (1973), *Rol de cornudo* (1977) y *Mazurca para dos* (1983); **Jorge Semprún** *Autobiografía de Federico Sánchez* (1977); **Juan Benet** *Herrumbrosas lanzas* (1983) y **José María Guelbenzu** (1944-) *El pasajero de ultramar*.

c) Y entre los que experimentan con los procedimientos técnicos están: **Gonzalo Torrente Ballester** *La Saga-fuga de J.B* (1972) y *Fragmento de Apocalípsis* (1977); **Juan Goytisolo** *Makbara* (1980), y **José María Guelbenzu** *El río de la luna* (1981).

Ante la demandada del público, cansado de este tipo de novela que no entendía, ya a partir de fines de la década de los '70 muchos de estos autores se mueven hacia una novela más tradicional, limitando bastante sus experimentos literarios.

Junto a esta nueva tendencia, se observarán variantes del estilo tradicional realista, aunque haciéndose uso moderado en las mismas de muchas de las nuevas técnicas narrativas.

Es importante hacer notar que durante los últimos años de la década de los '70 surge un grupo de escritoras que rápidamente alcanza una reputación excelente: **Carmen Riera** (1949), con *Te deix, amor, la mar com a penyora* (1975), *Jo pos per testimoni les gavines* (1977), *Una primavera per a Doménico Guarini* (1980), *Epitelis tendríssims* (1981) y *Cuestión de amor propio* (1988); **Lourdes Ortiz** *La luz de la memoria* (1976), *Urraca* (1990); **Esther Tusquets** con la trilogía *El mismo mar de todos los veranos* (1978), *El amor es un juego solitario* (1979) y *Varada tras el último naufragio* (1980); **Rosa Montero** (1951) *Crónica del desamor* (1979), *La función delta* (1981), *Te trataré como a una reina* (1984), *Amado amo* (1987) y *Temblor* (1990); y **Soledad Puértolas** con *El bandido doblemente armado* (1979), la colección de relatos *Una enfermedad moral* (1981), *Burdeos* (1986), *Todos mienten* (1988), y *Queda la noche* (1989), que ganó el Premio Planeta de 1989. También ha escrito esta autora dos libros para niños, *La sombra de una noche* y *El recorrido de los animales*.

DRAMATURGOS

Como se apuntó en el capítulo anterior al tratar la generación del '98, los escritores que forman este grupo penetran en el siglo XX, haciendo pesar su influencia en los autores coetáneos y aún en los que vienen después. No podemos olvidar que los tres escritores más representativos del '98, José Martínez Ruiz (Azorín), Miguel de Unamuno y Pío Baroja, fueron verdaderos innovadores del teatro español, habiendo demostrado su afán por crear un teatro abierto, no solo al problema español, sino en general a la problemática universal. Así lo atestiguan la trilogía formada por las obras *Old Spain, Brandy, mucho brandy* y *Lo invisible* de Azorín; *La venda, Fedra, El otro* y *El hermano Juan* de Unamuno y *El horroroso crimen de Peñaranda del Campo* de Baroja. Pero sin duda el más importante de los dramaturgos de la generación del '98 lo fue **Ramón María del Valle-Inclán** (1866-1936), aunque no fue reconocido como tal hasta los años setenta, cuando la crítica y el público recibió el reestreno de sus obras con extraordinaria aprobación, pudiendo notarse su influencia en muchos de los dramatrugos de la actualidad.

La obra de Valle-Inclán puede clasificarse en tres ciclos: a) mítico, b) de las farsas, y c) esperpéntico.

Valle-Inclán alcanza la madurez como escritor en el ciclo esperpéntico, en el que presenta la contradicción entre el hombre y el mundo que lo rodea. En palabras de Aullón de Haro: "El único modo de expresar la falsedad de los valores del hombre es el recurso grotesco, mediante una óptica de espejo deformante, que distorsione la realidad."

Federico García Lorca (1898-1936), es otro dramaturgo cuyo reconocimiento llegó demorado, pero cuya influencia en escritores posteriores no puede negarse. Su obra, como la de Valle-Inclán, abarca distintos géneros, la tragedia, la comedia, la farsa, y su lenguage cubre el simbolismo, el realismo, el surrealismo, siguiendo el mismo paso que su lenguage poético. Sus obras más conocidas son *El maleficio de la mariposa* (1920), *Mariana Pineda* (1927), *La zapatera prodigiosa* (1930), *Así que pasen cinco años* (1930) y *El público* (1931), en la que utiliza el argumento de *El sueño de una* *noche de verano* de Shakespeare para tratar el tema del amor. En 1933 estrena la tragedia *Bodas de sangre*, y en 1935 *Doña Rosita o el lenguage de las flores*, a la que seguirán las tragedias *Yerma* también en 1935 y *La casa de Bernarda Alba* en 1936. Son temas recurrentes en el teatro de García Lorca el honor, la sangre y la muerte. El propio autor definió su teatro diciendo que era la suma de emoción y poesía, solo arte, sin entrar a considerar el aspecto comercial del mismo para nada.

Ramón Gómez de la Serna puede considerarse como el autor más vanguardista dentro del teatro español, estando su producción dramática reunida en

Federico García Lorca

los volúmenes *Ex-votos* y *El drama del palacio deshabitado*, habiendo estrenado en 1929 *Los medios seres*.

La guerra civil y el teatro

En 1936 mueren Valle-Inclán y García Lorca. A consecuencias de la guerra civil marchan al exilio Alejandro Casona, Rafael Alberti, Jacinto Grau (1877-1958), Max Aub y Pedro Salinas. Arniches sale al exilio, pero vuelve a España al poco tiempo, estando ya en decadencia. En España quedan Benavente, Marquina y Joaquín Álvarez Quintero. Aunque Serafín Álvarez Quintero había muerto en 1938, su hermano Joaquín continuaba firmando sus obras con los dos nombres.

En España:

Los años posteriores a la guerra son, en España, de una rígida censura y con ella un teatro de evasión, cómico algunas veces y con pretensiones ideológicas otras. Verdadero teatro burgués con gran influencia de Benavente, sus autores más representativos José María Pemán, Joaquín Calvo Sotelo, y Juan Ignacio Luca de Tena.

José María Pemán (1897-1981) estrenó en 1933 *El divino impaciente*, drama basado en la vida de San Francisco Xavier, al que siguieron los dramas históricos *Cuando las Cortes de Cádiz* y *Cisneros*. Pemán fue elocuente orador y conferenciante, de ideas monárquicas y conservadoras, buen poeta y excelente articulista. En sus obras de postguerra, que pertenecen como ya se apuntó al "teatro burgués" pueden mencionarse *De ellos es el mundo, En las manos del hijo, Hay siete pecadores* y *Callados como muertos*. Recientemente se ha dedicado a un teatro ligero y cómico en *La casa* y en *Los tres etcéteras de don Simón*.

Joaquín Calvo Sotelo (1905-) es posiblemente el más importante autor del grupo. Su obra *La muralla* escrita en 1954 trata el tema del catolicismo en la burguesía española de la época y gozó de gran popularidad. Antes de *La muralla* había escrito *Plaza de Oriente* y *La herencia*. Después ha escrito *¡Viva lo imposible!* (1939) en colaboración con Miguel Mihura, *Plaza de Oriente* (1947 y *Criminal de guerra* (1951).

Juan Ignacio Luca de Tena (1897-1975) escribe *¿Quién soy yo?* (1935), obra en la cual trata el problema de sustitución de personalidad, y más tarde afirma su ideología monárquica en *El cóndor sin alas* (1951) y *¿Dónde vas Alfonso XII?* (1957) .

En el exilio:

Max Aub (1903-1972) escribe *La vida conyugal* (1939) y *San Juan* (1941) en la que trata el genocidio de los judíos por los nazis.

Rafael Alberti (1902-) que había estrenado en 1930 el drama simbolista *El hombre deshabitado* y en 1931 *Fermín Galán*, escribe en el exilio *El adefesio* (1944), y *Noche de guerra en el museo del Prado* (1956), considerado como uno de los mejores dramas escritos con el tema de la guerra civil.

Alejandro Casona (1903-1965), seudónimo del dramaturgo asturiano Alejandro Rodríguez Álvarez (1905-1965), se dio a conocer durante la República con *La sirena varada* en 1934, obra con la que ganó el Premio Lope de Vega de ese año. Dos años después, en 1936 obtuvo un gran éxito en Madrid con *Nuestra Natacha*. Marcha al exilio y en la Argentina estrena con gran éxito, *La dama del alba* (1944), *La barca sin pescador* (1945) y *Los árboles mueren de pie* (1949). Regresa a España a principios de la década de los años sesenta, es recibido como el autor del momento y triunfa de nuevo con los reestrenos de *Los árboles mueren de pie* y *La casa de los siete balcones*. El teatro de Casona tiende a idealizar la vida, eliminando o embelleciendo la realidad.

Pedro Salinas (1892-1951), uno de los poetas mas destacados de la Generación del '27 y defensor del teatro arnichesco, escribe entre otras, obras teatrales de tono simbolista *Los santos* (1954), *La fuente del arcángel* (1957), y *La isla del tesoro* (1957).

El género cómico

En el género cómico existen dos tendencias, la renovadora y la conservadora, representando a la primera Enrique Jardiel Poncela y Miguel Mihura y a la segunda Alfonso Paso y Adolfo Torrado. Poco a poco la tendencia renovadora se fue imponiendo.

Enrique Jardiel Poncela (1901-1952) estrena su primera obra *Una noche de primavera sin sueño* en 1927. En la misma el autor se encuentra dentro de los límites del teatro cómico de Benavente. Pero en 1936 se separa abiertamente del mismo en *Cuatro corazones con freno y marcha atrás*, en que la trama se va desarrollando dentro de situaciones absurdas, lo que el autor continuará haciendo en sus obras posteriores, *Usted tiene ojos de mujer fatal*, *Eloísa esta debajo de un almendro* (1940), *Los ladrones somos gente honrada* (1941) y *Los tigres escondidos en la alcoba* (1949). En un principio logró muchos éxitos con sus obras, a pesar de que las mismas carecen de una verdadera estructura dramática. Pero esos triunfos iniciales se convirtieron en fracasos al llegar el período de la postguerra, ya que tanto el público como la crítica se habían cansado de un teatro cuyo sentido del humor no comprendían.

Miguel Mihura (1905-1977) escribió su primera obra *Tres sombreros de copa* en 1932, pero la misma no fue estrenada hasta 1952, siendo considerada como la primera obra cómica española de vanguardia. En su técnica inicial se parece a Jardiel, pero poco a poco va distanciándose de él, humanizando a los personajes, especialmente a las mujeres. En tres de sus obras de carácter crítico, *Maribel y la extraña familia* (1959), *Sublime decisión* (1955) y *La bella*

Dorotea (1963), el personaje principal es una mujer.

Siguiendo la línea del teatro cómico anterior, el autor más nombrado es **Alfonso Paso** (1926-1978), quien llegó a ser uno de los autores más populares de la década de los sesenta, habiéndose llevado al teatro algunas de sus comedias más populares, entre ellas *Las que tienen que servir* (1962) y *Los peces gordos* (1965). En sus comienzos, sin embargo, Paso había seguido en sus obras *Una bomba llamada Abelardo* (1953) y *Los pobrecitos* (1957) la misma línea que seguían Jardiel y Arniches.

Dentro de la tendencia continuista también merece citarse **Adolfo Torrado** (1904-1958) que alcanzó un gran éxito con *Chiruca*.

El teatro realista

El teatro realista, orientado hacia la denuncia de los problema de origen sociales y económicos que existían en la España de las décadas de los años cuarenta y cincuenta, se inicia en 1949 con la obra de Buero Vallejo *Historia de una escalera*.

Contrario a Franco durante la guerra civil **Antonio Buero Vallejo** (1916-) es condenado a muerte y después indultado. Fue compañero de cárcel del poeta Miguel Hernández.

En 1949 da una nueva y radical orientación al teatro español al estrenar su obra *Historia de una escalera*, con la que se inicia el teatro de protesta en España, que surgirá coetáneo a la novela de denuncia social, tratada con anterioridad en este capítulo.

La temática de Buero Vallejo tiene por objeto el análisis de la condición humana desde distintas perspectivas. Sus obras, como indicamos anteriormente pueden dividirse en cuatro categorías: a) sociales, b) tragedias, c) históricas, y d) políticas. Pertenecen al ciclo de las sociales *Historia de una escalera* (1949), *Hoy es fiesta* (1956), *Las cartas boca abajo* (1957) y *El tragaluz* (1967); al de las tragedias *En la ardiente oscuridad* (1950), *El concierto de San Ovidio* (1962)—sacada de un hecho histórico—y *Llegada de dioses* (1971); entre las obras históricas pueden citarse, *Un soñador para un pueblo* (1958) protagonizada por el Marqués de Esquilache, *Las Meninas* (1960) con el pintor Velázquez como protagonista, y *El sueño de la razón* con el pintor Goya como protagonista, en la que emplea el "efecto de inmersión," identificando al espectador físicamente con el personaje; y por último, las políticas son *La doble historia del*

doctor Valmy, La detonación (1977), en que el protagonista es Larra
en el momento en que comete suicidio; y *Jueces en la noche* (1979).
El "efecto de inmersión" que usa en *El sueño de la razón*, lo usa
también en *En la ardiente oscuridad*, en *El concierto de San Ovidio*
y en *Llegada de los dioses*. En sus últimas obras *Jueces en la noche,
Caimán* (1981), y *Diálogo secreto* (1984), la crítica ha percibido
cierto desgaste temático. En 1972 Buero ingresó en la Real Academia
Española leyendo un discurso titulado *García Lorca ante el
esperpento*.

Entre los autores que siguen la línea del teatro realista de
protesta comenzado por Buero Vallejo en *Historia de una escalera*,
pueden citarse: **Alfonso Sastre** (1926-) que comienza escribiendo
dentro de una línea existencial *Escuadra hacia la muerte* (1953), *La
sangre de Dios* (1955) y *El cuervo* (1956), para luego ir cayendo
dentro del realismo militante con *Prólogo patético* (1952), *Muerte en
el barrio* (1955), *La cornada* (1959) y *En la red*. Siguiendo los pasos
del teatro-documento del dramaturgo alemán Peter Weiss, se aparta
del teatro realista en las obras *Crónicas romanas* (1974) y *La sangre
y la ceniza* (1978). **Lauro Olmo** (1922-) *La camisa* (1962), *La pechuga
de la sardina* (1963), *El cuerpo* (1964) y varias piezas breves bajo el
título de *El cuarto poder* (1965), en las que se aparta del realismo
militante.

José María Rodríguez Méndez (1925-), se caracteriza por el tono
trágico y pesimista de sus obras *Vagones de madera* (1958), *Los
inocentes de la Moncloa* (1960), *La vendimia de Francia* (1961),
Bodas que fueron famosas del Pingajo y la Fandanga (1965) y *Flor
de Otoño* (1972), estas dos últimas de tema histórico.

Antonio Gala (1937-) se distingue por un teatro que varía entre
lo poético y lo realista. En la línea del primero está el drama poético
Los verdes campos del Edén (1963), su primera obra. En *El sol en el
hormiguero* (1966) y *Noviembre y un poco de yerba* (1967) se va al
campo realista, del que sale con las obras paródicas *Los buenos días
perdidos* (1972), *Anillos para una dama* (1970), *¿Por qué corres,
Ulises?* (1970), retornando al estilo poético en *Las cítaras colgadas
del árbol* (1974). En sus dos últimas obras *Petra ragalada* (1979) y *La
vieja señorita del paraíso* (1980) hace una interpretación simbólica
de la realidad española.

José Martín Recuerda (1926-) *El teatrito de Don Ramón* (1959) con el que ganó el Premio Lope de Vega, *Los salvajes en Puente San Gil* (1963), *El Cristo* (1964), *Las arrecogías del Beatario de Santa María Egipcíaca* (1970), cuyo tema es la prisión de Mariana Pineda, y *El engañao* (1972).

Teatro «underground» o *soterrado*

En 1978 se publica en español la obra de George E. Wellwarth *Spanish Underground Drama*, en la cual el autor estudia unos autores prácticamente desconocidos en España, pero algunos de ellos muy conocidos y admirados en otros países.

Estos autores, olvidándose del realismo, van hacia la línea del teatro experimental del neovanguardismo. Entre ellos uno de los más importantes es Fernando Arrabal.

Fernando Arrabal (1932-) es posiblemente uno de los autores más representados en el mundo y de gran popularidad en Francia, aunque en España no es muy conocido. Hace su primer estreno en Madrid en 1958 con la obra *El triciclo*, que fue pobremente aceptada por la crítica y el público español. Ese mismo año se fue para Francia, donde goza de un gran prestigio como dramaturgo vanguardista. Sus obras más importantes son *El triciclo* (1953), aunque no fue estrenada hasta 1958, *Fando y Lis*, (1955), *El cementerio de automóviles* (1957), *El arquitecto y el Emperador de Asiria* (1966), *Oye, Patria, mi aflicción* (1975) e *Inquisición* (1981). El teatro de Arrabal se distingue por la crítica al gobierno de Franco (el autor escribió la famosa *Carta al General Franco*), el espíritu vanguardista, la imaginación desbordada y un lenguage barroco.

José Ruibal (1925-) autor que satiriza y critica las sociedades capitalistas y totalitarias en sus obras, ha escrito, *Los mendigos* (1957), *La secretaria* (1960), ambas escritas en Buenos Aires, *El hombre y la mosca* (1968), *El asno* también de 1968, con la que ganó el premio de la revista *Modern International Drama* y *La máquina de pedir* (1969).

Francisco Nieva (1929-) original y excelente escenógrafo, escribe en Francia sus primeras obras, *Malditas sean Coronada y sus hijas* (1952) y *El rayo colgado* (1952), que no serán estrenadas hasta casi treinta años después. Estas dos obras y *Tórtolas, Crepúsculo... y telón* (1953), *La señora Tártara* (1970) y *Pelo de tormenta*, forman la vertiente del teatro de Nieva que el mismo autor llama "teatro de farsa y calamidad." La otra versión, el "teatro furioso" lo forman," *El combate de Opalos y Tasia* (1953), *El fandango asombroso* (1961), *La carroza de plomo candente* (1971). *La pascua negra* y *El aquelarre de Nosferatu* escritos con anterioridad, forman parte también del TEATRO FURIOSO de Nieva.

Además de los ya citados, siguen la tendencia experimental, **Luis Riaza** (1925-) con *Los muñecos* (1966), *Las jaulas* (1969), y *Representaciones de Don Juan Tenorio por el carro de las meretrices ambulantes* (1971) y **Antonio Martínez Ballesteros** (1929-) *Los mendigos* (1961), *La plazuela* (1962), *En el país de Jauja* (1963), *Los peleles* (1968), *Farsas contemporáneas* (1969) y *Romancero secreto de un casto varón* (1972).

PENSADORES, ENSAYISTAS Y CRÍTICOS

José Ortega y Gasset (1883-1955) es una prueba en contrario de la afirmación, ya tópica, que se refiere a la incapacidad de los españoles para la especulación filosófica. La influencia de Ortega, como filósofo, ha sido muy grande no solamente en España sino también en el resto del mundo. Formado concienzudamente en España y Alemania, Ortega fue nombrado catedrático de Metafísica en la Universidad de Madrid el año 1910. En los años siguientes viajó mucho por Europa y las Américas, enseñando y dando conferencias en universidades y otros centros culturales, habiendo gozando enseguida sus numerosos ensayos de gran difusión. En 1923 fundó la *Revista de Occidente*, que rápidamente alcanzó el reconocimiento como la más importante revista española moderna. Las *Obras completas* de Ortega aparecidas entre 1946 y 1969 en once volúmenes reunen muchas de las obras publicadas en vida del autor, así como otros textos inéditos publicados póstumamente. En el repertorio de Rukser titulado *Bibliografía de Ortega* aparecen relacionadas las múltiples monografías y comentarios aparecidos sobre la obra de Ortega. Pero sin lugar a dudas ha correspondido a su discípulo Julián Marías la revisión y publicación de la obra de su maestro, a quien ha dedicado gran parte de su labor como ensayista.

Ortega considera la vida como una REALIDAD RADICAL y al individuo como una composición del "yo" de cada uno y de "su propia circunstancia." Es Ortega autor de ensayos agudísimos llenos de sugestiones de todas clases que no se limitan al ámbito filosófico sino que trascienden al campo de la estética y de la literatura, tratando siempre problemas de vital importancia. Entre sus más logradas obras se destacan *Meditaciones del Quijote* (1914), *España invertebrada* (1921), *El tema de nuestro tiempo* (1923), *La rebelión de las masas* (1930), quizá el ensayo cumbre de Ortega, que ha dejado sentir su influencia en todos los países en los que se conoció. *Estudios sobre el amor* (1940), *El hombre y la gente* (1957), *Meditación del pueblo joven* (1958), *Una interpretación de la historia universal. En torno a Tynbee* (1960), y *Pasado y porvenir del hombre actual* (1962). Trabajos que pueden llamarse de crítica literaria son *La deshumanización del arte e ideas sobre la novela* (1925), *Ideas y creencias* (1940) e *Idea del teatro* (1958). La influencia de Ortega fue tal, que muy pronto surgió junto a él un grupo de narradores, filósofos y ensayistas que se conoce como LA ESCUELA DE MADRID. Entre ellos pueden citarse: **Julián Marías** (1914-) prolífico escritor que trata tanto de temas filosóficos como de cuestiones artísticas y literarias fue discípulo de Ortega y Gasset. Ha publicado sugestivos estudios sobre éste y sobre Unamuno y obras de carácter general en el terreno de la historia de la filosofía y de la filosofía contemporánea. Muy agudo como crítico literario Marías ha enseñado y ofrecido conferencias frecuentemente en las más prestigiosas universidades e instituciones culturales de América y de Europa. Junto con Ortega fundó el Instituto de Humanidades y ha colaborado en las revistas *Cruz y Raya* y *Revista de Occidente*. Es miembro de la Real Academia de la Lengua, habiendo recibido de la misma el prestigioso Premio Fastenrath. Como se dijo, su obra es muy extensa por lo que citaremos solamente las más recientes: *Filosofía española actual: Ortega, Morente y Zubiri* (1949), *El método histórico de las generaciones* (1949), *Ortega I: circunstancias y vocaciones* (1960), *España en nuestra manos* (1978), *La política agraria y la cuestión regional de España* (1979), y *Problemas del cristianismo* (1979). **Fernando Vela** (1888-1966) de cuyas obras ha preparado una apreciable edición antológica José Carlos Mainer titulada *Inventario de la modernidad* (1983); y **Antonio Espina** (1894-1972) *Lo cómico contemporáneo* (1927), *El nuevo diantre* (1934), *Diez triunfos en la mano* (1944), *El libro del arte* (1957), *Audaces y extravagantes* (1959) y *El alma de Garibay* (1964).

Eugenio d'Ors (1883-1954) usó el seudónimo «Xenius»; fue autor de muchos ensayos y libros de todas clases, destacándose los de filosofía y crítica del arte; su obra, muy conocida, ha tenido una gran resonancia. Comenzó escribiendo en catalán, su lengua nativa, para redactar más adelante sus ensayos en castellano, siempre utilizando un estilo muy pulido y barroco, verdaderamente original. A partir de él surge el grupo o escuela de Barcelona. La más conocida de sus obras es el *Glosario* (1906-1910), que se continúa en *Nuevo Glosario* (1920-1943) y *Novísimo Glosario* (1944-1945), pudiendo citarse entre sus obras de filosofía *La filosofía del hombre que trabaja y juega* (1914), *Grandeza y servidumbre de la inteligencia,* (1919), *Sobre la doctrina de la inteligencia. Introducción a la filosofía* (1921), *Estilos del pensar* (1944) y *El secreto de la filosofía* (1947), en la que expone su concepción filosófica. Y entre sus obras de teoría de la cultura *Tres horas en el Museo del Prado* (1922), *Poussin y el Greco* (1922), *Las ideas y las formas. Estudios sobre morfología de la cultura* (1928) y *La ciencia de la cultura* (1963). En su obra *La filosofía de Eugenio D'Ors* (Madrid: Espasa-Calpe, 1981) José Luis Aranguren ofrece una excelente bibliografía del autor.

Manuel Azaña (1880-1940) ex-Jefe del Gobierno y ex-Presidente de la República, también fue un prestigioso hombre de letras, novelista, ensayista, dramaturgo y agudo crítico literario. Entre sus obras merecen citarse *La velada de Benicarló* (1939), *Los españoles en guerra*, *Memorias políticas y de guerra* y múltiples artículos y discursos políticos.

Gregorio Marañón (1887-1960) pertenece a la misma generación que los anteriores. Catedrático de Endocrinología en la Universidad de Madrid, Marañón publicó obras científicas sobre cuestiones médicas, que fueron muy bien acogidas por los profesionales y especialistas de todo el mundo. Pero se dedicó también a estudios e investigaciones de carácter humanista, principalmente en los campos de la historia, la literatura y la crítica del arte, entre ellos ensayos sobre Enrique IV de Castilla, sobre Don Juan—como tipo sicológico y literario—sobre Luis Vives, sobre El Conde-Duque de Olivares, sobre El Greco y sobre Antonio Pérez.

Salvador de Madariaga (1886-1978) fue periodista, diplomático, profesor en Oxford, viajero, conferenciante, historiador, ensayista y autor de biografías; escribió en tres lenguas, español, francés e inglés con gran facilidad y atrayente estilo. Su concepción de España es una síntesis de elementos procedentes de los pensadores europeizantes, de la Generación del '98 y de la filosofía de Ortega y Gasset. Entre sus obras pueden citarse las biografías de Colón, Hernán Cortés y Bolívar, los *Ensayos angloespañoles* (1922), *España* (1931), revisada y reelaborada en sucesivas ediciones inglesas y castellanas, y *Guía del lector del Quijote* (1926).

José María López Aranguren (1909-), catedrático de Ética de la Facultad de Letras de la Univeridad de Madrid, es uno de los españoles más familiarizado con los modernos movimientos católicos europeos. Una de sus obras más conocida es *Catolicismo y protestantismo como formas de existencia* (1952).

Claudio Sánchez Albornoz (1893-1984) y **Américo Castro** (1885-1972) están en constante fricción a causa de las diferentes perspectivas desde las que, como historiadores, se sitúan para llegar a nuevas interpretaciones de la historia española y a las conclusiones finales a que arriban. Para el primero, heredero del pensamiento de Menéndez Pidal, el estudio del problema histórico de España debe hacerse sobre una base tradicional cristiana y liberal; el segundo hace girar su interpretación sobre el hecho diferencial español en el conjunto europeo; en la *Historia crítica de la literatura española*, se dice "en una palabra, los valores propios de la época 'moderna' retroceden ante una concepción culturalista y más atenta a los valores del espíritu que a los del simple desarrollo económico-material." Entre las obras de Sánchez Albornoz pueden citarse *En torno a los orígenes del feudalismo* (1942), *La España musulmana* (1950), *España, un enigma histórico* (1953),—obra en dos volúmenes que comienza la polémica con Américo Castro—y *El drama de la formación de España* (1973). Por su parte Américo Castro escribe en el campo histórico *España en su historia* (1948), que en 1954 se convertirá en *La realidad histórica de España*, siguiendo *Santiago de España* (1958), *De la edad conflictiva* (1961), *Los españoles: cómo llegaron a serlo* (1965), *"Español," palabra extranjera* (1970) y otros muchos trabajos de divulgación. Pero la obra de Américo Castro no se detiene ahí, pues como excelente filólogo ha de escribir *El pensamiento de Cervantes* (1925), *Hacia Cervantes* (1957), y *Cervantes y los casticismos españoles* (1966).

Dentro de la línea de reafirmación de los valores españoles se mueven también **José Gaos**—desde el exilio—en su ensayo "La decadencia," y **Francisco Ayala** en otro ensayo *Razón del mundo: la preocupación de España.*

Entre los historiadores del siglo, y a la misma altura de Sánchez-Albornoz y de Castro, está el barcelonés **Jaume Vicens Vives** (1910-1950) iniciador de una historiografía con énfasis en lo económico y lo social. Sus obras más importantes son *Historia económica de España* (1959) y *Aproximación a la Historia de España* (1952), habiendo estado también encargado del proyecto *Historia social y económica de España y América.* No queremos terminar esta lista de historiógrafos sin mencionar a **Manuel Tuñón de Lara** (1915-), *Historia y realidad del poder en el primer tercio del siglo XIX* (1967), *El movimiento obrero en la historia de España* (1972), *Sociedad, Política y Cultura* (1973) *Costa y Unamuno en la crisis de fin de siglo* (1974), *La crisis del Estado español 1898-1939* (1978) y los volúmenes de *La España del siglo XIX* (1961) y *La España del siglo XX.*

En el exilio también existen filósofos y ensayistas: **José Gaos** (1900-1969) ha escrito entre otras obras, *La filosofía de Maimónides* (1940), *Dos ideas de la filosofía: Pro y contra de la filosofía de la filosofía* (1940), *El pensamiento hispanoamericano* (1944), *Filosofía de la filosofía* (1947), *Historia de la filosofía* (1947), *Sobre Ortega y Gasset y otros trabajos de historia de las ideas en España y en la América española* (1957), *La filosofía en la Universidad* (1958), *Introducción a la fenomenología* (1960), *Las "Críticas" de Kant* (1962), *De antropología e historiografía* (1967), *Del hombre* (1970) e *Historia de nuestra idea del mundo* (1973); **María Zambrano** (1907-1991) *Filosofía y poesía* (1939), *La agonía de Europa* (1945), *Hacia un saber sobre el alma* (1950), *El hombre y lo divino* (1955), *El sueño creador* (1965) y *Claros del bosque* (1978); **Eduardo Nicol** (1907-) con *La idea del hombre* (1946), *Historicismo y existencialismo* (1950), *La vocación humana* (1953), *Metafísica de la expresión* (1957), *Los principios de la ciencia* (1965) y *El porvenir de España* (1973), **José Bergamín** (1895-1983) promotor de la revista *Cruz y Raya* (1933-1936) ha escrito *La cabeza a pájaros* (1929), *Mangas y capirotes* (1933), *La corteza de la letra* (1957) y *Calderón y cierra España y otros ensayos disparatados* (1979); **Juan Larrea** (1895-1980) *Rendición del Espíritu* (1943), *La espada de la paloma* (1956), *Razón* *de ser. Tras el enigma central de la cultura* (1965), *Teología de la cultura* (1965), *César Vallejo y el Surrealismo* (1976) y *Torres de Dios: Poetas* (1982); **José Ferreter Mora** (1912-1991) catalán cuyo pensamiento no puede ser considerado ortodoxo desde el punto de vista católico, ha escrito ensayos y estudios filosóficos, entre los cuales merecen especial mención el *Diccionario de la filosofía*, obra excelente de gran utilidad publicada por primera vez en 1941 y editada y revisada varias veces desde entonces, *Unamuno* (1944), *Cuestiones españolas* (1946), *Ortega y Gasset* (1957) y *El ser y el sentido* (1970);

Entre los ensayistas que caben bajo le denominación de "grupo del compromiso" por su proyección izquierdista o marxista, merecen citarse el neurosiquiatra **Carlos Castillo del Pino** (1922-) *Psicoanálisis y marxismo* (1969), *La incomunicación* (1969), *Vieja y nueva psiquiatría* (1971), *Introducción a la hermenéutica del lenguage* (1972), *El humanismo imposible* (1975), *Sexualidad, represión y lenguage* (1978), e *Introducción a la psiquiatría* (1979); **Enrique Tierno Galbán** (1918-) *La realidad como resultado* (1956), *Costa y el regeneracionismo* (1961), *Acotaciones a la historia de la cultura occidental en la Edad Media* (1964), *Conocimiento y ciencias sociales* (1966) *Razón mecánica y razón dialéctica* (1969), *España y el socialismo* (1976), y el libro de memorias *Cabo suelto* (1982); **Agustín García Calvo** (1926-) *Lalia: Ensayos de estudios lingüísticos de la sociedad* (1973), *De los números* (1976), y *Sobre el estado* (1977).

Y por último, entre los ensayistas actuales merecen ser citados entre otros **Eugenio Trías** *Teoría de las ideologías* (1970), *La dispersión* (1971), *La memoria perdida* (1978) y *Lo bello y lo siniestro* (1982); **Fernando Savater** (1947-) *Escritos politeístas* (1975), *La filosofía tachada* (1978) y *La tarea del héroe* (1982); e **Ignacio Gómez de Liaño** *El idioma de la imaginación* (1983).

Han hecho crítica literaria **Ángel del Río** (1901-1962), **Carlos Bousoño** (1923-), **Joaquín Casalduero** (1903-1990), **Alonso Zamora Vicente** (1916-), **José Manuel Blecua** (1913-), **Ángel Valbuena Prat** (1900-1977), **Fernando Lázaro Carreter** (1923-), **Francisco Ynduráin** ((1940-), **Guillermo Díaz Plaja** (1909-1984), **José F. Montesinos** (1897-1972) y **José Luis Cano** (1912-).

POETAS

A los poetas que aparecen en el firmamento lírico español después del apogeo del Modernismo no le satisfacían ya las formas marmóreas, ni las imágenes brillantes ni la amable y muelle musicalidad. Se oyen afirmaciones como: "Tuércele el cuello al cisne." (El cisne representaba el modernismo.) Desde entonces la poesía española ha sido completamente distinta de la lírica modernista, habiéndose manifestado las tendencias y modas más dispares en estos años. A fines del capítulo anterior hablamos de los hermanos Manuel y Antonio Machado y de Juan Ramón Jiménez, tres de los grandes poetas del siglo XX.

Poco después de comenzar el siglo, se producen una serie de movimientos artísticos que se conocerán bajo el nombre común de la VANGUARDIA. Para 1918, la vanguardia llega a España en forma del ULTRAÍSMO, que fue traído por un grupo de jóvenes intelectuales que se lanzan a la labor de sincronizar la poesía española con la europea, y a ese efecto publican el manifiesto *Ultra*, dirigido por Rafael Cansino-Asséns. El mentor de este grupo fue el poeta chileno Vicente Huidobro, quien a través de sus conferencias y de sus obras poéticas, enseñó a los españoles las técnicas de la nueva poesía vanguardista europea, especialmente de la francesa, habiendo él bautizado su pensamiento estético como CREACIONISMO. Dos de los más distinguidos seguidores de Huidobro fueron Juan Larrea y Gerardo Diego—éste último será estudiado entre los miembros de la generación del '27.

Juan Larrea (1895-1980), gran amigo de César Vallejo, comienza su labor literaria dentro del marco del Ultraísmo y del Creacionismo, evolucionando posteriormente a formas de expresión surrealista. Autor de estudios y ensayista distinguido, Larrea es considerado como el poeta más profundo de la vanguardia española, apareciendo veinticinco poemas suyos en la conocida antología *Poesía española* (1932-1934) de Gerardo Diego. Aunque se negó a que su poesía fuese recopilada y editada, accedió en 1969 a publicar su obra poética en un volumen que tituló *Versión Celeste*. Entre sus obra en prosa merecen citarse *Arte peruano* (1935), *La España de la paloma* (1956), *Teología de la Cultura* (1965) y *César Vallejo y el Surrealismo* (1976).

La generación del '27

Los poetas llamados de la generación del '27 o de la dictadura haciendo uso de la renovación, pero no perdiendo de vista la tradicionalidad, crearon una poesía española a la altura de las mejores del mundo. El tricentenario de la muerte de Góngora se considera como el evento que realizara la unión del grupo, bajo la tutela de Juan Ramón Jiménez y de Antonio Machado, pero poco después romperán con Jiménez por la incompresión que les demostraba. De sólida formación cultural y universitaria, son testigos, aún muy jóvenes, de los años convulsos de la Segunda República, de los terribles de la guerra civil y de los de postguerra, durante los cuales algunos como García Lorca e Hinojosa morirán violentamente y otros muchos tendrán que marchar al exilio después del triunfo de Franco.

Según Juan Manuel Rozas en la GENERACIÓN VANGUARDISTA integran el núcleo central de la generación del '27 los poetas Pedro Salinas, Jorge Guillén, Dámaso Alonso, Gerardo Diego, Federico García Lorca y Rafael Alberti. Junto a este núcleo central hay otros autores y grupos regionales. Esta generación, en conjunto, logró un equilibrio perfecto entre la vanguardia literaria y la tradición, entre lo nuevo y lo antiguo. Pero fue un grupo realmente truncado por la guerra civil: García Lorca muere asesinado al comenzar la misma, Salinas, Guillén y Alberti marchan al exilio, lo mismo que Cernuda y Altolaguirre, quedando solo en España Alonso y Diego.

Pedro Salinas (1892-1951) fue catedrático de literatura española en las universidades de Sevilla, Murcia, La Sorbona, Cambridge, Madrid, Wellesley College y Johns Hopkins. Se distinguió mucho como investigador y crítico, pero sobre todo como poeta. Sus versos son extraordinariamente refinados y estilizados, y corrientemente no adoptan las formas convencionales, tratando, casi siempre, temas de amor, pero nunca a la manera angustiada y convencional de los románticos. La forma expresiva de Pedro Salinas es sobria y restringida, tal vez demasiado intelectualizada, pero produce una auténtica sensación emotiva, con la particularidad de que la emoción se expresa por medio de palabras comunes. La obra poética de Salinas comprende, *Presagios* (1923), *Seguro azar* (1929), *La voz a ti debida* (1934), *Razón de amor* (1936), *Poesía junta* (1942), *El contemplado* (1946), *Todo más claro* (1949) y *Volver es sombra y* *otros poemas*, esta última escrita en 1947 pero editada póstumamente. Además de poesía, escribió también prosa narrativa y teatro, habiendo sobresalido con los trabajos de crítica literaria *Reality and the Poet in Spanish Poetry* (1940), *Literatura española siglo XX* (1941 y 1949), *Jorge Manrique o Tradición y originalidad* (1947), *La poesía de Rubén Darío* (1948), *La responsabilidad del escritor y otros ensayos* (1961). Tiene en su haber una edición moderna del *Poema del Cid* y traducciones y ediciones de Musset, Mérimée y Proust

Jorge Guillén (1893-1984) ha sido, como Salinas, profesor de literatura española en La Sorbona, Murcia, Sevilla, Oxford y Wellesley College. Muchos críticos consideran los versos de Guillén como los más clásicos de la moderna poesía española, en ellos utiliza las formas métricas tradicionales, pero dentro de estructuras modernas. Ha intentado siempre crear una lírica totalmente desnuda de todo lo accesorio, una poesía que trate más de las cosas que de los sentimientos particulares o universales. Sus poemas, lo mismo que los de Salinas, no están destinados al lector común sino a una minoría intelectual, y en los mismos, más que describir, conceptualiza los hechos y el ambiente. El poeta ha ido ampliando su obra fundamental, que lleva por título *Cántico* (1928, '36, '45, '50) desde los setenta y cinco poemas de la primera edición, hasta los 334 de la cuarta. A *Cántico* siguen *Maremágnum* (1957), *Que van a dar a la mar* (1960) y *A la altura de las circunstancias* (1963), en los que se sigue la poesía social española de esos años. Los tres libros fueron posteriormente agrupados bajo el título de *Clamor*. La tercera fase de la obra de Guillén está contenida en el volumen *Homenaje* (1967) y es equidistante de las dos anteriores. Y por último, *Final* es el cuarto volumen de la obra del poeta. La poesía completa de Guillén lleva como título general *Aire nuestro*, comprendiendo la misma *Cántico, Clamor, Homenaje y Final*. Ha publicado un volumen de crítica literaria *Lenguage y poesía* y la traducción al español de *El cementerio marino* de Paul Valéry.

Dámaso Alonso (1898-1990), fue uno de los miembros más destacados de la generación del '27, y además de poeta un excelente crítico e investigador literario y consumado filólogo que enseñó en universidades españolas, inglesas, alemanas y norteamericanas. Viajó por toda Europa y las dos Américas dando conferencias, realizó una importante labor como traductor, debiéndose a él magníficas versiones castellanas de obras de Shelley, James Joyce y T. S. Eliot. En sus investigaciones histórico-literarias estudió muchos de los períodos de la literatura española, desde las *jarchas* mozárabes a los *Poetas españoles contemporáneos* (1952). Entre sus obras poéticas pueden citarse *Poemas puros* (1921), *Oscura noticia* e *Hijos de la ira* (1944) y *Hombre y Dios* (1955). En *Hijos de la ira*, usando expresión prosaica y usos de la lengua hablada dentro de una temática existencial y dramática, trata temas esenciales de la existencia humana. Entre su obra en prosa podemos citar, *Soledades de Góngora* (1927), *La lengua poética de Góngora* (1935), *Poesía española: ensayo de métodos y límites estilísticos* (1950), *La poesía de San Juan de la Cruz; desde esta ladera* (1952), *Vida y poesía de Fray Luis de León* (1955), *Estudios y ensayos gongorinos* (1955), *Antología de la poesía española. Poesía de tipo tradicional* (1956), escrita en colaboración con José Manuel Blecua, *De los siglos oscuros al de Oro* (1958), *Góngora y el "Polifemo"* (1961), *Del Siglo de Oro a este siglo de siglas* (1962) y *Cuatro poetas españoles* (1962).

Gerardo Diego (1896-1987) fue el iniciador del "Homenaje a Góngora" de 1927. Compiló la *Antología poética en honor de Góngora* y fue el autor de dos ediciones (1932 y 1934) de *Poesía española*. Su obra poética ofrece dos vertientes totalmente distintas, poesía de vanguardia y poesía tradicional. Dentro de la poesía de vanguardia pueden citarse *Imagen* (1922), *Manual de espuma* (1924) y *Biografía incompleta* (1956 y 1967). Toda esta poesía de vanguardia ha sido recopilada por Diego bajo el título de *Poesía de creación*. Entre la poesía tradicional están los siguientes títulos, *Romancero de la novia* (1920), *Versos humanos* (1925), *Alondra de verdad* (1941) y *Cementerio civil* (1972)

Federico García Lorca (1898-1936) fue fusilado en Granada al comienzo de la guerra civil. Es posiblemente el poeta español contemporáneo más conocido y leído fuera de España. En sus primeras obras *Impresiones y paisajes* (1918) y *Libro de poemas* (1921) se nota la estética modernista. Pero no será hasta el *Romancero gitano* (1928) y el *Poema del cante jondo* (1931) cuando el poeta encuentra su verdadera voz. Ya famoso, viaja en 1930 a los Estados Unidos y Cuba y en *Poeta en Nueva York* (1929-31), describe en versos libres, usando técnicas surrealistas las experiencias vividas en la enorme metrópolis norteamericana, aunque la obra no será publicada hasta 1940. En 1936 publica *Llanto por la muerte de Ignacio Sánchez Mejías* y *Seis poetas gallegos*. Los poemas de su libro póstumo *Diván del Tamarit* (1940) se inspiran vagamente en la antigua lírica arábigo-andaluza y son de gran belleza, llenos de imágenes irreales, en las que, a la manera árabe, el poeta y la naturaleza se funden en uno.

García Lorca, como Lope de Vega fusiona en una sola y homogénea realidad poética, altamente lírica, los más auténticos elementos populares y los más cultos y refinados, logrando así unas creaciones poéticas que atraen y emocionan tanto al pueblo inculto como a las minorías esteticistas y a los círculos cultivados más exigentes. Su poesia es asombrosamente melódica y la imaginación poética que en ella resplandece se nos muestra con extraordinaria vitalidad y fuerza. Los eternos temas del amor y la muerte son los preferidos por García Lorca y los trata de manera profunda y emotiva, utilizando metáforas, imágenes y símbolos de una originalidad y una intensidad expresiva insólita. Por eso no es nada sorprendente que sus obras de teatro y sus poemas hayan sido traducidos tanto. Las obras dramáticas de García Lorca brindaban la oportunidad para una renovación del teatro español, pero desgraciadamente no tuvo seguidores. Sus "farsas" como *La zapatera prodigiosa* (1930) o *El amor de don Perlimplín con Belisa en su jardín* (1933) son una armónica combinación de frivolidad, de caricatura y aún de lo grotesco, con la más delicada finura poética. Su primera obra de teatro fue *El maleficio de la mariposa* (1920). Algunas de sus obras dramáticas, como la tragedia *Mariana Pineda* (1927) o la sentimental *Doña Rosita la soltera* (1935) son la evocación de un pasado romántico. Mucho más interesantes, intensos y originales son los dramas *Bodas de sangre* (1933), *Yerma* (1934) y *La casa de Bernarda Alba* (1936), cuyos personajes presentan unos caracteres simplificados convertidos en auténticos símbolos poéticos. En estas tres últimas obras los elementos populares y folklóricos tienen gran importancia y han sido incorporados a la ficción de una manera altamente artística y técnicamente perfecta.

Rafael Alberti (1902-) se dedicó primero a la pintura, pero la abandonará finalmente para dedicarse con más rigor a la poesía.

Miembro del Partido Comunista desde muy joven, marcha al exilio al terminar la guerra civil y no retorna a España hasta 1977. En su primer libro *Marinero en tierra* (1924) ya se sitúa dentro de la corriente neopopularista. Le siguen *El alba del alhelí* (1927) y *Cal y canto* y (1929), este último de explícito hermetismo. *Sobre los ángeles* (1929) posiblemente su obra más compleja, lo situará a la cabeza de la vanguardia española, siendo seguido por *Sermones y moradas* (1929-30) y *Yo era un tonto y lo que he visto me ha hecho dos tontos* (1929) en los que la influencia surrealista se hace más intensa. En 1938, ya en el exilio, recoge sus últimos poemas en *El poeta de la calle*, los que por su temática caen dentro de una poesía realista de tendencia social. Cuando regresa a Madrid en 1977 trae más de diez libros, entre ellos *Entre el clavel y la espada* (1941), *Antología poética* (1942), *Pueblos libres. ¡Y España!* (1946), *A la pintura* (1948), *Retornos de lo vivo lejano* (1952), y *Baladas y canciones del Paraná* (1954). Son obras de compromiso o de tendencia social *Coplas de Juan Panadero*, (1954), *Roma, peligro para caminantes* (1958). También ha escrito dos obras de teatro, *Noche de guerra en el Museo del Prado* y *El adefesio*; y las obras en prosa *Imagen primera de...* (1945) y *La arboleda perdida* (1959).

Poesía surrealista

Vicente Aleixandre (1898-1984) recibió el Premio Nobel de Literatura en 1977. Coetáneo de los del '27, estuvo alejado de ellos por una grave enfermedad que sufrió en 1925. Se quedó en España al terminar la guerra civil y llegó a ser mentor de varias generaciones de poetas. En su primera obra *Ámbito* (1928) ya se perciben elementos procedentes tanto de la vanguardia ultraísta como de la poesía anterior. En *Espadas como labios* (1932), la construcción es surrealista, lo mismo que en *La destrucción o el amor* y *Pasión de la tierra*, ambas de 1935. Ésta última es considerada como una de las obras más importante de la tendencia surrealista. Continúa con *Sombra del paraíso* (1944); *En la muerte de Miguel Hernández* (1948) y *Poemas paradisíacos* (1952).

En su última fase el poeta usará un lenguage menos hermético, más cercano a la lengua hablada, que se inicia con *Nacimiento último* (1953), y continúa con *Historia del corazón* (1954), *En un vasto dominio* (1962), *Retratos con nombre* (1965), *Poemas de la consumación* (1968) y *Diálogo del conocimiento* (1974).

Luis Cernuda (1902-1963) sale de España durante la guerra civil y nunca regresará. Su primera obra fue *Perfil del aire* (1927) siguiendo con *Egloga, Elegía, Oda* (1928). A partir de esta última se adentra en el surrealismo con *Un río un amor* (1929) y *Los placeres prohibidos* (1931). En su último libro *Desolación de la quimera* (1962), abandona el surrealismo y usa un lenguage terso y espléndido. Escribió dos obras de prosa poética *Variaciones sobre un tema mexicano* (1952) y *Ocnos* (1963), dos libros de crítica literaria *Estudios sobre poesía española contemporánea* (1957) y *Pensamiento poético en la lírica inglesa* (1958) y considerable número de artículos y ensayos, que han sido recopilados en las obras *Poesía y literatura* (1960 y 1964) y *Crítica, ensayos y evocaciones* (1970).

Un autor que aunque muchos consideran dentro del grupo del '27, pero cuya poesía siempre mantuvo un sello muy personal con cierto tono romántico fue **Manuel Altolaguirre** (1905-1959). Entre sus obras están *Las islas invitadas* (1926), *Antología de la poesía romántica española* (1932) y *Fin de un amor* (1949). También escribió una biografía del poeta Garcilaso de la Vega y un guión cinematográfico de *El Cantar de los Cantares*.

Miguel Hernández (1910-1942) es un poeta que no cae dentro de ningún grupo o tendencia. De origen muy humilde, fue pastor, no habiendo aprendido a leer hasta la edad de once años. En 1934 se fue a Madrid, donde los poetas españoles e hispanoamericanos, especialmente los del '27, lo recibieron calurosamente. Peleó en las filas republicanas y al terminar la guerra fue condenado a muerte y más tarde se le conmutó la condena a 30 años de cárcel, pero murió tuberculoso en la prisión de Alicante en 1942. En sus últimos años su poesía había ganado en hondura y amor. La primera obra de Hernández fue *Perito en luna* (1923) a la que siguen *El rayo que no cesa* (1936), *Viento del pueblo* (1937) y *El hombre acecha* (1939). El autor personalmente recitaba sus versos a los soldados republicanos en las trincheras durante la guerra civil. *Romancero* y *Cancionero de ausencias I y II* fueron escritas entre 1939 y 1942 estando ya el poeta en la cárcel y no fueron publicadas en España hasta después de la muerte de Franco. En 1951 se publica *Seis poemas inéditos y nueve más* y en 1952 *Obras escogidas*. Entre sus obras teatrales están *Quien te ha visto y quien te ve, y sombra de lo que eras*

(1934), *Teatro en la guerra* (1937) y *El labrador de más aire* (1937). La Editorial Losada de Buenos Aires publicó en 1960 las *Obras completas* de Miguel Hernández con prólogo de María de Gracia Ifach.

La generación del '36

Al terminar la Guerra Civil, obligada por la fuerte censura impuesta por el gobierno de Franco, la poesía se refugia en un neoclasicismo escapista no queriendo acercarse para nada a la tragedia que acaba de sufrir el país. Pero igual que pasa con la novela y el teatro, al hacerse menos fuerte la censura, la poesía se va haciendo más y más realista, desviándose hacia nuevos cauces al convertirse en vehículo que será usado para denunciar las injusticias socio-político-económicas que existían en el país. A los efectos de hacer el estudio de los autores y obras que se escriben durante esos difíciles años, creemos necesario que ese estudio debe hacerse no solo desde un punto de vista técnico literario, sino con un sentido histórico mucho más amplio, prestándole especial atención a los fenómenos sociales, económicos y políticos dentro de los cuales se desenvuelve el autor y crea su obra.

Entre los poetas que escriben dentro del nuevo neoclasicismo pueden citarse **Luis Rosales** (1910-) iniciador de la tendencia con *Abril* (1935). A esta obra siguen *La casa encendida* (1949), *Rimas* (1951) y *Diario de una resurrección* (1979); **Leopoldo Panero** (1909-1962) *Versos del Guadarrama* (1945), *Escrito a cada instante* (1949) y *Canto personal* (1953); y **Luis Felipe Vivanco** (1907-1975) que elabora su poesía sobre temas filosóficos y religiosos. Entre sus libros están *Cantos de primavera* (1936), *Continuación de la vida* (1949), *El descampado* (1957) y *Lugares vividos* (1965). Escribió también una *Introducción a la poesía española contemporánea*.

Entre los poetas que cultivan la poesía realista de tendencia social están **Gabriel Celaya** (1911-) *Marea de silencio* (1935), *La soledad cerrada* (1947), *Movimientos elementales* (1947), *Objetos poéticos* (1948), *Se parece al amor* (1949), *Las cartas boca arriba* (1951), *Paz y concierto* (1955), y *El corazón en su sitio* (1959), siendo las de más marcada temática social *Cantos iberos* (1955), *Episodios Nacionales* (1962), *Operaciones poéticas* (1971) e *Itinerario poético* (1975); **Blas de Otero** (1916-1979) *Cántico espiritual* (1947), *Angel* *fieramente humano* (1950), *Redoble de conciencia* (1951), *Pido la paz y la palabra* (1955), *En castellano* (1960), *A la inmensa mayoría* (1962), *Esto no es un libro* (1963), *Que trata de España* (1964), *Expresión y reunión* (1969), *Mientras* (1970) e *Historias fingidas y verdaderas* (1970) en prosa; y *Ángela Figuera Mujer de barro* (1948), *Los días duros* (1953) y *Toco la tierra* (1962).

A continuación señalamos un grupo de poetas que aunque no participaron en la guerra civil por ser muy jóvenes, fueron testigos mudos de los horrores de la misma. Se les conoce como el grupo "del medio siglo" y en línea general se identifican con los poetas anteriores de tendencia realista-social y especialmente con Antonio Machado. Al mismo tiempo siguen también escribiendo muchos de los poetas ya conocidos. Entre los jóvenes figuran **Carlos Bousoño** (1923-), tal vez el más cercano a los anteriores, que se distingue por su equilibrio expresivo. Sus más importantes obras son *Subida al amor* (1945), *Primavera de la muerte* (1946), *Hacia otra luz* (1950), *Noche del sentido* (1957), *Poesías completas* (1960), *Invasión de la realidad* (1962), *Oda en la ceniza* (1967) y *Las monedas contra la losa* (1973). También ha escrito excelente crítica literaria *La poesía de Vicente Aleixandre* (1950 y 1956), *Seis calas en la expresión literaria española* (1951)—en colaboración con Dámaso Alonso—*Teoría de la expresión poética* (1952 y 1956), y múltiples ensayos; **José Manuel Caballero Bonald** (1928-) escribirá *Poesía* (1945-1948), *Edición para amigos* (1948), *Las adivinaciones* (1952), *Memorias de poco tiempo* (1954), ediciones de la revista *Papeles de San Armadans* (1956), *Las hojas muertas* (1959), *El papel del coro* (1961) y *Pliegos de papel* (1963). Estas obras recopiladas y revisadas forman el volumen *Vivir para contarlo* (1969). Su última obra poética, aparecida en 1977 lleva por título *Descrédito del héroe*. Además ha escrito las novelas *Dos días de setiembre* (1962) y *Ágata ojo de gato* (1974); **José María Valverde** (1926-) comienza con *Hombre de Dios* (1945) y continúa con *La espera* (1949), *Versos del domingo* (1954) y *Poesías reunidas* (1961). Toda esa obra poética fue revisada y publicada bajo el título *Enseñanzas de la edad* (1971). En 1976 publicó *Ser de palabra*, en que la influencia de Cernuda se manifiesta fuertemente. Entre su obra en prosa aparecen *Estudios sobre la palabra poética* (1952), *Guillermo de Humboldt y la Filosofía del lenguage* (1955), y en colaboración con Martín de

Riquer *Historia de la literatura universal* (1957); **José Ángel Valente** (1929-) escribe *A modo de esperanza* (1955), *Poemas a Lázaro* (1960), *La memoria y los signos* (1966), *Siete representaciones* (1967), *Breve son* (1968), *Presentación y memorial para un monumento* (1970), *El inocente* (1970) e *Interior con figuras* (1976), habiendo sido recopilada su obra poética en *Punto cero* (1972 y 1980). Ha escrito dos volúmenes de prosa poética *Número trece* (1971) y *El fin de la edad de plata* (1973); y por último **Félix Grande** (1937-) es autor de *Las piedras* (1963), *Música amenazada* (1966), *Blanco spirituals* (1967), *Puedo escribir los versas más tristes esta noche* (1967-69) y *Las rubáiyátas de Horacio Martín* (1978).

A partir de los comienzos de la década de los sesenta, va desapareciendo el realismo social, surgiendo en su lugar un acercamiento al estructuralismo, unos intentos de retorno a la vanguardia, llegándose finalmente a sentir en la poesía la presencia estable de un nuevo decadentismo estético.

Entre estos NOVÍSIMOS poetas, usando el término—ya un poco viejo—con que los designa Castellet en su obra *Nueve novísimos poetas españoles*, pueden citarse **Manuel Vázquez Montalbán** (1939-) *Una educación sentimental* (1970); **José María Álvarez** (1942-) *Museo de cera* (1974 y 1978); **Félix de Azúa** (1944-) *Poesía* (1968-1978); **Guillermo Carnero** (1947-) *Ensayo de una teoría de la visión* (1979); **José Miguel Ullán** (1944-) *Alarma* (1976); **Pedro [Pere] Gimferrer** (1945-) *Arde el mar* (1966)—"Pere" es Pedro en catalán.

La voz de la poesía no ha dejado nunca de oírse en España y jamás dejará de hacerse oir.

Bibliografía recomendada

Historia de España

Altamira, R., *Historia de España y de la civilización española*. 6 vols. Barcelona, 1900-30.

Castro, Américo. *La realidad histórica de España*. 2nd ed. México, 1954.

Diccionario de historia de España. 2 vols. Madrid, 1952.

Madariaga, S. de. *Spain*. New York, 1958.

Menéndez Pidal, Ramón. *Historia de España*. Madrid: Espasa-Calpe, 1935- (Obra monumental que continúa publicándose).

Ubieto, Antonio, et al. *Introducción a la historia de España*. 15th ed. Barcelona: Teide, 1984.

Vicens-Vives, Jaime. *Historia social y económica de España y América*. Barcelona: Vicens-Vives, 1957-59.

———. *Aproximación a la historia de España*. 4th ed. Barcelona: Vicens-Vives, 1966.

Libros de viajes

Brenan, Gerald. *The Face of Spain*. New York, 1956.

Fodor's Travel Guides. *Spain*. New York: Fodor, 1993.

Michener, James A. *Iberia*. New York: Fawcett Crest, 1990.

Civilización española

Cirre, José F., and Manuela M. Cirre. *España y los españoles*. 2nd ed. New York: Holt, 1981.

Cantarino, Vicente. *Civilización y cultura de España*. 2nd ed. New York: Macmillan, 1988.

Ugarte, Francisco. *Panorama de la civilización española*. New York: Odyssey, 1963.

Historia de la literatura española

Aullón de Haro, Pedro, et al. *Historia Breve de la literatura española*. Madrid: Playor, 1987.

Barret, Linton L. *Five Centuries of Spanish Literature: From The Cid Through The Golden Age*. New York: Dodd, 1962.

del Río, Angel. *Historia de la literatura española*. 2 vols. New York: Rinehart, 1948.

Diez-Echarri, Emilio y José María Roca Franquesa. *Historia de la literatura española e hispanoamericana*. 2nd ed. Madrid: Aguilar, 1968.

Hurtado, J., y Angel González Palencia. *Historia de la literatura española*. 6th ed. Madrid: Espasa Calpe, 1949.

Marín, Diego. *Literatura española*. New York: Holt, 1968.

Moon, Harold K. *Spanish Literature: A Critical Approach*. Massachusetts: Xerox, 1972.

Patt, Beatrice P. and Martin Nozick. *The Generation of 1898 and after*. New York: Dodd, 1960

———. *Spanish Literature: 1700-1900*. New York: Dodd, 1965.

———. *Spanish Literature Since the Civil War*. New York: Dodd, 1973.

Rico, Francisco, et al. *Historia y crítica de la literatura española*. 8 vols. Barcelona: Crítica, 1980.

Bibliografía

MLA International Bibliography, publicación de *The Modern Language Association of América*, que con su antecesora la *PMLA Bibliography* forma la más completa colección de bibliografía literaria desde los años treinta hasta el presente. Office of Publication and Editorial Offices. 10 Astor Place, New York, NY 10003-6981.

Explicación de Textos Literarios. Con «Index-Renewals».

Crítica Hispánica.

Latin American Literary Review.

Revista Iberoamericana.

Hispania American Association of Teachers of Spanish and Portuguese.

Ensayistas.

Paris Review.

Bleiberg, G. y Julián Marías. *Diccionario de la literatura española*. 2nd. ed. Madrid: Revista de Occidente, 1953.

Chatham, James R. and Enrique Luis Fornells. *Dissertations in the Hispanic Langues and Literature*. Lexington, 1970.

Dissertation Abstracts (DA) o *Dissertation Abstracts International* (DAI). Serie A.

Newmark, M. *Dictionary of Spanish Literature*. New York, 1956.

Serís, H. *Bibliografía de la literatura española*. 2 vols. Syracuse, 1948-54

Simón Díaz, J. *Bibliografía de la literatura hispánica* 4 vols. Madrid, 1950-56.

Colecciones de textos

Biblioteca de autores españoles. Madrid, 1846-80. Actualmente se le están añadiendo volúmenes. Las ediciones no son muy buenas.

Nueva biblioteca de autores españoles. Fundada y dirigida por M. Menéndez y Pelayo. Actualmente interrumpida

Clásicos castellanos. Madrid. Bien editados.

Hay muchas colecciones de textos literarios españoles, entre ellas las lujosas ediciones de la Editorial Aguilar de Madrid y las económicas *Clásicos Ebro*, editada en Zaragoza; *Colección Austral*, editada por Espasa Calpe en Madrid, Buenos Aires y México; *Biblioteca de Bolsillo*, de la editorial Seix Barral de Barcelona; y *Letras Hispánicas*, de Ediciones Cátedra de Madrid.

Antologías

Chandler, Richard E. and Kessel Schwartz. *A New Anthology of Spanish Literature*. Baton Rouge, 1967.

del Río, Angel. *Antología general de la literatura española*. 2 vols. New York: Holt, 1960.

Sánchez-Romeralo, Antonio y Fernando Ibarra. *Antología de autores españoles antiguos y modernos*. New York: Macmillan, 1972.

Mujica, Barbara. *Antología de la literatura española*. New York: Wiley, 1991

Existen otras muchas antologías, especialmente de poesía española, entre ellas podemos citar:

Asís, María Dolores de. *Antología de poetas españoles contemporáneos*. 2 vols. Madrid: Narcea, 1980.

Batlló, José. *Antología de la nueva poesía española*. 1968. Barcelona: Lumen, 1977

Cano, José Luis. *Antología de la nueva poesía española*. 4th ed. Madrid: Gredos, 1978.
Castellet, José María. *Un cuarto de siglo de poesía española. (1939-1964)*. Biblioteca breve. Barcelona: Seix Barrall, 1966.
Domínguez Rey, A. *Antología poética*. Barcelona: Plaza & Janés, 1980.
Onís, Federico de. *Antología de la poesía española e hispanoamericana*. 1934. New York: Las Américas, 1961.
Oxford Book of Spanish Verse, The. 2nd. ed. Oxford: Oxford University Press, 1940.
Penguin Book of Spanish Verse, The. New York: Penguin Books, 1956.

La lengua española
Lapesa, R. *Historia de la lengua española*. 4th ed. Madrid: Espasa, 1959.
Lathrop, Thomas A. *The Evolution of Spanish*. 3rd ed. Newark, Delaware: Juan de la Cuesta, 1994.
Menéndez Pidal, R. *Manual de gramática histórica española*. Madrid: Espasa. (Última edición)
Real Academia Española. *Gramática de la lengua española*. Madrid: Espasa. (Última edición).
————. *Compendio de la gramática de la lengua española*. Madrid: Espasa. (Última edición)

Diccionarios
Real Academia Española. *Diccionario de la lengua española*. Madrid: Espasa. (Última edición).
Real Academia Española. *Diccionario manual e ilustrado de la lengua española*. Madrid: Espasa. (Última edición)
Moliner, María. *Diccionario de uso del español*, 2 tomos. Madrid: Gredos, 1987.

Índice-Glosario